叶芝自传
我们是流波上的白鸟

[爱尔兰]叶芝 著
梁颂宇 译

部编教材
名家自传
必读

江苏凤凰文艺出版社
JIANGSU PHOENIX LITERATURE AND
ART PUBLISHING, LTD

图书在版编目（CIP）数据

我们是流波上的白鸟：叶芝自传 /（爱尔兰）叶芝（William Butler Yeats）著；梁颂宇译. — 南京：江苏凤凰文艺出版社，2019.1
（部编教材名家自传必读）
ISBN 978-7-5594-2853-0

Ⅰ.①我… Ⅱ.①叶… ②梁… Ⅲ.①叶芝(Yeats, William Butler 1865-1939)－自传 Ⅳ.①K835.625.6

中国版本图书馆 CIP 数据核字(2018)第 202744 号

书　　名	我们是流波上的白鸟：叶芝自传
著　　者	（爱尔兰）叶芝
译　　者	梁颂宇
责任编辑	王　青　唐　婧
出版发行	江苏凤凰文艺出版社
出版社地址	南京市中央路 165 号，邮编：210009
出版社网址	http://www.jswenyi.com
印　　刷	南京台城印务有限责任公司
开　　本	880×1230 毫米　1/32
印　　张	8.125
字　　数	194 千字
版　　次	2019 年 1 月第 1 版　2019 年 1 月第 1 次印刷
标准书号	ISBN 978–7–5594–2853–0
定　　价	35.00 元

（江苏文艺版图书凡印刷、装订错误可随时向承印厂调换）

目录 | CONTENTS

第一部分　童年和青少年时代的回忆 …………………… 1

第二部分　成年后的自传 …………………………… 113

第一部分

童年和青少年时代的回忆

一

　　我最早的记忆只是断断续续的碎片，我所记得之事仿佛是同时发生的，如同人类对创世纪初的印象一般混沌模糊。时间仿佛并不存在，所有一切皆与情绪和地点相关，只是一团毫无条理的乱麻。

　　我依稀记得有人把我抱在膝上，一堵墙矗立在我面前。墙上布满裂缝，片片石灰从墙上剥落。墙上开了一扇窗，我朝窗外望去。这是谁家的墙？我已经记不清了，我只知道那是一个亲戚的家。这块记忆的碎片又引出了另一片记忆——我朝另一扇窗外望去，窗外是伦敦的菲兹罗伊路，几个男孩在路上玩耍，其中一个穿着制服。现在回想起来，那或许是一个电报局的小听差吧。我正好奇那穿着奇怪衣服的男孩是谁，一个仆人告诉我说这个男孩能吹起一股恶风，把整片城区都卷上天去。我被吓坏了，直到睡觉时我的一颗心还沉浸在恐惧之中。

　　接下来的记忆碎片与斯莱戈有关，当时我和我的外祖父母住在那儿。我记得我坐在地上，一件玩具摆在我面前。那是一条没有桅杆的船，破旧的船身斑斑驳驳。我满怀忧伤，自言自语："这条船以前肯定到过遥远的地方，不过我觉得现在它离我更远了。"我一边喃喃自语，一边盯着已经掉漆的船尾——船尾上一条长长的擦痕似乎进一步加深了这种遥远的感觉。

　　我是一个忧郁的孩子，我时常告诫自己："当你长大之后，千万别像那些大人一样，说什么'童年总是无忧无虑的'。"一天晚餐时分，我的一个舅公威廉·米德尔顿说："不要对孩子们的苦恼不以为意。和成年人相比，他们的苦恼更为深重。成年人知道苦恼最终有消散的时候，可是孩子们却不知道。"听了这话我对他满怀感激。

当时我已经尝到了苦恼和忧愁的滋味，我曾一连几天在入睡前祈祷，希望上帝能带我离开人世。可过了一段时间之后，我担心自己真的会死去，于是又连着几天祈祷上帝让我活下去。可是我又有什么理由苦恼呢？所有人都待我很好，没有人苛待我。我对我的外祖母充满敬意和感激之情。即使是在多年以后，我对她的感情依然没变。我们居住的房子很大，总能找到一个空房间躲起来。屋外有一个花园，我有一匹红色的小马驹，还有两条狗跟在我脚边打转。其中一条狗是白色的，脑袋上有几颗黑色的斑点，另一条狗则长了一身黑色的长毛。虽说我当时只是一个很小的孩子，我却经常想到上帝。我打心底里认为自己是个坏小孩。有一次我漫不经心地朝院子里扔石子，一只在院子里踱步的鸭子被我扔出去的石子打伤了翅膀。最后我惊奇地发现，这只鸭子在晚餐时成了全家人的盘中餐，而我却没有受到任何惩罚。

我童年的苦恼一部分源自孤独，另一部分则与我的外祖父——威廉·波莱克斯芬有关。在我记忆中，他并没有苛待我，甚至从未骂过我，不过对他的敬畏似乎已经成了一种自然而然的习惯，即使是我的外祖母对他的态度亦是如此。据说他曾救过一些人的性命，为西班牙的某座城市赢得了自由。可是他对此壮举缄口不言，甚至连我的外祖母对此都一无所知。直到外祖父将近八十的时候，一个老水手前来拜访，外祖母才从来者口中得知此事。她问外祖父是否真有其事，外祖父也只是简单地回答"是"。外祖母深知他的为人，并没有盘根问底。最后那个老水手也离开了，这件事的始末也无从知晓。

对于外祖父我们又了解多少呢？我们只知道他曾到过许多地

方,他的手上有一道大伤口——那是捕鲸钩留下的印记。在餐厅里有一个小壁橱,里面有一些外祖父带回来的物件:一罐约旦河的水——那是用来给他的孩子们受洗的;一些零零碎碎的珊瑚和几幅画在宣纸上的中国画;一根来自印度的象牙手杖——外祖父去世后这跟手杖将由我继承。

外祖父拥有好几条船。他的力量大得惊人,如果是他自己不愿意做的事,他也绝不会命令其他人去做——这一秉性让他在我们这一带出了名。有一次,他手下的一名船长在罗塞斯角抛锚停靠。船长向外祖父报告"船舵好像出了问题",外祖父派人回复他"派个水手下水检查一下",船长回答说:"没有人愿意下水。"外祖父让船长亲自下水检查,可是船长也不愿意。最后外祖父自己出马。当时那条船停靠的岸边布满了尖利的石子。外祖父来到那条船的甲板上,跳到水中。等他爬上来的时候,他已经弄清楚了问题的症结所在,不过他身上也多了好几道大口子。

外祖父在自己床边藏着一把短柄斧头——如果有小贼入室行窃,说不定他就能和外祖父的短柄斧来一次亲密接触。外祖父脾气火爆,他宁可亲自和宵小搏斗,也不愿劳烦"法律"为他主持公道。还有一次我见到他拿着马鞭追赶一群人。外祖父是家中的独苗,因而亲戚也不多。他总是寡言少语,离群索居,朋友也很少。在我记忆之中他只和两个朋友有来往。其一是一位来自艾莱岛的坎贝尔先生,他经常和外祖父通信。据说在一场船难之后,坎贝尔先生和外祖父及其手下的船员们成为朋友。另一位是韦伯船长,他曾是外祖父手下的一名大副,也是外祖父亲密的朋友。韦伯船长是游泳横渡英吉利海峡的第一人,不过后来却在尼加拉瓜大瀑布的激流中溺水而亡。

十里八乡的人似乎都很敬重外祖父。有时外祖父要到巴斯去泡泡温泉,当他返回斯莱戈的时候,乡民们为了对他表示欢迎,在铁轨沿线点燃一堆堆篝火。有时这些篝火可延绵数英里，那场面可谓热烈而隆重。与之形成鲜明对比的是我的舅公——威廉·米德尔顿。据说在爱尔兰大饥荒后疫病蔓延，这位舅公的父亲担起了照顾病人的重任。他忙活了好几个星期，还亲自把一位霍乱病人抬到自己家里。这位好心的祖先也染上了霍乱，最后因此而离世。米德尔顿舅公是外祖父的生意合伙人，平时待人总是彬彬有礼，其聪明才智也在外祖父之上。不过周围的乡民们并没有对他表现出过多的热情，任由他无声无息地来去。

有时我甚至把外祖父当成了上帝。我记得当我深陷忧郁之时，我曾暗暗祈祷，希望外祖父能为我犯下的罪孽惩罚我。我对外祖父敬如天神，可是并非所有人都如此待他。我的亲戚中有一个可爱的小女孩，她知道外祖父在下午四点左右会沿着院子里的林荫道走到屋里用餐。她站在外祖父必经的路旁，躲在树丛中。当外祖父经过时，这个小女孩对他说："如果我们俩掉个个儿——你是小女孩，而我是你，我肯定会送给你一个洋娃娃。"我听到这个故事时无比震惊。

虽说所有人都敬畏仰慕外祖父，可是大家觉得偶尔骗骗他也不是什么大不了的事。如果撒个小谎就能躲过他的暴脾气，那又何乐而不为呢？外祖父对人没有戒心，因而欺骗他并非难事。不过看到外祖父时时陷于被人愚弄而一无所知的无助境地，其他人对他的爱反而加深了。我记得在我七八岁的时候发生过这么一件事：我的一个舅舅让我在夜里跑到五六英里外的罗塞斯角去问另一个亲戚借一张铁路通行证。外祖父也有一张铁路通行证，但他认为把自己的通行证借给他人使用是欺诈行为，而另一个亲戚则没有他那么古板。花园中有一扇门通往外面的小径，此处距离大房子很远，即使是弄出什么响动房子里的人也听不见。我从这扇门偷偷溜出来，兴高采烈地骑上一匹马，披着月色疾驰到这个亲戚的家门口。我在午夜时分敲敲他家的窗户，把他叫醒，弄到了那张铁路通行证。在凌晨两三点的时候我回到家，一个车夫正在院子外头的小路上等着接应我。外祖父绝想不到我会上演一段"夜骑历险记"。每天晚上八点的时候他就叫人把马厩场院的门锁起来，而钥匙则交由他保管。他之所以养成这样的习惯是因为此前一些仆人在夜里闹出了乱子，因此他决定在院子里实行"宵禁"——天黑之后不让仆人们外出乱窜。每天晚上仆人们都毕恭毕敬地把场院的钥匙交到他手中，但所有人都知道虽然钥匙在他手里，可是门根本就没上锁。全家上下只有外祖父一人对此一无所知。

时隔多年，现如今当我阅读莎士比亚的《李尔王》时，我眼前浮现的是外祖父的形象。我的作品中时常会出现一些性情狂暴、激情澎湃的男性角色，有时我甚至怀疑我对此类角色的喜好是否都源自我对外祖父的记忆。外祖父来自一个古老的家族——康尼森家族，这一家族世世代代与爱尔兰有着千丝万缕的联系，也曾参与了西班牙和戈尔韦之间的贸易往来。外祖父的母亲来自东南部的维克斯福德，他的父亲曾当过兵，退伍之后成了一个船主。在大房子后面有一间偏厅，里面摆着许多家族的旧物。其中有一块上过漆的盾形纹章，旁边有一幅古旧的雕版画，上面画的是一栋房子——外祖父认为这幅画画的就是他家的祖宅。

当外祖父还是一个孩子的时候，他就开始跟船出海了。用他自己的话来说："当时我还是个小不点，还可以从锚孔钻出去，投入大海的怀抱。"他似乎没什么文化，不过我当时还小，对此也不能确定。我只记得他有两本书——一本是圣经，另一本是一直放在他案头的绿色封面小册子——威廉·福康纳的《沉船》。

外祖父为人骄傲，对邻居们也不大看得上眼。好在他娶了外祖母——一个来自米德尔顿家族的女子。外祖母心地善良，耐心温和。在那间堆满家族旧物的偏厅中,外祖母做了不少善心事。每天晚上当外祖父入睡之后,外祖母便拿着蜡烛,独自一人在大房子里巡视一番。她这么做不仅仅是为了防贼,而是为了确保无人被外祖父的短斧所伤。外祖母喜欢打理花园。在她担起管家的责任之前,她闲时经常在宣纸上画一些她最中意的花草。我曾见过她的画作。那些画线条纤巧,色泽柔美,我怀疑外祖母必定要借助放大镜方可画出如此精巧的画作。回想起来,当时外祖父母的大房子里并没有什么装饰画。在我的印象中,除了外祖父收藏的几幅中国画之外,大房子里只有两幅画——其中一幅彩画挂在走廊的墙上,画上画的是克里米亚战争中的一幕;另一幅画挂在走廊的尽头,画的是一艘船,那画面已经被漫长的时光染上一层黑色。

  外祖父母有许多孩子,因此我也有许多已经长大成人的姨妈和舅舅。他们在大房子中来去自如,不过他们所做的事、所说的话大多已经从我的记忆中淡去。我能记起来的只是他们严词厉色的责骂与批评。在外祖父母的大房子中,我已经习惯于他人的善意和体贴,而姨妈和舅舅们的斥责与这所房子中的氛围格格不入,让我印象深刻。我记得年纪最小的那个舅舅身体强壮,性情幽默,习惯在房门的锁眼中塞一根皮带——据说如此一来就不用担心穿堂风从锁眼中钻进来了。另一个舅舅的房间位于一条石砌长廊的尽头。在他的房间里有一个玻璃匣子,里面放着一艘炮舰模型。这个舅舅很聪明,据说他曾参与了斯莱戈码头的设计。不过现在他已经发疯了。他想要造出一艘永不沉没的舰船,还画了些草图,做了些笔记。从他所做的笔记来看,他所设计的舰船船身是用一整块木料做成的。六个月前,我的妹妹从梦中惊醒,她梦到自己将一只失去翅膀的海鸟放入怀中。对于波莱克斯芬家族的人来说,梦见海鸟意味着一个亲人正面临险境,或是濒临死亡。不久之后有消息传来：那个发疯的舅舅已经在疯人院中死去了。

还有一个舅舅——乔治·波莱克斯芬——后来成了占星学家和神秘主义者。我长大后他与我过从甚密，不过在我小的时候他住在巴利纳，很少出现在外祖父母的大房子中。我还记得有一次乔治舅舅坐着一辆马车去参加赛马会，车上还有两个穿着绿色制服的车夫。此外还有一个年纪更小的舅舅——之前让我半夜骑马去讨要铁路通行证的就是他。他是外祖母最疼爱的儿子，我听仆人说他曾因为用铁撬棍对付学校里的一个小霸王而被学校开除。

我只记得外祖母责罚过我一次。当时我正在厨房里玩耍，一个仆人和我嬉闹时把我原本束在裤腰里的衬衫下摆扯了出来。这一幕正好被外祖母看到了，她骂我不懂事、瞎胡闹，罚我独自一人在一间空房间里待着，到吃饭时也只能独自用餐。不过话说回来，我童年时害怕的大人不是外祖母，而是姨妈们和舅舅们。当时大房子里的用餐时间是早上九点吃早餐，下午四点吃晚餐。两顿饭之间不应该吃任何东西，否则就会被视作耽于口腹之欲。有一回外祖母在两餐之间给我加了一顿午餐，正好被那个曾经用撬棍对付学校小霸王的舅舅看到了。他狠狠地教训了我一通，让我羞愧难当。还有一回一个姨妈对我说："那天我看到你骑马穿过小镇。你勒紧红色小马驹的缰绳，同时又用马鞭抽它。我看你这样做不过是为了在别人面前瞎显摆。"在别人面前瞎显摆？当时在我心目中这可是罪大恶极呀！这话让我难受了整整一个晚上。

当我回首往事，我发现我对童年的记忆只剩下忧郁哀伤，其余的似乎全不记得了。我的忧郁哀伤不是因他人引起的，而是我内在的思想和性情所造成的。不过随着我渐渐长大，我所感受到的快乐也逐渐增加。或许随着年龄的增大，我的自我控制力也逐渐增强，忧愁也自然慢慢消散了。

二

某天有人和我提起"良知的声音",让我不由得翻来覆去地思考这一问题。可我发觉自己并没有听到什么来自内心的声音,我开始担心自己的灵魂已经迷失了。这一想法让我难受了好几天。后来有一天我和一个姨妈待在一起,我突然听到一个细细的声音:"你真是够烦的!"开始时我还以为是姨妈在和我说话,可是她根本没有作声。我最终得出结论:这个声音就是"良知的声音"。我为此感到快活,忧愁也一扫而空了。在往后的日子里,当我面临危机之时,这个声音不时出现。现在这个声音还会突然在我脑中响起,把我吓一大跳。不过它并不会告诉我如何应对难题,而是经常指责我。例如,当我脑海中浮现某种想法的时候,这个声音会说"你这样想是不对的"。还有一次我觉得上天并没有理会我的祈求,并因此心生怨恨,这声音又说"上天已经对你伸出援手了"。

在大房子门前的草地上有一根属于我的旗杆。我还有一面和这旗杆相配的红色旗帜,旗帜的一角印着英国的米字旗。每天晚上我都把旗杆上的旗帜降下来,仔细叠好后放在卧室的搁板上。有一天我在吃早餐前发现那面旗帜出现在旗杆底端,绕着旗杆打了四个死结,旗帜的边角轻轻地拂拭着周围的青草。可我清楚地记得前一天晚上我的确把旗帜降下来整理好了。当时我恰好听到某个仆人讲起仙灵的故事,我猜想这是某个仙灵开的玩笑,我以为在我耳边响起的"良知的声音"也来自某个仙灵。

在我童年时期,我遇到的怪事不止这一件。我还听到别人说起一件与我有关的神秘事件。儿时的我曾说自己在房间一角见到一只鸟儿,其他人都肯定这只鸟儿绝非真实存在的自然造物。不知道类似的事情只发生过一次还是多次重现?总之,我对这件事毫无印象。还有一次我和外祖母乘车去到运河边。这条运河流经斯莱戈后延绵五英里,最后流入海中。当时暮色苍茫,一艘汽轮正向外海驶去,船上闪着一点红光。外祖母指着汽轮告诉我:"你外祖父就在那条船上。"到了夜里我尖叫着从梦魇中惊醒,醒来之后我告诉大家外祖父的那条船出事了。第二天早上外祖父骑着一匹瞎马回到家,他说这匹马是那些满怀感激的乘客们帮他弄来的。从他的口中我们得知了整件事的始末。当时外祖父在船舱中睡觉,船长把他叫醒,说船触礁了。他问船长:"难道就没有挽回的余地吗?你有没有试着挂起风帆?"船长语无伦次,看来已经被吓坏了。外祖父临时接管了这条船,当他发现情势已无可挽回,他便下令船员们和乘客们坐进救生艇。外祖父所乘坐的救生艇被海浪打翻了,但他不仅保住了自己的性命,还救了好几个乘客。一些妇女在长裙底下穿着裙撑,宽宽的裙摆被裙撑撑得鼓鼓的,仿佛一个个充足气的救生圈朝岸边漂去。这样的服饰反而在这场船难中救了她们的命。一个被救上来的教师谈起外祖父时说道:"相比起大海,我更害怕那个手拿船桨的暴脾气男人。"在这场船难中,八个乘客最终溺水而亡。在他的余生中,外祖父不时想起这件事,不住地反躬自责。如果让他主持家中的祈祷仪式,他一定会念诵圣保罗经历海难这一段。

  除了外祖父母之外,我童年时最清晰的记忆要数那两条狗了。那条黑色的长毛狗没有尾巴,据说它的尾巴被一列飞驰而过的火车轧断了,我也不知道这个故事到底是真是假。与其说这两条狗一直跟在我脚边,不如说是我一直跟在它们屁股后头转。它们最喜欢去的地方是花园后头的养兔场。有时这两条狗会相互撕咬,黑狗那长长的狗毛让它占尽便宜。我记得有一次这两条狗又进行了一场激烈的战争,白狗朝黑狗身上狠狠地咬了一口,谁知它的狗牙却嵌在黑狗那乱糟糟的长毛中拔不出来了。后来一个车夫把两只狗拎起来搭在水槽的边缘,一只狗悬在水槽外,另一只挂在水槽内侧,最后才把它们分开。有一次外祖母让那车夫帮黑狗剪毛说:"把它剪成一个狮子的模样。"车夫和马童商量了半天,最后他把黑狗脑袋和身体前半部分的毛剃光了,身体后半部分的毛保持原状不变。在此之后黑狗失踪了好几天,我猜想它一定是躲起来伤心去了。

外祖父母的家位于梅尔维勒,附近有一栋绿树掩映的房子,一个小女孩[①]经常出现在这栋房子里。据说这是她祖母的房子,她偶尔来此地和祖母住上一段。我忘了她叫什么名字,不过开始时她对我很友好。我在十三四岁时还经常去找她玩,但这时我发现她只对年龄很小的男孩子感兴趣。后来她再来找我玩的时候我便不愿见她了。我躲在干草棚的草堆里,任由一个仆人在场院里大声呼喊我的名字。

在大房子后面有一个大大的花园,花园中央有几片花圃和草地,苹果树随处可见。花园里还有两尊船首雕像。其中一尊白色的雕像放置在花圃中央,其形象是一个裙裾飘飘的女士;另一尊雕像放在墙边的草莓丛中,正位于几棵果树的树荫里,其形象是一个穿着制服的粗壮汉子。外祖父原来拥有一艘名为"俄罗斯号"的三桅快艇,而这尊雕像就来自这艘船。根据仆人们的传言,这尊雕像是来自沙皇的礼物,而这个粗壮汉子就是沙皇本人。

[①] 此处存疑。按照叶芝的原著,开始时他称这个孩子为"a boy",可下文的代词却用了专指女性的"she"和"her"按照上下文推断,这里提到的应该是一个女孩而非男孩。

英格兰人把从房子正门延伸至院门口的这条路称为"车道",而我们则称之为"林荫道"。外祖父母家的林荫道穿过几棵遮天蔽日的大树,通向一扇毫不起眼的院门,全长约二三百码。车道通向院子外头的大路,路两旁排列着一栋栋破败肮脏的小茅屋。我一直嫌这条林荫道太短,应该多绕几个弯。按照我当时的想法,林荫道的长度与这户人家的社会地位成正比。这一想法又是从哪儿冒出来的呢?或许是一个马童灌输给我的。这个马童是我童年时的好朋友,他有一本奥兰治分子①所作的诗集。我们俩时常躲在干草棚中翻阅这本小册子,我第一次体会到诗歌给我带来的快乐。后来我听说芬尼亚分子②掀起一场叛乱,而奥兰治分子已经荷枪实弹,准备战斗。当时我真心愿意为奥兰治派献出生命,和芬尼亚分子决一死战。我开始想入非非:我要建一艘能飞速行驶的宏伟战舰,召集一群热血青年,在罗塞斯附近的海上与芬尼亚分子决一死战,最后壮烈牺牲。在我的想象之中,我麾下的勇士简直就像从传奇故事中走出来似的,一个个都是一表人才,勇往直前,其体格犹如运动员一般强健。为了建造这艘梦中战舰,我开始收集各种零碎木料,把它们堆在院子的一角。我在离家很远的野地里发现了一根古旧的圆木,不时前去查看一番——我觉得这根腐烂朽坏的圆木可以用在我的舰船上。

我童年时的白日梦都与船有关。我记得有一天一个船长来和外祖父共进午餐,他揪着我的耳朵,把我拎起来,说是让我"放眼望非洲"。另一个来拜访外祖父的船长则指着草地后方的高山远树让我举目远眺。我看到远山上升起缕缕青烟,那个船长对我

---

① 奥兰治分子:奥兰治派(奥兰治社团)是一个笃信新教、秉持统一主义的保守派组织。

② 芬尼亚分子:芬尼亚兄弟会成员。芬尼亚兄弟会是志在争取民族独立、推翻英国对爱尔兰统治的组织,其成员笃信天主教,其政治立场与奥兰治派正好相反。

说:"看!本布尔山着火了!"后来我才知道那不过是码头附近的帕恩磨坊散发出的轻烟。

每隔几个月我都会去到罗塞斯角或巴利索戴尔,到另一个亲戚家做客。在我的印象中,去罗塞斯的次数更多。这一家也有一个小男孩,他有一匹花斑小马。据说这匹小马原来在马戏团待过一段时间,它时常没来由地绕圈狂奔——或许它忘了自己已经离开马戏团了吧。小男孩名叫乔治·米德尔顿,是威廉舅公的儿子。威廉舅公认为购置地产是最安全的投资,他在罗塞斯和巴利索戴尔买下了几块地。他冬天住在巴利索戴尔,夏天则去到罗塞斯避暑。在巴利索戴尔,米德尔顿家族和波莱克斯芬家族拥有好几处产业:他们拥有几间磨坊;在一条盛产鲑鱼的河流中,这两个家族出资修筑了一道拦河堰;除此之外几处激流和瀑布也归他们所有。不过威廉舅公一家人更喜欢待在罗塞斯。我和乔治经常出去玩耍:有时我们登上一艘笨重的双桅帆船,慢吞吞地在水面上挪移;有时我们乘坐的是从属于某条大船的一条小艇,整条小艇修饰一新,装备齐全;有时我们划着小船,一直去到河流的入海口……

威廉舅公在罗塞斯的家也是一座大宅子,房屋正下方有几间大大的地下室。据说在一百多年前,这栋房子为一个走私贩子所有。在日落时分,起居室的窗户有时会传出三声敲击声,仿佛一个人正站在屋外敲窗户。那声音很响亮,引得周围的狗不停狂吠。大家都说这是那阴魂不散的走私贩子回来了,而敲三下窗户正是他特有的暗号。住在这里的亲戚一家经常听到这敲窗声,有一天晚上我也听到了,到后来就连我妹妹都听到了。有一个船只引航员告诉我,他曾三次梦到我舅公的花园里埋藏着宝藏。他在午夜时分爬进舅公的花园,拿起铲子开始挖宝。"可是我看到土层太厚了,最后还是放弃了。"他说。后来我把他的故事告诉其他人。另一个人听了后对我说:"还好他没有挖到,那处宝藏有仙灵守护。那个仙灵其貌不扬,平时化身为一片平整的铁皮。"

巴利索戴尔也有其神奇之处。我记得那里有一条岩缝,里面时常传出类似蜜蜂的嗡嗡声。幼时的我一直以为里面住着一群可怕的怪兽。每当我不得不从岩缝附近经过,我都会被这群"怪兽"吓得心惊胆战。

正是得益于米德尔顿家族我才对乡间传说产生了浓厚的兴趣。米德尔顿家族的宅邸附近有几座小茅屋,里面住的大多是当地的佃户和船只引航员。米德尔顿家族的人都把近邻当成好友,因而我也有机会在这些茅屋中进进出出。在这些陋居中,我头一次听到了关于仙灵的故事。

米德尔顿家族的人讲求实干,没有什么雄心壮志。他们总是闲不下来,或是建造船只,或是喂养家禽,手头总有做不完的事。不过他们却懒得打理自己的家宅,任由温室的玻璃一块块掉落,任由大房子逐渐腐烂朽坏。这一家族的人从不会眼高于顶、骄矜做作,因此也很讨人喜欢。他们不拘小节,不摆架子,随心所欲,无拘无束,反而引得旁人对他们浮想联翩。

据说早在我出生之前,这个家族中的一个成员曾设计建造了一艘巨大的汽轮。船上的发动机老旧过时,仿佛一个气喘吁吁的病人,闹出的响动远在几里之外都听得到。在我长大成人之后,这条船发出的噪音还不时传入人们的耳中。当初这条船是在湖里建造的,造好之后动用了大量马匹将它拉到海里。当时我母亲还在上学,她说马匹拉着这条船横穿小镇的时候正好经过她的教室窗外。巨大的船体投下遮天蔽日的阴影,整所学校不得不在白天点蜡烛照明,这样的情况一直持续了五天之久。船的设计者用自己未婚妻的名字为这条船命名,因此这条船被叫作"简奈特号",不过人们习惯用一个更熟悉的名字"简妮"来称呼这条船。名叫简奈特的这名女子脾气火爆，让自己的丈夫头痛不已。在我年轻的时候，这位简奈特女士已年逾八十，最终撒手人寰。不过这条与她同名的船依然留在世间。人们认为这条船可以为当地带来好运，不愿废弃它，只是不停地对它进行修补。

米德尔顿家族还有一个只比我大一两岁的女孩子，她有一种本事——只要看看母鸡的腿就知道它们是否准备下蛋。她经常追着母鸡满院乱跑，直让我看得目瞪口呆。还有一个米德尔顿家的亲戚拥有一种预知未来的能力。

有时外祖母会带我出去做客，她所拜访的人家大多是斯莱戈当地年高德勋的老太太。这些人家的花园一直延伸到河边，花园边上有一堵矮墙，矮墙脚下开满了花。我时常百无聊赖地端坐在自己的座位上，这些老太太们则坐在一旁就着雪莉酒吃坚果蛋糕。不过如果我能跟仆人们出去瞎逛那就有意思多了。有一次我在路上碰到一个胖胖的小女孩，一个仆人怂恿我给她写一封情书。等我下次再见到这个小女孩的时候，她朝我吐吐舌头，做个鬼脸。不过这还不是最好玩的事，我最感兴趣的是仆人们所讲的故事。他们有时会指着某个角落说曾有一个军队的教官给了一个乡民一先令，让他站在一个木桶里，最后当这个乡民从木桶中出来的时候，他的两条腿已经废了，只得从木桶中滚出来。还有一次一个仆人指着一栋房子告诉我一个故事。据说这栋房子曾为一个老妇人所有，有一次她请一个军官和他的妻子来做客。到了夜里老妇人躲到客人的床底下，偷听他们说话。而这对夫妇正好说起了老妇人的坏话，让她怒不可遏。她从床底下跳出来，用笤帚揍了夫妇俩一顿。看来所有名门望族都有属于他们自己的故事，这些故事或诡异，或恐怖，或浪漫，或悲伤……我开始担心自己会默默无闻地度过一生，死后无人记得我的故事。这是多么悲惨的一件事啊！

几年之后我和家人去到伦敦。在我十岁到十二岁之间，每当我回想起斯莱戈的时候，我总会热泪盈眶。在那段时间里，我开始提笔写作——我希望斯莱戈人能倾听我的故事。

我已记不清自己首次尝到醉酒的滋味究竟是何时。所有这些记忆碎片散落在时间的长河中，我实在分不清孰远孰近。我只记得事情发生得很突然。当时我乘小艇出游，和我在一起的是一个舅舅和几个表兄弟。海面风浪很大，我躺在主桅杆和船首斜桅之间的甲板上，看着高高的浪头在我眼前抛洒，任由那绿色的海水照着我的脑袋直泼下来。我浑身湿透，却又得意扬扬。当我们返回罗塞斯的时候，我换上了一套旧衣服。这套衣服原本为一个大男孩所有，穿在我身上显得很肥大，裤脚一直拖到鞋跟。之后一个引航员给我喝了点没掺水的威士忌。上岸后舅舅叫了一辆马车，我们一群人一起坐车回家。当时我已经醉了，这种新鲜的体验让我兴奋不已。一路上我大吵大嚷，舅舅想让我安静一点，可惜却无济于事。我对每一个路人大喊："我喝醉了！"马车穿过小镇，回到外祖父母的家。外祖母打发我上床睡觉，还给我喝了一杯东西——那玩意儿尝起来和黑醋栗差不多。一番折腾之后我终于沉沉睡去。

三

斯莱戈和罗塞斯之间有一条潮汐河，当地人都把这条河叫作"运河"。如果你沿着运河朝本布尔山方向走六英里，你会看到一座小山，山顶上有一栋方形两层小楼。小楼的外墙上覆盖着攀藤植物，小楼前方有一个花园，花园边上围着一圈花坛——我从没见过那么宽大的花坛！花坛中种植着剑兰，我时常兴奋地数着日子，等着看这些植物开出一朵朵鲜红的花朵。现在回想起来，那是我第一次见到剑兰这种花。这里还有一只猫——我从没见过这么老的猫！这只猫长着一身白中泛黄的长毛，绺绺猫毛盘结纠缠。院子的山墙脚下长着一丛黑黝黝的树丛，形成一块与世隔绝的小天地。这块神秘之地是玩耍的好去处。当我躲在这块小天地中，我总觉得会发生什么不同寻常的事。

这栋宅子的主人是米姬姑婆，宅子里还有一个苍老的仆人。姑婆的全名是玛丽·叶芝，她是曾祖父的女儿。我的曾祖父约翰·叶芝已于 1847 年离世，生前他曾在几英里之外的德拉姆克里夫担任教区长。米姬姑婆身材瘦削，脸色红润，看上去也有些年纪了。姑婆"以种庄稼为生"，不过如果没人帮忙的话她什么也种不成。她时常将农具租借给周边的农场主们，而这些农场主也经常帮她打理庄稼。他们之所以这么做，不仅是作为租借农具的回报，更是出于对叶芝一家的敬意。我记得斯莱戈的理发师约翰尼·麦格克曾对我说："叶芝一家总能激起他人的敬意。"

姑婆有一个詹姆士一世时期的古董奶油罐，罐上还刻有叶芝家的纹章和家族箴言；她家使用的餐刀经过无数次磨砺，已经如匕首一般锋利；在餐厅中的壁炉板上搁着一个漂亮的银杯，据说这个银杯原本属于曾祖父的父亲——或许这是他的结婚礼物吧。我的高祖父娶了玛丽·巴特勒为妻，银杯上刻有巴特勒家族的纹章。银杯配有一个盖子，盖子的内侧刻着另一对新人的首字母缩写，还有"1534"的字样——看来早在 1534 年这个银杯就被当作一件古董赠给了另一对新婚夫妇。米姬姑婆有一肚子的故事，这些故事大多与叶芝家族的历史相关。据说这些家族史都可从一张泛黄的古老文书中找到根源，不过后来一位来访的客人很随意地用这张纸引火点烟，这份浓缩的家族史也就此烟消云散了。

除了米姬姑婆之外，有时外祖母还会带我到叶芝家族另一户亲戚家去串门。这一家人住的地方距离米姬姑婆的房子不远，其居所是一栋又长又矮的茅舍。这家人包括一个寡妇和两个孩子，他们的院子里有一只脾气暴躁的火鸡，每当有人来访时它总会对来客展开攻击。距离此地几英里之处坐落着另一户叶芝家亲戚的宅邸，宅邸的主人是麦特·叶芝叔公。麦特叔公身为房地产经纪人，曾担任过大陪审团秘书一职。他有一大群孩子，不过当时我和他们玩不到一块，几年之后才和他们熟络起来。

我觉得叶芝家的这些亲戚们并不喜欢外祖父一家。此时叶芝家族已家道中落，而波莱克斯芬一家却是蒸蒸日上。我记得叶芝家的亲戚颇有教养，在宗教方面非常虔诚，还总喜欢将自己的宗教信仰强加于人，对米姬姑婆关于家族历史的故事很是看重。据说家族中有一位先祖曾在国王郡当兵，后来还成了马尔博罗公爵麾下的一名将军。关于这位先祖有这么一个故事：他的一个侄子来看他，他用水煮白肉来招待自己的侄子。他的侄子说自己不喜欢水煮白肉，这位先祖请他下次再来吃饭，还保证让他心满意足。这个侄子应邀前来，他发现端上桌的还是水煮白肉。侄子明白他的意思，对此缄口不言，不敢抱怨。现在我们还有一幅这位先祖的画像。画像上的他穿着铠甲，带着打卷的长假发，看上去仪表堂堂。画像下方写着他的名字，名字后头还写着他所获得的一大堆荣誉。不过他所获得的这些荣誉未能在叶芝家族中代代相传。如果我们是一般的乡民，恐怕早就把这位先祖的英雄事迹写入家族传奇中世代传唱了。

关于这位先祖我还想起了这么一件事。我从美国回来的途中碰到了一个远亲，据说这个人是这位先祖的直系后代，他和我聊起了水煮白肉的故事。不过除此之外他对叶芝家族的历史一无所知，直到现在我也说不准他与我们家是否真的有血缘关系。

一位祖先曾与爱尔兰人联合会为敌,他追了他们半个月,结果反而落入敌人的手里,最后被绞死了;另一位祖先是臭名昭著的赛尔少校,据说他背叛了希尔兄弟,还把他的孩子们抓来一一审问。如果我所听到的传言是真的,那么这个赛尔少校还曾是曾祖父几个兄弟姐妹的教父。到了曾祖父一辈,家族成员的脾性又发生了逆转,仿佛是要中和先辈们对爱尔兰人的敌意。我的曾祖父曾经与罗伯特·艾梅特[①]结交,并因此成了政府的嫌犯,最终锒铛入狱。好在他只在监狱中待了几个小时就被放出来了。一位叔祖曾当过槟榔屿的总督,还一直盼着能攻克仰光。还有一位更老一辈的祖先曾参加了美英战争,并于1813年在新奥尔良战死沙场。据说这位祖先的血脉一直延续至今,他的后人们现在还是有权有势,日子过得挺惬意。还有一位先祖拥有一座十八世纪的大宅子,他曾在自己的家里招待过不少有头有脸的人物。他的宅子有许多雉堞和塔楼,极具哥特风格,或许他是受了贺拉斯·沃波尔[②]的影响才把自家的房子弄成这个样子。他还是一个收藏家,曾收藏了许多美丽奇妙的东西。不过这位先祖后来却倾家荡产,最终投河自尽。在投河之前,他把身上的戒指、怀表和表链摘下——这些东西都是他过去收藏的宝贝啊。叶芝家的一个非婚生子曾指挥一艘炮舰在罗塞斯角一带游弋,他的事迹让我对激情澎湃的人生充满向往。

我经常看着祖先们的画像,把画像翻过来查找他们的名字。他们中有的是军人,有的是律师,还有的是城堡的总管。我经常想他们中有没有人喜欢阅读和音乐呢?现在当我回想起自己的先辈,当我想起自己的祖先曾是爱尔兰有权有势之人,想到他们为

[①] 罗伯特·艾梅特(1778—1803):爱尔兰民族主义者、共和主义者。
[②] 贺拉斯·沃波尔(1717—1797):英国作家,其作品《奥特兰托城堡》被视为英国哥特文学的开山之作。他曾把自己的宅邸改建成一座哥特风格的城堡。

人忠诚,不会为自己谋私利的秉性,一股喜悦之情便在我心头翻涌。

不过孩时的我对米姬姑婆的家族故事不感兴趣,我觉得外祖父才是最有地位的人物。我时常看到外祖父的船只在海港中进进出出,沿着河道上上下下。他手下的海员们都对我毕恭毕敬,其中一条船上的木匠还帮我修好了我的玩具船。或许只有等到现在我才能更好地理解与外祖父迥然相异的人物,欣赏他们那更为温和的品性。斯莱戈的一个老牧师曾告诉我,曾祖父约翰·叶芝在走进厨房之前总要把钥匙弄得叮当作响——他这是为了给背着他做坏事的人提个醒,不想当场撞破。还有一次拥有整片教区的领主派出一个文书,让他去说服当地乡民把自家的孩子送到新教学校去。这个文书拉着曾祖父去挨家挨户地去劝说他们。大多数乡民们口头上唯唯诺诺,只有一个村妇直言不讳地说:"我的孩子绝不会去你们的学校!"曾祖父对她说:"谢谢你,女士,你是我今天碰到的唯一敢讲真话的人。"以房地产经纪为职业的麦特叔公曾发现有人偷他家的苹果。他每天晚上都在院子里守着,守了一个星期。后来他总算逮住了偷苹果的小男孩,他给他们六便士,告诫他们以后不可再偷窃。

我看着祖先们的画像,肖像画家的画笔给祖先们的形象添上一抹柔和的色彩。或许正是画家的笔法激发了我的想象,让我在心中把他们描绘成彬彬有礼、性情温和的人。最让我感兴趣的是十八世纪时期的两个祖先,其中一位是高祖父一辈的人物。他们头上戴着扑过香粉的假发,其形象流露出一丝女性的阴柔之气。不过从他们的画像中我却发现了一种与我类似的愚笨和迟钝。叶芝家的一个亲戚曾说过:"叶芝家的人有头脑,但缺乏激情,不过如果我们和波莱克斯芬家族的人结亲,我们便开始尝到冒险的滋味,就连海边的悬崖峭壁都无法把我们吓倒。"他的这话可谓是石破天惊，让我半天回不过神来。

祖先们的画像大多很小，不过我却发现了一幅很大的画像。画像画得不错，不过画家是谁我却不得而知。这幅喜气洋洋的大画像在一众小画像之中显得格格不入。我的曾祖母来自科伯特家族，而大画像的画中人是科伯特家族的一位亲友。虽然他与我们没有血缘关系，我们一直管他叫"比提叔公"。曾祖母活到九十三岁高龄，生前她一直记得关于比提叔公的许多事。比提叔公是个牧师，曾与戈尔德史密斯结交。他喜欢夸口说自己曾经加入一个狩猎俱乐部，后来俱乐部里的其他成员或是上了绞刑架，或是因叛国罪而被流放，只有他逃过一劫。无论你问他什么问题，他给出的回答总会透出一丝恰如其分的粗鄙，包含着几分恰到好处的异端邪说。

四

儿时的我觉得自己的所思所想才是最有趣的，根本打不起精神去做其他的事，因而要教我学东西简直是难之又难。我的舅舅们和姨妈们都曾试着教我认字，可惜却是无功而返。当他们看到其他比我年龄小的孩子们不费吹灰之力就学会了读书认字，他们便得出了我智力迟钝的结论。如果不是后来发生了一件事让所有人改变了看法，或许他们还会一直认为我脑筋不行呢。

当时我父亲来外祖父母家小住。周日的时候父亲不上教堂，而我也鼓起勇气，有样学样，拒绝上教堂。话说回来，我觉得自己在大多数时候都是一个虔诚的孩子。当我想到上帝和自己犯下的罪孽，我都会热泪盈眶。可我就是讨厌教堂。每当我前往教堂的时候，我都会无精打采，拖着沉重的脚步缓缓而行。外祖母还以为我不会好好走路，经常告诫我"走路时脚尖先着地"。后来我学会了认字，我开始对赞美诗感兴趣，不过我却不明白教堂里的唱诗班为什么能把一首赞美诗拖那么长呢？我把赞美诗从头到尾读了三遍，可是他们却还没唱完。牧师的布道有时也能引起我的兴趣，我尤其喜欢《旧约·传道书》和《启示录》中的段落。不过精彩的布道也难以抵消烦冗的仪式和久站带来的疲乏。

父亲看在外祖母的份上，想劝说我去教堂。他想出的唯一法子就是"威胁"我说如果我不去教堂他就要教我读书写字。父亲根本就不是一个好老师，他脾气暴躁，缺乏耐心，经常拿起书本砸我的脑袋。他的"威胁"果然奏效——到下个周日的时候我便主动要求上教堂了。不过父亲似乎对教我读书一事产生了兴趣，只不过他把授课时间改在周日以外的日子。随着这种家庭教育的推进，他渐渐对我那颗飘忽不定的心灵有所把握。

在此之前，我对父亲并没有什么印象。在我的记忆中，父亲第一个清晰的印象就定格在他开始给我授课几天之前。当时他刚刚从伦敦来到斯莱戈，我记得他时常在育儿室中走来走去。他长着一头漆黑的头发和一脸漆黑的络腮胡，嘴里含着一个无花果，一侧腮帮子鼓起来——他当时牙痛得厉害，根据土方，含一个无花果在嘴里能缓解牙痛。跟他一同前来的还有几个兄弟姐妹和一个保姆，那保姆说活青蛙才是治疗牙痛的良方。

后来我被送到一间家庭幼儿学校，主管学校的是一个老妇人。她时常让我们排成几列，而她手中拿着一根长杆，把排在后头的孩子拨回队列中，借此保持整齐的队形。当时我父亲还没离开斯莱戈。我开学第一天回来之后，父亲问我学了些什么。我告诉他当天老师教我们唱歌。父亲让我唱给他听，我便昂起头唱开了："小水滴，/小沙粒，/汇成大海，/形成沃土……"听了我唱的歌之后，父亲给主管幼儿学校的老妇人写了一封信，告诉她别再教我唱歌了。后来我的其他老师也曾收到类似的信。

后来年龄最大的姐姐也来斯莱戈长住，我和她一起去上学。这回这所学校是一栋坐落于穷街陋巷中的两层小楼，也是一个老妇人开的。老妇人教我们拼写和语法，如果我们学得不错，她就会奖励我们——让我们看一把军刀。据说她父亲曾在印度或中国指挥作战，这把刀正是她父亲获得的奖赏。银质刀鞘上刻有一长段描绘军刀主人丰功伟绩的铭文，老妇人还让我们把这段铭文拼写出来。我记得我们往返学校的时候都会带上一把大伞，伞面上有一个老鼠咬出的破洞。我和姐姐轮流拿着伞，把伞当成盾牌举在身前，透过破洞看清前方的路。

当我熟读识字课本之后，我便开始在外祖父母家的藏书室消磨时间。我对那间藏书室中的大多数书籍没有什么印象，我所记得的只是几本旧小说和多册十八世纪末出版的百科全书。那几本旧小说我从来没有翻开过，不过我倒是经常翻阅那几本百科全书。我还清楚地记得其中有一长段讲的是如何辨别木化石，书中说尽管木化石和一般的石头在外形上很相似，但绝不可将这两者混为一谈。

父亲是一个不信教的人，这一事实让我开始思考自己宗教信仰的根基和依据。这一问题沉甸甸地压在我的心头，让我心中充满焦虑。我觉得如果我失去宗教信仰，我是无法活下去的。在我的印象中，宗教在我心中激起的情感似乎和天空中的浮云以及浮云后的天空密不可分。这种印象又缘何而来？或许是源自《圣经》插图吧。我还记得当我看到上帝与亚伯拉罕对话这幅图时，我感动得热泪盈眶。

后来发生的一件事让我更加坚定自己的宗教信仰。有一天一头母牛就要下牛犊了，我和几个农场雇工打着灯笼去看那头即将生产的母牛。可我并没有看到牛犊落地,只是在第二天早上听说那头母牛一大早便产下了一头牛犊。我问其他人这究竟是怎么回事,牛犊是如何生出来的,可是所有人都缄口不言。我于是得出结论:所有人都不知道牛犊是如何来到这世界上的。我认为牛犊是上帝赐予人们的礼物,因此没有人敢亲眼目睹牛犊是如何诞生的。孩子们的诞生必定也是如此。我决定长大之后一定要亲眼见证牛犊和婴儿的诞生。在我儿时的想象之中,牛犊降生之前必定有一片光芒四射的云彩在低空盘旋,不久之后上帝就让这头小牛犊从万丈光芒中走出来,来到这世上。

我对自己的解释感到很满意,不过这种错觉很快就被一个十二三岁的男孩打破了。这个男孩来找我,我们一起躲在干草棚中玩耍。在干草棚中他向我解释了何为男女之事。他说他是从另一个年龄稍大的男孩那儿听来的,他自己就是这个大男孩的"娈童"——现在回想起来,或许他自己也不知道"娈童"一词的真实含义。他漫不经心地向我解释男女之间的那些事,仿佛这不过是一种平常的生理机能。他的话让我难受了好几周。我听到这番话的第一反应是震惊,不过等到震惊渐渐消退,我又开始怀疑他所说的话了。后来我在一本百科全书中看到了一段文章。尽管这段长长的文章中有许多我半懂不懂的长单词,但我还是囫囵吞枣地把这段话读完了。这段文字似乎印证了那个男孩所说的话。当时我还是个懵懂孩童,对于"娈童"以及这个男孩和大男孩之间的关系都是一知半解,不过他关于两性关系的解释却撕碎了我儿时的美好幻想。

有一次父母亲带着我的两个兄弟和两个姐妹来斯莱戈小住,正是在这段时间里我第一次接触到死亡。我记得当时我躲在藏书室里,门外人声杂沓。有一个人在门外的走廊里说我的小弟弟罗伯特已经死了。在此之前罗伯特已经病了好几天。后来我和我的一个姐妹坐在桌旁，开开心心地画画。我们画的是一艘船，船的主桅杆上挂着一面旗帜——这面旗帜并没有升到桅杆顶端，而是在桅杆中间飘扬。之前我们必定已经听说过或见过停泊在海港中的船只降下半旗，也大概知道这是怎么一回事。第二天吃早饭的时候我听到别人说在小弟弟死去的前一天晚上，我母亲和一个仆人听到了报丧女妖的哭声。自此以后，每当外祖母说要带我去探望久病在床的病人，我都不乐意去——我害怕面对那些即将步入死亡深渊的人。

五

在我八九岁的时候，一个姨妈对我说："你很快就要去伦敦了。在这里有人把你当一回事，可是到了伦敦，你就啥都不是了。"当时我就意识到她的话不是对我说的，而是在含沙射影地针对我父亲。不过好几年后我才明白她为何要说这样的话。她认为像我父亲这样一个有才干的人总能想出法子画一些受欢迎的画作，可是在她眼里，父亲并没有努力工作，而是"每天晚上都到什么俱乐部去鬼混"。她口中所说的"无所事事之徒荒废时日的地方"实际上是伦敦的哈瑟利艺术学校。

我母亲和兄弟姐妹们还留在斯莱戈，而我则被送去英格兰。当时我和父亲前往英格兰，在位于伯纳姆山毛榉区的厄尔夫妇家中落脚，和一群风景画家们同住一个屋檐下。如果你在当时驱车从斯劳市出发，穿过法纳姆罗亚尔之后你会见到几片湖泊和水塘。我父亲曾把这一路上遇见的第一片大湖泊当成绘画的对象。他从春天开始画，画了整整一年。随着时光流转，整片湖泊和湖边的景色也不停变幻,而父亲的画作也随之改变。等到冬季来临,父亲在石楠丛生的湖堤上添上片片白雪,之后他就停笔不画了。父亲对自己的画作从来没有满意的时候,因此他觉得自己所有的画都是未完之作。

晚上的时候父亲或是检查我的功课,或是给我念费尼莫尔·库珀①的小说。我在周围的树林中探险,并且乐在其中。有一天我在一个绿油油的土坑中发现了一条蠕虫和一条蝰蛇,那条蠕虫似乎什么都看不见,却胆敢和蝰蛇打架。还有一次我抓到了几只蝾螈,把它们关进一个瓶子里,并把这瓶宝贝放在房中的壁炉板上。打那时起厄尔夫人打扫房间时总是悬着一颗心。附近有一个农场,与厄尔夫妇家的房子隔路相望。这个农场里有一个男孩,他时常在黎明时分朝我卧室的窗户扔一颗石子。我听到石子打在窗玻璃上的咔哒声,便知道是他发出的暗号,之后我便跑出去和他会合,一起到湖里去钓鱼。除了父亲所画的那片湖泊之外,我们的目的地可算是这一带最大的湖泊了。

有时我也会和另一个农场小子玩耍。我用废弃的胡椒盒子做成玩具枪打麻雀,之后他便把麻雀穿在线上放到火上烤。我记得当时厄尔家中有一匹老马,一个画家曾说这匹马"瘦得只剩下骨头了"。有时我和厄尔家的一个儿子套马驾车出游,一直去到斯劳市。还有一次我们甚至去到了温莎,之后在附近的一家小餐馆中吃了一些冷肉肠做的午饭。

当时我并不知道孤独为何物。有时我去到狭窄封闭的神秘之处去探险,那种神经紧绷的感觉让我兴奋不已。有时我去到空旷的地方,绕着湖边漫步,不时做做白日梦。我想象着一艘艘大船在芦苇荡中游弋,想象着自己长大之后在海上的历险,有时也会

---

① 詹姆斯·费尼莫尔·库珀(1789—1851):美国作家,其作品的主要题材为荒野丛林中的艰苦生活。

想起斯莱戈。

这样的时光固然惬意，不过我一想到夜里父亲还要检查我的功课就胆战心惊。我还要在天黑之前熟记今天的功课呢！我还有那么多的东西要记要背，如果不是恐惧占了上风，我根本无法集中自己的注意力。这样的学习过程的确令我痛苦不堪。

在此期间发生的两件事让我受到了很大的震动。其一与他人对我的评判有关。有一天父亲告诉我一个画家认为我脸皮很厚，对别人的评论毫不在意。这种说法实在是不公至极！我实在想不到竟然会有人对我做出如此论断。此后，当我四处闲逛时心里就会产生一种愧疚感，可我还是忍不住跑出去玩。另一件事与一群访客有关。当时我们刚到伦敦，父亲的一群朋友前来拜访，一群人说说笑笑，我只模模糊糊记得他们叫肯尼迪、法兰和佩吉什么的。其中一个人扛着一块留言板，他说这是从车站候车室里拿来的，还把这块板挂在我们住所的墙上。我当时十分震惊，心想这可是不折不扣的偷窃啊！可我父亲和其他人根本不以为意，还把这件事当成一桩有趣的谈资。

在那段时间里，我每年回斯莱戈一两次，每次在那儿住上几个星期。过了一段时间之后，我们一家就在伦敦长住下来了。或许当时我母亲和其他兄弟姐妹已经在伦敦安顿下来，我记得那段时间父亲经常前往伦敦。在搬到贝德福德花园之前，我们一家先在伦敦北区落脚。我记得我们家的第一栋房子就位于伯恩·琼斯①家附近，屋后有一个小花园，花园里有一棵梨树，梨树结出许多梨子，梨子上有许多蛀虫。我们家对面是另一栋宅邸，此处住着一位姓奥涅尔的校长。我曾听一个小男孩说这位奥涅尔校长是某位国王的曾孙，当时我竟信以为真。我记得有一次我在邻近几栋

---

① 爱德华·伯恩·琼斯（1833—1898）：英国画家，拉斐尔前派最重要的画家之一。

房子间游荡。其中一栋貌似别墅的房子外头有一片花园，花园边上是铁围栏和树篱围成的一道围墙。我坐在围墙边上，听到花园里有两个男孩在谈论我。其中一个男孩说我的肝脏有毛病，气色很差，估计活不过一年了。我当时想我还有长长的一年可活呢，这也足够我做许多事了。我对此根本不以为意，很快便把这一流言抛在脑后。一两年之后，我们一家搬到了贝德福德花园。

我父亲在对我进行家庭教育时偶尔会给我放放假。每逢这种时候，我就带上自己的纵帆船到附近的水塘湖泊中玩耍。这一爱好持续了很久。后来我去到正式的学校接受教育，每逢学校放假时亦是如此。我记得当时我在一片湖泊中碰到一名海军老军官驾着两条小汽艇，我无拘无束地驾着纵帆船，和他的汽艇并排行驶。有时老军官看到几只野鸭游过，他会说："看！晚饭有着落了，我要打一只回去吃！"有一回他还唱起了一支水手之歌。这首歌讲述的是一条倒霉的船——它在大饥荒①过后从斯莱戈出发，之后再也没回来。想想看，他唱的歌中提到了斯莱戈！我心中不由得生出几分自豪。这个故事我在斯莱戈的时候曾经听一个仆人讲过。他说那条船准备从泊船处解缆启航时，一具无名浮尸从船边漂过——这可是一个不祥之兆啊！据说外祖父当时是劳埃德保险公司的保险代理人，他曾说过这条船不宜出海。可是那条船还是借着夜色从海港中溜了出去，去面对一早就注定好的宿命。

在我常去游玩的那片水塘边还发生了许多有趣的事。我在玩耍时经常碰到一个男孩，他说他曾见到一条汽艇模型在水中飞速行驶，船舷接水处简直能擦出火花。我把他当成了自己的好朋友。此外我还能碰到另一个男孩，我曾听父亲和父亲的朋友们谈起这个小男孩的父亲，据说他做了什么"不体面的事"，可我一直

---

① 大饥荒时期：1845—1850年爱尔兰发生的大饥荒。

没弄清他父亲到底犯了什么事。正因如此，我一直对他很好。直到几年前我才发现他父亲实际上是一位雕塑家，曾创作了许多很受欢迎的作品，其中一些作品现在在一些公共场所还能见到。

有时我的姐姐也会和我一起出去玩。在回家的路上，我们四处闲逛，每看到一个饮水喷泉我们都要走上前去痛饮一番，每看到一家糖果店或玩具店我们都要钻进去查探一番。其中街对面的霍兰德店铺是我们的最爱，店铺的橱窗中放着一艘用糖做成的小汽艇。有一次我和姐姐在街上游荡的时候碰到了一个陌生人，他给我们买了些糖果，还把我们送到家门口。我们请他进门坐坐，还告诉他我们的父亲是谁。可是他不愿进门，只是笑着说："我知道了，原来你们的父亲就是那个画家——他每天都要把前一天画的画抹个干净！"

有一天当我和姐姐经过霍兰德店铺附近的饮水喷泉时，一缕哀伤突然涌上心头。我和姐姐聊起了对斯莱戈的思念以及对伦敦的憎恶，到最后我们两人几乎忍不住哭起来。当时我多么渴望能回到斯莱戈熟悉的乡间，捧起一抔田野的泥土！我只希望能在此时此刻，把任何与斯莱戈有关联之物紧紧地握在掌中。当时那种未经雕琢的情感仿佛是混沌未开的野蛮人心中涌起的真情实感，在我所碰到的人当中，没有人会对这类多愁善感的人生片段念念不忘。后来每当我拾起这枚记忆的碎片，一种惊诧讶异之感就会在心头盘旋。我母亲把感情外露看作庸俗可笑之事。可也正是我母亲源源不断地为我们心中的思乡之情添加燃料，让它持续燃烧。她时常讲起从罗塞斯引航员和渔民那里听来故事，讲起她在斯莱戈度过的少女时代。她一讲就能讲上几个小时，她的故事让我们认为斯莱戈是全世界最美丽的地方。现在我知道母亲也是一个感情丰沛的人。外祖父激情澎湃，这一秉性在我母亲身上也得以体现。

在那段日子里,我的母亲究竟是什么模样?我关于她的记忆已经渐渐模糊了。我只记得她穿着一身朴素的衣裙,戴着眼镜做针线活。十年前我在旧金山碰到一个斯莱戈老乡,这个身有残疾的老人居然还记得我母亲。在我母亲出嫁之前他就离开斯莱戈了,因此他对我母亲的印象还停留在少女时代。他对我说:"你母亲当时是斯莱戈数一数二的美女。"现在我明白母亲也有自己的个性意识,也渴望过上自己梦想的生活。不过她总是忙着照顾我们,还要为家庭财务操心,她的个性和渴望也渐渐消磨殆尽。

父亲说我道德堕落,还经常拿我和那些坏人们做比较。他的话把我吓坏了。我当时学到的东西都是父亲教给我的,不过后来我被送去汉默史密斯学校就读。这所学校是一栋黄砖砌成的哥特式建筑,建成于1840年至1850年之间。学校的一侧与一家钢琴厂毗邻,前后各有两排尚未完工的店铺和别墅——这些建筑物皆是用黄砖筑成的。学校的另一侧是一间制砖厂,紧挨着学校的操场。这间制砖厂中堆满了木材和黄砖半成品。学校的大厅中摆满了课桌椅,此外还有几间小教室和一栋专为住宿生准备的宿舍。我当时觉得学校的大楼很古老,因此我理所当然地认为这栋楼为学校的创始人哥德芬爵士所有。有一本书以哥德芬爵士为原型,而我一直以为只有具备浪漫气质的人才有资格被写进小说。尽管我从没看过那本小说,我在脑海中还是把他想象成一个罗曼蒂克的人物。

同学们的样貌和姓名早已模糊不清了。我只记得一个同学的样貌和姓名,还记得另外两个同学的名字,可是他们长什么模样我却记不清了。当然,事隔多年之后记忆模糊也是自然而然的事。不过我认为自己之所以对那些同学的印象模糊主要是由于我的记忆特性所致。对我来说,如果我曾见到某人某事出现在某一场景中,而类似的场景在记忆中不断重现,那么我对与此情景相关的人物事物就会印象深刻，反之则印象模糊，并随着时间的流逝渐渐消退。

之前一个来自都柏林的科学家曾送给我父亲一本绿色封面的书，书中讲的是这位科学家在霍斯的岩礁和都柏林湾一带发现的神奇海洋生物。这本书长久以来一直是我最钟爱的读物，我每读一次都觉得自己汲取了不少智慧。可是自从我去汉默史密斯学校上学之后，我却发现自己没有时间再阅读这本书了，也没有时间胡思乱想了。有一段时间我中午还要跑回家吃午餐，因此我一天要在学校和家之间往返四次。每一分每一秒似乎都花在听课、背书以及学校和家之间的路上。有一天我沿着汉默史密斯路行走，一缕哀愁萦绕在我心头——我觉得生活中美好的事物已经离我远去。

不过我很快就没有时间自哀自怜了，在汉默史密斯学校里我要面对人生新的一课：友情和敌意。在我上学的第一天，下课后我被一群男孩围了起来。当时我们正站在操场上，他们七嘴八舌地问我："你老爹是谁？""他是干什么的？""他有钱吗？"……其中一个男孩出言不逊，说了一些难听的话。在此之前我从没打过人，也没被人打过。不过这两件前所未有之事在转瞬之间都发生了。当时的我仿佛不再受自我意志的控制，而是像个提线木偶一般机械地运动。我朝离我最近的男孩挥拳，之后就被人痛揍一顿。

我身为爱尔兰人这一事实经常引来同学们的辱骂。我天生孱弱，肌肉不发达，不过在随后的几年中，我却经常和人打架，当然也从没打赢过。偶尔我也会找到复仇的法子，甚至还会主动出言挑衅。当时学校里有个男孩，他走起路来总是大步流星，小男孩们都很怕他。有一次我看到他独自一人在操场上，我跑上前去对他大喊："干草起！稻草落！"这话源自爱尔兰的一个故事：一个傻瓜新兵分不清左右，不知道操练时该迈哪条腿。他的长官在他的两条腿上分别绑上干草和稻草，以防止他在踏步时出错。这个男孩当然不知道这故事，他一头雾水，问我这话是什么意思。我把这个故事原原本本地告诉他，结果被他扇了几个耳光。后来我跑到朋友那儿诉苦，他们说我活该，这都是我自找的。

我不时鼓起勇气，用类似的方式进行挑衅。我之所以这样做或许是因为当时我对英格兰人抱有偏见。我认为除了身为艺术家的英格兰人，其他英格兰人都是愚蠢迟钝，毫无教养。我在斯莱戈认识的人或是看不起民族主义者，或是对天主教徒看不上眼，不过所有人对英格兰人都抱有一种很深的成见。这种成见早在爱尔兰议会时期便已成形。在斯莱戈，我经常能听到与英格兰人有关的笑话和传言，并对此深信不疑。我母亲曾说过一些英格兰妇女说她们不喜欢都柏林，原因竟然是"这里的男人腿长得太直了"。还有一次母亲和我在车站看到一对英格兰人正在当众亲吻。母亲指给我看，并教育我这种行为是多么缺乏教养。斯莱戈有个赶车的曾经讲过这样一个故事：一个英格兰人对他说："如果你们把那座山推倒了平铺在河边的沙滩上，那么你们就会拥有千顷良田了。只可惜你们太懒了。"斯莱戈有一条潮汐河，河口很宽，退潮时河边露出大片沙地。所有斯莱戈人都认为多亏了这片沙地，涨潮时汽轮才能在这狭窄的潮汐河中行驶。不知怎的，这种想法已经成为人们的共识，而现在这个英格兰人竟想着要把那座山移到沙地上！其荒谬性自然不言而喻。赶车的逢人便说起此事，一边说一边哈哈大笑。斯莱戈的人们认为这个故事是英格兰人无事生非的又一明证——看，那英格兰人对什么都看不顺眼，他们闲着没事，还想着移山填海呢！在斯莱戈，我家的保姆们大多和爱尔兰天主教徒一样对英格兰人抱有某种偏见，我从没听过她们说英格兰人一句好话。

我的祖父威廉·叶芝在我出生几年前就去世了，不过我从父亲口中听说了与他有关的一个故事。有一次祖父离开英格兰，返回位于邓恩郡的教区长宅邸。他在驿车上碰到一个陌生人并与之交谈，而这个人大谈特谈自己的私事——"简直就像一个英格兰人一样！"父亲向我解释说英格兰人觉得谈论个人事务可以为自己脸上增光，而爱尔兰人大多生活贫穷，负债累累，因此对自己的私事缄口不言。我对父亲的解释将信将疑，觉得祖父的故事肯定没有这么简单。

我记得在斯莱戈镇上我曾见到一对英格兰男女，他们身上的衣着吸引了我。那个男的穿着灰色的外套，腿上还绑着护膝，而那女的则穿着一袭灰色的裙装。当时一个保姆跟在我身边，她看到这对男女，轻蔑地说："看这些'土鲁鲁'！""土鲁鲁"一词或许与当时传唱的一首英格兰民谣有关，这首歌在我尚未出生之前就流传开了。其中不停地重复"土鲁鲁，土鲁鲁"这一句，因此这个词也成了英格兰人的指代。此外，饮食习惯的不同也是斯莱戈人嘲笑英格兰人的一大原因。大家笑话英格兰人吃鳐鱼和狗鱼，我记得初到英格兰的时候还见过一个老人往自己的粥中加番茄酱。

这些嘲笑英格兰人的传言大多源于不同民族之间的不信任，我之所以与其他同学格格不入，或许也是受到了这类偏见和流言的影响。此外，对事物的不同看法也让我难以融入同学之中。如果我阅读一本关于孩子的故事，我会觉得意兴盎然；如果我读到关于英格兰丰功伟绩的文章，我却无法感同身受，我感觉这些故事中的主角并非我的族人。当我的同学想起米字旗、克雷西战役[①]

[①] 克雷西战役：发生于1346年8月26日，对阵双方是英法两军，最后英军打败法军取得胜利。

和阿金库特战役①，他们或许会觉得激情澎湃，热血沸腾，可我却难以体会到这种感受。如果我是一个笃信天主教的爱尔兰人，或许我还能借助利默里克②和耶罗福德战役③来激发自己的民族自豪感。可我所能做的就是默默地回忆家乡的景物，回想在河上海上游弋的船只，怀念我的外祖父。当时爱尔兰土地联盟已经成立，一些爱尔兰的地主被杀死了，而反爱尔兰情绪也因此高涨。虽然十几岁的我与政治无涉，可我还是为此感到自豪——想想看，我来自一个危险重重的国度，这是多么浪漫的一件事呀！

我所就读的不过是一所廉价学校，那里的学生缺乏教养。我的祖父把在驿车上碰到的路人当成典型的英格兰人，我也和他一样，把同学的做派当成是典型的英格兰人行事风格。我在学校里经常受人欺负，弄得鼻青脸肿。我经常觉得心中的郁闷与苦痛即将喷薄而出。我的同学中有一个波西米亚玻璃工匠的儿子。他的年纪比其他人都大，据说他之所以离乡背井是由于一桩"绯闻"。有一次他为我出头，揍了欺负我的一个孩子。他的理由是我和他"都是异乡人"。另一个同学后来成了学校的运动健将，也成了我的好朋友。他经常为我报仇，替我揍过许多坏小子。直到现在我还能清晰地记起他的名字和样貌。他的姓氏表明他的祖上或许与胡格诺派④有渊源，他的身材瘦削柔韧，而他的面貌和肤色则让人想起美洲的印第安人。

---

① 阿金库特战役：英法百年战争中的著名战役。1415年的10月25日，英军在亨利五世的带领下以少胜多，击溃法国精锐部队。

② 利默里克：爱尔兰西南部城市，在十七世纪英国内战期间是非常重要的战略要地。

③ 耶罗福德战役：1593—1603年爱尔兰的盖尔人为反抗英国统治所发起九年战争。耶罗福德战役是九年战争中的一场战役，发生于1598年8月14日，地点在爱尔兰阿尔玛郡。

④ 胡格诺派：十六至十七世纪法国的加尔文派教徒。

当时我很害怕我的同学们,我第一次对自己的勇气产生了怀疑。当我还住在斯莱戈的时候,我曾梦想建一艘大船去与芬尼亚分子作战,我相信自己能在暴风雨中保持镇静,也相信自己将会在枪林弹雨中慷慨赴死。为此我搜集了不少碎木料,堆放在外祖父母家的花园中。外祖父从来不知危险为何物,他甚至会为了捞一顶旧帽子而跳下危险密布的比斯开湾。我也想成为像外祖父一样的汉子,可现在我却发现自己很怕痛,缺乏勇气,并为此感到羞愧难当。有一天我在课堂上讲小话做小动作,弄出种种声响。当老师追究起来的时候,我的那位运动健将朋友却代我受过。老师拿起藤鞭在他的手上狠狠地抽了两下,这时我才承认自己是扰乱课堂的罪魁祸首。我的朋友坦然摊开手,毫不畏惧地接受惩罚。过后他甚至没有在裤腿上擦擦掌心以缓解疼痛。我并没有挨打,我受到的惩罚是罚站,一直站到下课为止。后来我每每想起这件事都很难受,可是我的朋友却从未因此而责备我。

我在汉默史密斯学校那几年还打过不少架。运动健将成为我的朋友之后,我得以太太平平地过了几个月。不过后来他却不愿为我出头了。他说我应该学会打架,在我学会保护自己之前,我应该躲着那些喜欢欺负人的孩子。每天放学后我去到他家练习拳击,地点就在他的房间里。每天的拳击练习都大同小异:一开始时我很快就进入状态,一鼓作气不停挥拳,把他逼得步步后退;可这一时之勇却难以持久,不久之后他就开始回击,把我逼到墙角,最后以我鼻血横流而告终。运动健将的父亲是个上了年纪的银行家。有一天他让我们到花园里进行拳击练习,他想让我们以一种彬彬有礼却又无比残酷的方式对打。不过当时我以为这对我来说还是没什么用处。

后来运动健将说拳击练习已经告一段落,我不用再躲着那些孩子了。我终于可以大着胆子到操场去玩了。我刚刚走进操场,一个男孩就朝我扔了一团泥巴，还朝我大喊："爱尔兰疯子！"我朝着他的脸出拳，一口气打了好几下。我惊奇地发现在这一过程中我居然没感觉到拳头落在我身上。这时其他孩子围过来劝架，让我们俩停战和好。我知道如果再打下去我肯定会落下风，于是便忐忑不安地向自己的敌手伸手示好。他不情不愿地和我握握手。众所周知，我打起架来很不在行，或许这个男孩觉得输给我很没面子吧。甚至连老师们看到他被我揍得鼻青脸肿都忍不住拿他取笑。后来一些低年级的男孩子想让我为他们出头，和另一个孩子打上一架，不过我并没有答应。打那以后我再也没有和同校的同学打过架。

不过我倒是经常跟着其他人和隔壁慈善学校的学生们打架，和街上的浑小子们群殴。当时默认的一条规则是打架时不能砸石头拍板砖，对阵双方只能近距离肉搏，我们也因此占尽上风。如果班上的同学在校外打架，班长有义务向老师们报告，不过如果没有互掷石子的行为他们也置之不理。在这种场合中，我经常跟在运动健将的屁股后头，不过我并没有出手打人。我父亲觉得孩子们这种街头打斗实在是荒谬无稽——即使是对于英格兰人而言也太过荒唐了。而我也从未体会到那种怒火翻涌的滋味，也不想揍人或挨揍。再说了，我的朋友总能把靠近我们的敌人赶跑，根本不用我出手。运动健将从不会琢磨这些问题，也不会心生疑虑，打起架来绝不会手下留情。他觉得我们的敌人生性卑鄙，活该时时挨揍。在一次打斗中，敌方有人把石头裹在雪球里砸向我们，我方的一个男孩不幸被包含着暗器的雪球击中，最后因此丧命。而我们也为这种斗殴找到了一个冠冕堂皇的理由——报仇。

有时我们也会和大人们发生争执。运动健将每天和我一起上学放学，在路上我们经过一家理发店。这间理发店是一个德国佬开的，运动健将和他发生了口角。有一天当我们经过理发店的时

37

候，运动健将朝理发店里吐了一口唾沫——反正即使班长知道了也不会上报，吐口水并不在禁止之列。这口口水不偏不倚地落在德国佬的秃头上，可把他气坏了。他从店里冲出来，追着我们跑。不过等到运动健将停下脚步准备和他理论一番时他却离开了。我知道朝人吐口水不对，可当时我还是对我的朋友佩服得五体投地。我在学校里大肆传扬这件事。第二天，那个德国佬来到学校，走过细石铺成的小路，一脸严肃地走进校长办公室。一股骚动和不安席卷了整个学校，不久之后掀起了一阵喧嚣，那嘈杂声大得连教室里上课的教员都听到了。大家看到校长的红头发弟弟把德国佬赶出来，还对男仆大喊："看着他！别让他趁机偷外套！"再后来我们听说那个德国佬四处打听，想知道每天上学放学经过他家的那两个男孩究竟姓甚名谁。被问到的人并没有说出我们俩的名字，而是把另两个男孩的名字告诉他——这两个男孩是班干部，以其彬彬有礼的绅士风度而远近闻名。此事就这样不了了之。

不过我的运动健将朋友也有害怕的时候。别看他有胆识会打架，他却羞于和陌生人交谈，经常让我帮他跑腿买糖果或姜啤酒。这让我陡然生出了几分自信。话说回来，我也并非一无是处，有时我也能赢得他人的钦佩和赞赏。学校里有一个游泳池。我刚开始去游泳的时候还不敢像同学们一样从高处跳入水中，而是顺着池边的梯子慢慢往下爬，直到池水没过大腿我才松手落入水里。有一天游泳池里只有我一个人，我爬到距离水面五六英尺的跳板上，大着胆子跳到水里。从那时起，我经常爬上他人不及的高处跳水。除此之外我还学会了潜泳，当我从水里钻出来时，我装出泰然自若的样子，绝不会大口喘粗气。我跑步时也能保持神色如常，绝不会露出气喘吁吁的疲态。这些行为和表现让我赢得了他人的钦佩，有时我的风头甚至还盖过了运动健将。我经常陪着运动健将练习跑步。他让我先跑一段，然后他再起跑，最后他总能超过我。尽管运动健将比我跑得更快，其耐力也比一般人强，可他在运动之后总是脸色苍白，我虽说不如他，但我却因自己在运动之后处变不惊的表现而获得更多的赞誉。

我曾关注过一名美国职业赛跑运动员。那几个月来我经常买报纸查看与他有关的新闻，关心与他相关的赛况。报纸上称他为"美国运动界的一颗新星"，我想正是这个称号引起了我的兴趣。如果报纸只是简单地称他为"运动新星"，或许我就不会关注他了。在很长的一段时间里，我实在无法理解自己这种莫名其妙的热情和兴趣。后来我想通了，我所做的这一切不过是为了呵护自己那孩子气的梦想。现在我已经不再搜集碎木料建大船了，可我还是找到其他途径来发泄自己的一腔热情。我的课桌桌面上印着黑白棋盘格图案，上课时我经常开小差，用墨水在白格子上乱涂乱画。或许类似的行为都是为展示自己的勇气吧。

有一天父亲突然说起一个人："这个人曾在纳尔逊将军的军舰上当过事务长，还参加过特拉法尔加战役。现在他的头发都白了，真让人感慨啊！他本可以有一番作为的！"听了父亲的话，我迷惑不解，没来由地心生怨恨。直到现在我回想此事，我的迷惑和怨气也没有消退。或许这是因为我们凭空想象他人的丰功伟绩，最后却发现自己一事无成，因而产生了疯狂的念头和自怜自艾的情绪。

六

汉默史密斯学校的校长是一位神职人员。他脾气好，性情随和。可以想见，他对待宗教问题也是一如既往得温和。如果他真的因为我们这群浑小子而睡不好觉，那也不过是他对学生绅士风度养成过程中出现的问题所表现出的适度焦虑。有一次我在学校里脸面尽失。此事与我的衣着有关，当天我穿着一件蓝艳艳的衣服去上学——那件衣服的布料是我母亲在德文郡买的，是某户人家自己纺的哔叽布。后来我被告知不要再穿这样的衣服来上学。我还记得在某些重大的日子里同学们被要求戴上手套来上学。校长一心想要我们穿上伊顿公学风格的衣服，并为之付出种种努力，可惜都是徒劳无功。

我在汉默史密斯学校就读一年后，打弹子这一游戏被校方禁止了，原因是这种游戏与赌博无异，只有浑小子才玩这种游戏。又过了几个月，在班上跷二郎腿也被列入禁止之列。总的来说，就读于汉默史密斯学校的学生大多是职业人士的孩子，他们的父亲或是事业刚刚起步，或是遭遇了失败。有一次，当同学们听说一个药剂师的儿子即将来到我们学校，他们聚在一起，嘟嘟囔囔地发泄不满。或许他们觉得这个孩子不配跟他们玩。这个孩子刚入校时我成了他唯一的朋友。我们总是假装自己的父母很有钱，而事实并非如此。我记得一个同学经常看到我母亲缝缝补补，我告诉他我母亲之所以做针线活是因为那是她的爱好，可事实上我明白母亲做这些杂活是生活所迫。

汉默史密斯学校与当时同类学校没什么两样。这家学校不上档次，校园中弱肉强食，强者为王。一个大男孩会无缘无故地暴揍一个低年级学生，直揍得他直不起腰。还有些小男孩小小年纪，还不明白男女之事，却经常传唱一些猥琐下流的街头歌谣。不过话说回来，我觉得这所学校很适合我。即使我转去更好的学校，我也不见得能过得更自在。

有时校长会问班长："某某同学的希腊语学得怎样？"班长会回答："很糟糕，不过他的板球倒是打得很好。"校长转身离开：

"算了，那就由他去吧。"有时我会发奋几个星期，如果有一课书要记要背，我也会花上整晚努力学习。但不得不承认，我并不是精于学业的好学生，我的成绩在班上也排在末位。我头脑中的种种念头和想法让我无比兴奋，可是如果我试图梳理这些纷繁芜杂的思绪，感觉就像在大风天把一个大气球塞进一间小棚屋中。我经常为自己糟糕的学习成绩找各种借口，我心中的羞怯也随之进一步加深。不过老师们对我都很好，没有人苛待我。

  大家知道我的爱好是搜集蝴蝶和蛾子，我所做的坏事顶多就是在自己的大衣口袋或课桌里藏一只没有尾巴的死老鼠。我们的校园生活一直很平静，不过一个爱尔兰教师的到来却打破了这种平静。这个老师希腊语的水平很高，脾气也很暴躁，经常说一些惊世骇俗之语。有一次他在开始上课时看到校长走过大厅另一侧，他说："看，他来了，他走了……难怪这所学校这么糟糕，让一个神职人员来当校长能有什么好成绩？"有时他的目光落在我身上，他会让我起立，然后教训我一顿。他说众所周知一个爱尔兰男孩的聪明才智胜过一整个班的英格兰男孩，可我整日不思进取，真是太丢脸了！当然，就因为他说的这番话，我的同学后来好好地修理了我一顿。班上有一个长得很像女孩子的男生。有一回这个老师把这个同学叫上来，在他两边脸颊各亲一口，还说放假时要带他去希腊旅游。后来我们听说他真的为此事给这个男生的父母写了一封信，不过假期还没到，他就被学校辞退了。

七

  我继续在记忆长河里摸索，两幅画面浮现在我脑海里。其中一幕回忆与学校有关。当时我爬到操场边的大树上,居高临下地审视在操场上玩耍的同学们。我就像一只对着第一缕晨曦打鸣的小公鸡一般洋洋自得,不可一世。我心想:现在我在同龄人之中也算是聪明的了,如果我长大后还能在同龄人中保持这种优势,那我一定能成为一个大人物。我想起在学校竞选期间,校园的墙上贴满了各种竞选宣言,其中的内容大多如出一辙。这些文字并非同学们自己观点的表达,而是从他们的父母那儿听来的,而他们的父母也不过是用报纸上的东西来代替自己的思想。我提醒自己:要记住自己是艺术家之子,在这一生中一定要创造出惊人杰作,因而切不可如他人一样,只想着在安闲适意中虚度一生。

另一幕回忆的背景是河滨马路某家旅店的会客厅,前景是一个佝偻着腰坐在炉火边的男人。这个人是我家的一个远亲,他挪用另一个亲戚的钱财去做投机生意。现在他只得背井离乡,离开爱尔兰——如果他继续待在那儿就会有牢狱之灾。一天晚上我父亲带着我们去探望他,他希望我们的来访能让这个人暂时忘却自己的痛苦和烦恼。

八

我们在伦敦北区住了一段之后搬到了贝德福德公园。多年以来,贝德福德公园一直带有一种浪漫的意味,让我兴奋不已。我们还住在北区的时候,有一次父亲在早餐时说我们住所的玻璃枝形吊灯怪模怪样的,最好能把它取下来。之后他就提起了正在兴建中的贝德福德公园住宅区。据说这片住宅区由建筑师诺曼·肖设计承建,我记得他说:"那片住宅区有一堵围墙,卖报纸的不得随意进入。"后来当我去到那儿的时候我发现事实并非如此，那片住宅区既没有围墙也没有社区大门。我为此大失所望，而父亲只是说"我当时说的是'打算要建的'"。

贝德福德住宅区用的瓦片是德·摩根①设计的，房门一律涂成孔雀蓝色，不时可以见到石榴和郁金香图案的装饰——这些装饰都出自莫里斯②之手。维多利亚中期流行的房门装饰图案多为谷物和玫瑰，不过自从看了此处的房子之后，我们对这类图案不屑一顾，也看不上那种画着简单几何图形的瓦片。在我看来，那种图案简单的瓦片简直就像从一个巨大而肮脏的万花筒中捡拾来的碎片。

我们在贝德福德的房子简直就是画中的舒适居所，我们在这里碰到的人也像是从故事书里走出来的。伦敦北区的街道总是笔直的，看上去乏善可陈；而此处的街道弯弯曲曲，有时是为了避让一棵亭亭如盖的大树，有时只是为这幅景致增添一道曼妙的曲线。在住宅区里看不到铁栏杆，取而代之的是一道道木栅栏。周围的一切都那么新奇有趣！这里还有不少没人住的空房子，简直就是孩子们捉迷藏的好去处。这个陌生的环境让我们觉得自己身处儿童的乐园。我们可以想象在很久以前，此处已经有人居住，一代代人在这里过着幸福的生活。或许就在某间房中，当时的房主曾滔滔不绝地和人们讲述自己的奇妙海上历险。在我们想象中的过去，即使是贫困的生活也不乏诗情画意。

这时建筑业还没有沦落到建造千篇一律的廉价住房，只有质量更加优良的房子才有资格被造出来。不过这话或许并不公允。

---

① 威廉·弗莱迪·德·摩根（1839—1917）：英国陶瓷制作家、瓦片设计师和小说家，是拉斐尔前派重要成员威廉·莫里斯的终生好友。

② 威廉·莫里斯（1834—1896）：英国设计师、诗人，也是拉斐尔前派的重要成员，但所留存的画作极少。

当时我们见到的房子都是艺术家们的居所，他们的房子总是最漂亮的。我和两个姐妹还有一个兄弟曾去上过舞蹈课，上课的地点是一栋低矮的红砖小楼，屋顶盖着瓦片。之前我们认为最好的居所是如同船舱一般的房子，不过等我们见到这栋房子，船舱式住房就完全被我们抛在脑后了。房子会客厅里的桌子是孔雀蓝的，屋子里的所有木器都是孔雀蓝的。在此之前，我们曾想象把辛巴达[①]的船舱当成自家的客厅，不过眼前的客厅却让我们放弃了之前的梦想。在楼上还有一个又大又高又深的窗户，深嵌入墙的窗台仿佛一个壁龛。窗前有几级阶梯，要走上阶梯才能碰到窗户，窗户里还放着一张桌子。

这一家的主人是一个有名的拉斐尔前派[②]画家，而我们的舞蹈课老师是这家主人的两个姐妹。这两姐妹和她们的老母亲经常穿着式样简洁的孔雀蓝衣裙，仿佛是从故事书里走出来的人物。此时父亲已经开始受到法兰西画派的影响。有一次我入迷地看着那位身着孔雀蓝的老妇人，当时父亲也在场，他嘟囔了一句："想想看，竟然让自己的老母亲穿这身衣服！"

我父亲的朋友大多是画家，他们都或多或少地受到拉斐尔前派的影响，不过他们当时已经开始丧失信心了。我印象最深的是威尔森、佩吉、奈特森、波特……早在我们还住在北区时父亲就与他们结交。从他们的闲谈中我知道罗塞蒂[③]对绘画所用的原料把握欠缺。后来奈特森[④]改变画风画狮子去了，而我父亲经常谈起他

[①] 辛巴达：《一千零一夜》中的航海家。

[②] 拉斐尔前派：1848年，3名年轻的英国画家亨特、罗塞蒂和米莱斯成立了拉斐尔前派兄弟会，掀起了一场美术改革运动。叶芝本人受拉斐尔前派美学思想的影响很深。

[③] 罗塞蒂：但丁·加百利·罗塞蒂（Dante Gabriel Rossetti，1828—1882）拉斐尔前派创始人及重要画家。

[④] 奈特森：约翰·特里维特·奈特森（John Trivett Nettleship，1841—1902）英国画家，以其所画的动物画作而闻名。

早年的画作，尤其对他的画作《上帝创造邪恶》赞不绝口。父亲说他曾见过白朗宁①的一封信，信中说这幅画"可被看作对古代艺术和现代艺术的最宏大最广阔的涵盖"。当时奈特森还未沉迷于社交活动，还能全身心地投入绘画之中。有一回他的外衣后襟上拉了一道口子，我母亲帮他缝好，可后来他再次来访时我母亲发现他把缝好的口子拆开了，后襟上的口子赫然入目。

另一位经常来访的画家是波特②。他曾创作了一幅名为"小多尔茅斯"的精致画作，这幅画在我们家挂了几年，现在已经被泰特美术馆收藏。波特最亲密的好友是一名美丽的女性模特。如果我没有记错的话，这个模特一直在某所寄宿学校供职。我们一家还住在北区的时候她也曾来过。我记得她坐在父亲画室的主座旁，手里拿着一本书，而父亲正在听她讲授拉丁语。她长着一张椭圆形的脸，感觉特别温和，她的长相是当时画家们最喜欢画的容貌。画家们以她为原型，塑造出心目中理想的美人。后来我在一册《地上乐园》③的扉页上发现了一幅草图，那上面画的正是这个模特。

一个姐妹曾谈起波特的一则趣事。她发现波特画画时右手上总是戴着黑手套，对此他解释说："我在画上用了太多清漆，画面的反光会映出我的手，妨碍我作画。"后来他又加了一句："说不定以后我还得把自己的脸也涂黑。"我对他倒没什么印象。我只记得他坐在画架旁，而我父亲在画室里不停踱步。他的画作大多以孔雀蓝为背景色——这种颜色向来能让我有所触动。

据说波特生性放荡，还有一种特殊癖好——他"喜欢"小孩子。他著名的画作《小多尔茅斯》就是以孩子为模特所作的。他

---

① 白朗宁：罗伯特·白朗宁（Robert Browning，1812—1889）英国维多利亚时期的诗人。
② 波特：(Frank Huddlestone Potter，1845—1887) 英国画家。
③ 《地上乐园》：威廉·莫里斯所作的叙事诗。

对某个孩子过于关心，还出钱让他接受教育。后来，我和父亲在伯纳姆山毛榉区就认识的老熟人——法拉来到贝德福德公园，为我们带来了波特去世的消息。最后波特穷困潦倒，几乎是饿死的。我记得当时他们说"波特长期靠面包和茶维续生命，他的胃已经萎缩了"。当他的亲戚们发现他潦倒的境况，给他送去了好食物，可是却为时已晚。法拉参加了波特的葬礼，他说那些衣食无忧的人挤在波特的墓穴旁，而他只能站在他们身后。那个在寄宿学校工作的女模特也跟去了。她跟着波特的灵车步行到公墓，躲在远处默默地哭泣。法拉听到有个人指着她说："看，就是那个女人，她把波特的钱都卷走了。"据说这个模特得知波特负债累累后曾提出要帮他偿还债务。尽管她苦苦哀求，可波特还是不肯松口。或许波特的有钱亲友们还为此暗自埋怨那些过得不尽如人意的亲友呢。我敢说，这些富裕的亲友们和波特不够熟络，根本没动过要帮助他的念头。

我还记得一个名为威尔森的画家，在他的家乡阿伯丁郡还有一个专门收藏他画作的公共美术馆。我的姐妹们手中还有他的几幅画作——画上画的大多是林地风景，透出一股浓得化不开的忧郁。此时浪漫主义运动已经接近尾声。

九

在我八九岁的时候，我还住在斯莱戈，父亲头一次念书给我听。我记得最初他读的是《古罗马之歌》[①]。此前让我有所触动的

[①] 《古罗马之歌》：英国维多利亚早期历史学家、政治家托马斯·巴宾顿·麦考莱（Thomas Babington Macaulay, 1800—1859）所作的一本诗集。

诗歌仅限于外祖父母家那个马棚小子给我念的奥兰治诗歌，而父亲给我念的诗歌也深深地打动了我。在斯莱戈和罗塞斯角之间，一片荒草萋萋的无主之地一直延伸到海边，在高潮时与海水相接，赶上低潮的时候这片荒地的尽头就是一片泥泞滩涂。这里是马的坟场。我坐在这个荒凉之处，听父亲为我朗读《古罗马之歌》。之后父亲读《艾凡赫》①和《最后一个吟游诗人》给我听，这两部作品当时给我留下了很深的印象。后来我自己重读了《艾凡赫》，可是在我的记忆中就只剩下童年时给我留下深刻印象的两段——小说开始时出场的猪倌葛四和塔克修士的鹿肉膏，其余的都忘得一干二净了。《最后一个吟游诗人》让我萌生了当巫师的念头，而在此之前我的理想一直是投身大海，最终葬身于大海的怀抱。我的一颗心开始在这两种理想中摇摆不定。

　　上学之后，学校里流传着几份专为孩子们编写的报纸，每个周三下午是报纸出版新刊的时间。开始时父亲坚决不让我阅读这些报纸，他给出了自己的理由："给孩子看的报纸和给大人看的报纸一样，都是着眼于水平一般的读者，读这些东西只会阻碍一个人的成长。"我当时想看的只是其中一系列根据荷马长诗《伊利亚德》改写的连载故事。那些故事让我意兴盎然，可当我父亲把报纸夺走时，我却不敢说出自己的真实想法。好在几个月之后，父亲的态度有所转变。他承认之前在有关我教育的问题上过于心急了。他对我的管束也有所放松，如果我的学习成绩不佳，他对我也没有那么严厉了，后来他也懒得管我读什么书报，我终于能在报纸新刊发行的时候和同学们一起分享读报的乐趣。我从报纸上读到无数个故事，可惜看过之后这些故事在我的记忆中都没有留下什么痕迹。

---

　　①　《艾凡赫》：苏格兰作家华尔特·司各特的一本著名长篇小说，《最后一个吟游诗人》亦为他所作。

之前我在斯莱戈也曾读过格林童话和安徒生童话。不过格林童话完全被我抛在脑后了，安徒生童话也几乎被我忘个精光，残存在我记忆中的就只有《丑小鸭》——这个故事是我母亲念给我和姐妹们听的，令我印象深刻。我觉得格林童话过于平淡，因而更喜欢安徒生童话。但即使是安徒生童话也难以满足我的愿望，我希望读到关于骑士、巨龙和美貌贵妇的故事。可是现在我已经记不清当时所读的故事了，唯一给我留下印象的是我所听到和所看到的东西。

在我十岁或十二岁的时候，父亲开始带我去看戏剧。欧文①扮演的哈姆莱特给我留下深刻的印象。父亲一直很奇怪为何我更推崇欧文而不喜欢爱伦·泰瑞②——要知道，爱伦·泰瑞一向被我父亲和他的一众朋友们视为偶像。当时我年纪还小，还无法领略女性的阴柔之美，因此也无法把自己代入泰瑞扮演的角色。而我可以轻而易举地把自己想象成欧文扮演的哈姆莱特。多年以来，哈姆莱特一直是诗文中镇静自若的英雄，是我童年和青少年时代模仿的对象。当我与自我斗争时，哈姆莱特就成了我的榜样。

父亲还给我念乔叟的书，他一边读一边解释其中难懂的词语。我记得那个被犹太人杀死的小孩子，还记得《坎特伯雷故事集》中托巴斯先生的故事③，这两个故事让我意兴盎然，兴奋莫名。我最喜欢托巴斯先生的故事，当这个故事被旅店老板打断时我还真是失望呢。当我平添几岁之后，父亲开始给我讲巴尔扎克小说中的故事。他通过对人物和情节的描述，对人生进行深刻的批判。现在当我重读巴尔扎克的《人间喜剧》，我发现几处长篇大

---

① 亨利·欧文爵士：Sir Henry Irving（1838—1905），维多利亚时期的舞台剧演员。
② 爱伦·泰瑞：Ellen Terry（1847—1928），英国女演员。
③ 托巴斯先生的故事：在《坎特伯雷故事集》中，乔叟本人开始讲的第一个故事中出现的人物，后来乔叟所讲的托巴斯先生的故事被旅店老板打断。

论占了好几页,在整个故事框架中显得格格不入。我翻开书本,伦敦郊区的街巷竟然又浮现在我眼前。我想起父亲和我在市郊的街道上漫步,向我讲述吕西安·德·吕庞泼莱①的故事,我还记得他向我描述吕西安的决斗。当吕西安受伤倒地时听到旁人说他还活着,他嘟囔了一句"这比死还糟"。

  当时我只能和一个朋友分享我的思想和感受,在此过程中我逐渐发现我和运动健将之间的分歧和差异。不过在我发掘出真正的自我之前,我们还是时常一起去探险。经常和我们一起去玩的还有两兄弟——他们就是此前在朝德国佬吐口水事件中被人栽赃的两个男孩,是出了名的"小绅士"。他们的名字我倒还记得,不过他们的样貌早已模糊不清了。当朋友们齐心协力,将计划付诸实施,个人的秘密仿佛就无足轻重了。打比赛我不在行,我从没踢进一个球,也从未在赛跑中胜出。不过我也有自己的长处,我是"知识的源泉"。我们经常到里士满公园、库姆伍德和特福德修道院去捕捉蝴蝶、飞蛾和甲虫。现在如果我在午餐和晚餐时分碰到一个人,如果他住所的地址恰好是我年少时曾到此一游的去处,我关于童年的记忆就会被点燃。我想起一个守林人从屋后头的树丛中冲出来,追我追了一路;我想起我认为某处有某种甲虫出没,于是便跳进某户人家的场院,翻看地上一堆堆牛粪,寻觅虫子的踪迹……在这种时候,运动健将总是为我们把风放哨。如果那户人家的车道上正好停着一辆马车,运动健将会建议我们以一种"体面的方式"靠近房屋。他说我们可以把帽子拿在手里,假装是来访的客人。有一回我们在库姆伍德玩耍时被一个守林人发现了。运动健将让两兄弟中年纪较大的一个假扮成学校的老师,而我们几个则是他的学生。如果有人问起,他可以解释说是

---

① 巴尔扎克著名长篇小说《幻灭》和《交际花盛衰记》中的角色。

带着自己的学生出来散散步。这回守林人似乎真的被镇住了。他并没有大声叫骂，也没有威胁要把我们这群小鬼抓起来，只是露出一副理屈词穷的可怜样，和"教师"以及几个"学生"争论了一番。

在我的印象中，我们去玩耍的地方风景秀美。我还记得有一条小溪在温布尔顿公地的小峡谷中蜿蜒流淌，一直流入库姆伍德。无论这些地方的风景多么迷人，我明白我的小伙伴们所看到的东西和我眼中的风景不尽相同，他们眼中的某些东西是我无法看到的。在这种时候，我觉得自己是个异乡人——或许是小伙伴们说出某个地名的语气和方式让我产生了这种感觉。

十

学校放假的时候我回到斯莱戈，回家的途中要经过利物浦的克莱伦斯洼地，此地的克莱伦斯-曼根码头因此而得名。当我踏足此处时我感觉自己再次置身于斯莱戈乡民之中。在我年纪还小的时候，我记得斯莱戈的一个老妇人时常带着一笼笼鸡鸭到利物浦做买卖。只要她见到我从马车中出来，她就冲上前来死死地抱住我，把我吓个半死。随我同行的还有一个水手，他帮我拎着行李。老妇人对水手夸口说在我还是小娃娃的时候她就抱过我了。或许那个水手对我也不陌生。我经常在斯莱戈码头乘小艇出游，他肯定早就见过我了。每年我都有一两次机会乘坐大船出海，我所乘坐的是"斯莱戈号"或"利物浦号"，外祖父和他的合伙人威廉·米德尔顿舅公是这两条船所属公司的董事。我更喜欢"利物浦号"。据说这条船建于美国南北战争期间，其主要任务是突破美国南方的海上封锁线。

我热切地期盼着能乘坐大船出游,过后我还能就此事在伙伴们面前吹吹牛。在我很小的时候,我见到海员们叉开两腿走路,于是我也有样学样。我记得小时候我有晕船的毛病,不过我把这一事实掩藏得很好,其他孩子都瞧不出来。久而久之,我自己也几乎忘了晕船这一回事了。不过我从船长船员那儿听来的故事倒是记忆犹新。我还记得多尼哥-托利岛的峭壁,峭壁下有渔民捕捉龙虾。他们大声喧哗,嘴里讲的都是爱尔兰语。到了夜里,他们点燃干草皮,吸引过往船只的注意。

我还记得那个老船长。他肩膀宽宽的,脸的周围镶着一圈灰白的须发。我记得他对大副讲述自己在利物浦沿海一带的历险,而那个大副则一脸钦佩地侧耳聆听。我年纪很小的时候曾问过外祖母上帝是否像海员一般强壮——或许我的这种想法就源自这个船长。

"利物浦号"的老船长曾与一场重大的沉船事故擦肩而过。据说当时船上的桅杆已经断了,整条船不由自主地朝加洛韦角漂去。船长对大副说:"船撞到礁岸时就弃船逃生,到时船体的圆木铁定会坠落破碎,我可不想被落下的木头砸死。"大副回答说:"老天!可我不会游泳啊!"船长说:"游泳?现在海上风浪那么大,能在水里漂浮五分钟就算不错了。"

船长经常嘲笑大副胆小如鼠,他说:"码头上任何一个丫头都有资格笑话他。"我外祖父曾多次把这个大副擢升为船长,让他掌管一条船,可是后来他总是"洗手不干",回到老船长手下做一名大副——或许他觉得这样更安全吧。有一次一条船停靠在利物浦的干船坞中,上头让他去掌管这条未下水的船。在那段时间里,斯莱戈发生了一件事——一个男孩溺水而亡。在消息传到利物浦之前,他妻子接到他发来的一封电报:"有鬼,速来,否则洗手不干。"

这个大副目睹了好几场沉船事故,或许这就是他胆小如鼠的根源所在。或许他天生就是一个紧张兮兮的人,如果他属于海员以外的社会其他阶层,这种敏感的气质说不定还能为他增添几分品味和修养呢。有一回我把一本名为《巴黎的罗伯特伯爵》的书带到船上,下船时把书落在舱面长椅上了。后来我回到船上取书,结果发现书页上多了许多黑指印——不用说,那肯定是这个大副留下的。有一回大副还告诉我他曾见过一辆"幽灵马车"。"幽灵马车"在路上行驶,路旁有几栋茅舍。马车行驶到一栋茅舍后头,人们暂时看不到它了。可是后来马车并没有在茅舍的另一侧出现,就这样凭空消失了。

当我登上大船,朝外海驶去,我总能闻到新鲜稻草的清香。我发现海上的善知鸟把脑袋藏在翅膀下的方式与陆上的鸟类有所不同——当然,或许这种不同不过是我自己想象出来的。我对老船长说:"看来海上的鸟儿和陆地上的鸟儿脾气不一样。"有时我父亲也会乘船出海。海员们把父亲视为不祥之人,他们看到父亲上船就会窃窃私语:"看!约翰·叶芝来了!我们要遇到暴风雨了!"

现在我已经不喜欢狭小封闭的空间了,因而外祖父母家马棚外的小树林已经对我失去了吸引力,而我也不再光顾西维尔米姬姑婆家附近的山林了。我开始去攀爬高山,有时一个马棚小子和我一起去探险。当地的孩子们总能说出许多稀奇古怪的故事和传说,我探险的目的之一就是去考察这些与当地历史相关的传言是否属实。有时我带上鱼饵到山间溪流中钓鳟鱼,我还在晚上捕捉鲱鱼。有一次我在罗塞斯角抓到了一条大鳗鱼。我想起外祖父曾说过英国人吃鳗鱼,还说这没什么不对。于是我便带着这条鱼走了六英里,回到外祖父母家中。可后来外祖父根本就不愿吃它。

有一回我返回外祖父母家时乘坐一条海岸警卫的小船走了一段水路。当时春分时节的狂风即将刮起,一个男孩告诉我说有人在苏格兰一带发现了一种金甲虫——和爱伦·坡在《金甲虫》中提到的虫子如出一辙。当时我们都对此深信不疑。在那段时间,无数故事和传说传入我的耳中。这些故事或是出自码头水手之口,或是源于出海捕鱼的渔民小子。一些小汽轮在斯莱戈和罗塞斯之间往返游弋,我也曾在这些小船上听到了不少故事。这些故事给我留下的印象就是这个世界充斥着各种怪物和奇迹。

有时我们还会见到戴着耳环的外国水手。他们不会给我们讲故事,不过我和其他渔民小子一样,总是满脸钦佩地盯着他们,目光中充满了惊异与好奇。后来我弟弟[①]画了一幅名为《记忆中的港湾》的画作。画中的房子、下锚的船只和远处的灯塔挤在一起,颇具古地图之风。我认出了画中的一个人物。画中人穿着一件乱糟糟的白衬衣,外面套着一件蓝色外套——我认出这个人是当地的一个引航员,我曾和他一起去捕鱼。弟弟的画作让我心潮起伏,兴奋莫名。于我而言,斯莱戈的海湾和港口就像辛巴达航海奇遇中宝藏遍地的海岸,世上没有哪一处能让我如此魂牵梦萦,心驰神往。之后一缕哀愁涌上心头——我对斯莱戈的感情如此之深,却没能为之写出更多更优美的诗句!

当时我的小红马还在,父亲有时也会和我一起骑马外出。即使是在骑马这件事上,父亲对我也很严厉。他认为我骑术不精,对此颇为恼怒。他说:"你要想得到波莱克斯芬家人的敬佩,就要事事做到最好,还要有所作为才行。"不仅如此,他在监督我做功课时也是这种态度,还说我一定要学好数学。现在回想起来,或许父亲在精力充沛、事业有成的波莱克斯芬家人面前总觉得抬不

[①] Jack Butler Yeats(1871—1957)杰克·巴特勒·叶芝,叶芝的弟弟,爱尔兰画家。

起头才会萌生这种想法吧。某个波莱克斯芬亲戚告诉我父亲是一个糟糕的骑手,不过他参加骑马打猎活动时总是一往无前,碰到任何沟渠和障碍都毫不犹豫地策马前冲。我的祖父生前是邓恩郡的教区长,是一个温文尔雅的学者,不过他骑起马来可叫人大跌眼镜。他总是喜欢展示炫目的骑术,据说有一次他去骑马打猎时曾在一天内穿破了三条马裤。祖父在前任教区长手下任职的时候,前任教区长曾说过:"我让他们派个助理牧师来,可他们却给我送来了一个马术师。"

我骑马的时候摔了很多次,不过我也从没想过要成为一个出色的骑手。我骑马去得最多的地方是拉什布洛汉,麦特叔公就住在那儿,一条河流过他家门前。我和麦特叔公家的孩子一起玩耍,我们最喜欢的游戏是在门前的河里玩模型船。我们给模型船装上玩具火炮——这些火炮真能开火呢!我们点燃火炮的引线,想着让几条船相互开炮,来一场水上炮战,可是小船一旦开炮就会七歪八扭地乱窜。

我记得在这段时间里我也曾几次回斯莱戈过圣诞,在假日期间我曾骑着小红马参加了一次打猎活动。当小红马遇到第一处障碍时,它举步不前,当时我还为此暗暗庆幸。接着一群孩子跑上来鞭打它,想让它越过障碍,我忙不迭地阻止他们。这些孩子为此嘲笑我,说我是个胆小鬼。我远离人群,来到田野里一条沟渠边。我想让小红马跳过沟渠,可它还是裹足不前。我只好把小红马拴在一棵树上,而我自己则躺在草丛中凝望天空。不知过了多久,我起身准备回家。在回家的路上,我碰到了打猎的人群。我发现所有人都避开那些猎狗,感到很好奇。不久后我发现那群狗聚集在一条小路中央,于是便策马跑过去看个究竟。其他人朝我大喊大叫,向我发出警告,我却一脸茫然,不知所以。

有时候我会骑马去唐根古堡一游。一个暴脾气的小乡绅住在那一带，他的妻子是米德尔顿家族的一个远亲。有一次我和表舅乔治·米德尔顿一起去古堡游玩。爱尔兰经过了一百多年的动荡，能保存下来的古堡古宅为数不多，唐根古堡便是硕果仅存的古堡之一。不过这栋古建筑也是年久失修，不久之后就会化为一片废墟。唐根古堡矗立在一片小湖泊旁，另一座残破颓败的古堡——费尔利古堡坐落在湖泊的另一侧，与唐根古堡遥遥相望。在我眼中，此处充满了浪漫色彩，是我心仪的好去处。

那个小乡绅一家在十八世纪期间搬离了唐根古堡，搬到一栋较小的房子里居住。费尔利家族最后的血脉只剩下两个老小姐，她们也离开了这里，到斯莱戈做女房东去了。每年两位老小姐都要回到古堡进行年度一游。每逢这个时候，小乡绅负责驾车接送她们。他故意挑选最桀骜不驯的马匹来套车，吓得两位费尔利小姐大呼小叫，而他自己却乐在其中。去到湖边之后，两位老小姐在古堡的残垣断壁之间游荡，抚摸一块块历史悠久的石头，追忆家族辉煌的往昔。

这个小乡绅喜欢胡思乱想，经常冒出许多奇奇怪怪的念头。或许他觉得生活太过沉重乏味，而这些信马由缰的想象不过是对黯淡人生的一种调剂。我记得我第一次和乔治表舅前往古堡的时候在路上碰见了他。当时我们几个人还走在大路上，小乡绅给了乔治表舅一把左轮手枪。小乡绅拿起枪，二话不说就射杀了一只过路的鸡，也不知道他是想显摆手枪还是显摆自己的枪法。半个小时之后，我们一行人去到湖边，来到唐根古堡的墙根下。当时唐根古堡已经近乎一片废墟，只余一座螺旋阶梯和一座残破的塔楼。小乡绅又拿起左轮手枪，朝远处一个正沿着湖边行走的乡下老头开了一枪。第二天，他想着要摆平这件事，于是便带上一瓶威士忌去找那个老乡民。一瓶酒下肚之后，两人和和气气地分了手，这件事就这样不了了之。

我有一个特别胆小的姨妈。有一回小乡绅问她要不要看看他的新宠物,之后他赶着一匹赛马冲进大厅,绕着餐桌走了一圈。还有一回姨妈下楼准备吃早餐的时候却发现餐桌上空空如也,原来又是这个小乡绅干的好事——他打开窗户,把自己的猎兔狗放进餐厅,把早餐席卷一空。他还觉得这是一个很有意思的恶作剧呢。关于他的枪法还有一个流传至今的故事。据说他为了显摆自己百发百中的好枪法,拿起一支亨利步枪朝自家的大门开了几枪,直到把门把手打掉才算了事。后来他和威廉·米德尔顿舅公发生了争执,他所采取的报复行动就是纠集一群乌合之众向斯莱戈"进军"。他物色的坐骑都是些脾气暴烈的马,不过当时这些马早已疲惫不堪,几乎跑不动了。他带上一群乡下野小子,高举着爱尔兰土地联盟的旗帜,一群人浩浩荡荡地朝斯莱戈进发。到了后来,他沦落到既无朋友又无钱财的境地,最后移民海外,跑到澳大利亚或加拿大去了。

那时我经常去到唐根古堡附近捕捉梭子鱼,有时也用一把前膛装填式手枪打鸟儿。有一回我正好碰到有人打兔子,兔子的惨叫声传到我耳中。打那以后,我只捕杀不会出声叫唤的鱼儿,不再猎杀其他活物了。

十一

不久之后我们搬离了贝德福德公园,离开伦敦,回到爱尔兰。我们在都柏林附近的滨海渔村霍斯落脚,新住所是一栋长形茅舍。此时爱尔兰土地改革运动正如火如荼,地租一降再降,可我们却仍需支付各种费用和抵押贷款。我们不得不卖掉一些田产，位于克尔达尔的祖产也渐渐落入他人手中。

不过总的来说，父亲还是友好地和佃农们解除了租佃关系。在家境最艰难的时候，父亲把一条猎狗托付给一个老佃农代为照看，每年给他一笔费用。老农把狗照看得很好，我推测他在这条狗身上的花销或许超过了父亲给他的那笔钱。他在家中火炉边找了一块最舒服的地建造狗窝，当这条狗走进屋里的时候，如果有人占了它的"宝地"，那人就得给狗腾地方。我记得在我家把祖产卖光之后，在很长一段时间里，父亲还不时被叫回去解决这个老农和他儿子之间的纷争。

我已经年满十五了，此时父亲不想让自己的绘画事业受到干扰，不再打算亲自教育我了，于是他便叫我独自一人到哈尔阔特街的学校去报名就读。在我的记忆中，这所新学校是一栋黯淡萧瑟的十八世纪建筑，窄小的操场上遍布着泥泞和碎石子，校园周围有一道铁围栏，围栏外是一条建于十八世纪的宽阔街道。街道对面是一幅巨大的广告牌，还有一个时髦而肮脏的火车站。我发现在这所学校中，规矩和礼节无足轻重，大家在做功课时总是吵吵闹闹，喧嚣不断。按理说，早晨的时候我们要进行晨祷。不过等到开始上课时，如果校长心情还不错，他总会拿教会和神职人员取笑一番。有一次他说："随他们怎么说，不过地球就是绕着太阳转的。"

不过在这所学校中却很少能见到称霸欺凌之事，而其中一些学生的用功程度也超出了我的想象。板球、足球以及搜集蝴蝶蛾子等活动虽然并没有明令禁止，不过学校也不鼓励学生参与，理由是只有懒惰的孩子才会在意这类东西。以前我在汉默史密斯学校时认识大部分的同校同学，不过我对现在这所学校的同学却知之甚少。下课之后，我和我的同学们极少有交集。

当时我认为学校的学习对我的博物史研究是一个极大的阻

碍。不过即使我把所有时间都花在钻研课本上，等到晚上的时候我还是会发现自己有许多功课不会做。几何这门课我倒是学得很好。被叫到黑板前解题的同学还在抓耳挠腮，不停犯错，我已经坐在位置上把整道题都解出来了。我原本在班上是垫底的，多亏了几何，我才得以名列前茅。

但其他同学自然也有他们的长处。对于其他科目，他们学完入门教程之后就跳过后面的四五册进阶教程，可以直接学习现代人写的大部头了。而我还要借助一百五十行的注解和一本词典来弄懂十几行维吉尔的诗。他们可以直接阅读译文，知道与拉丁词汇相对应的英语词汇是什么。而我却不满足于课本节选的部分，总是试图弄清课文之外的诗文，因此时常犯下可笑的错误。我对自己不感兴趣之物是无法下苦功钻研的，于我而言一堂历史课不过是介绍了七十个日期，这样的课程又怎能让我全身心投入？文学课上我们也学莎士比亚，不过只是单纯地学习莎士比亚作品中的语法，而我的文学课成绩也最为糟糕。

每天最后一个小时是复习时间。换言之，就是点出要记要背的东西，让我们花上整个晚上死记硬背，把这些东西默记于心。可这种学习方式对我并不适用，有时一连几个星期我什么都记不住。有一天我灵光一现，自己给自己放假，最后这节课我就不上了。还有一次我让数学老师给我多留一些家庭作业，也没有人提出异议。我父亲经常插手我的学业，还要亲自辅导我的拉丁文。他的"课外辅导"经常导致非常糟糕的结果。后来我就借口说："我还要学习地理呢。"父亲回答："地理这种东西对锤炼心智没有益处，根本就不用学。如果有需要的话，你会在阅读过程中慢慢积累地理知识的。"如果我说要学习历史，他也会说类似的话。我再以几何为借口，父亲又说："几何吗？那实在太容易了。一个人可以运用诗意的想象自然而然地学会几何。古老的思想才是对心智的锻炼，只可惜这些东西长久以来已经被人们弃如敝屣了。"

有一段时间我的拉丁文突然学得很好，其他人都以为这是千古难遇的奇事。在那几周中，我总听到别人说像我这种既聪明又懒散的学生实在是令人不齿。可是没有人知道我的好成绩源自我心底的恐惧，只有恐惧才能稍稍约束我这颗飘忽不定的心灵。我隐约记得自己曾对校长和老师抱怨过自己的父亲。后来校长说："我决定增加你的学习任务。你父亲疏于对你的管教，我本想让他多多履行自己的职责，可我没办法指使他做事，所以只得增加你的课业负担。"

有时候我们也要写写作文，学校还要给这些作文评出一二三等。评判的标准主要是书法和拼写，我自然没能获奖。即便如此，我所写的作文还是为我惹来了麻烦。我记得一个老师曾问我是否真的相信我所写的东西，让我很是愤慨。其他人深信不疑的东西大多是陌生人的所思所想，或是源自庸俗市侩，或是源自愚人蠢物。而我所写的或是源自父亲的话，或是来自父亲和朋友的交谈，都是我笃信终生的东西。

有一次学校布置了一篇作文，题目是《以死去的自我为垫脚石，追求更高目标》。父亲知道后把这道作文题告诉我母亲，可是我母亲对此根本不感兴趣。父亲说："看，这些孩子就这样被教育成一群自欺欺人的伪君子。这种无聊的思想会让人的血液稀薄，消磨人的真性情。"父亲愤愤不平，滔滔不绝，在房间里来回踱步。他说我不应该写这种文章，而应该谨记莎士比亚的话："人若不自欺，必不欺人，如同有白昼必有黑夜一般自然而然。[①]"

有一次，父亲又对"义务"大肆抨击。他说："想想看，有些

[①] 出自莎士比亚的戏剧《哈姆莱特》。

高尚的良家妇女还会厌弃那些履行自己义务的丈夫呢！"他说我母亲对"义务这种东西"向来不屑一顾。他说有些人能很自然地接受与义务有关的各种理念，"不过你肯定不想和这类人一起共进晚餐"。现在回想起来，我承认父亲这些惊世骇俗之语或许有些道理，不过当时他可没想到他说的话有可能让我厌弃学习，放弃学业。父亲只能教我希腊语和拉丁语，如果我当时辍学的话，说不定我也能成为一个受过适当教育的人。如此一来，我就不会像现在这样怀着满腔无谓的渴望在书海中遨游，也不用在佶屈聱牙的译作中寻章摘句，搜寻建造灵魂神殿的素材。我或许也不会在面对权威时畏畏缩缩，因一味找借口逃避而心生怯懦。后来我找借口逃避已经成为本能，就像海狸天生会筑巢筑坝，我认为这也是一种人生的智慧。

十二

我和之前伦敦学校的老同学——那个运动健将——仍有联系，有一次他还和我一起共度暑假。不过此时我也发觉以冒险和游戏为基础的儿时友谊即将告一段落。有一次我们爬到乱石林立的高处，这次历险依然让我心有余悸。此时运动健将的体力依然胜我一筹，可我开始对他略有微词。

有一天早上我提议驾船到兰贝岛一游，运动健将说这样一来我们就有可能赶不上吃中午饭了。为此我对他满怀鄙夷。后来我们还是扬起帆，驾着小船前往兰贝岛。我们飞速行驶，在很短的一段时间内走完了九英里的水路。我们的船靠近海滩，我看到海滩上立着一只温驯的海鸥。海岸警卫的孩子们连衣服都顾不上脱就冲到水里，把我们的小船拖到岸上——这一幕让我想起书中所描写的野蛮人欢迎远道而来的探险家。我们花了整整一个小时在阳光灿烂的海滩上玩耍。我说："我想在这里住上一辈子，说不定某一天我真的会这么做呢。"我经常能找到我愿在此度过一生的好去处，这片海滩不过是其中之一而已。过后我们开始划着小船回家。此时已是午餐时间一小时之后了，运动健将弓着腰蜷缩在船底，哼哼唧唧，不住抱怨。我拿他打趣，说他和他的同胞一样，肚子里好像有个闹钟，一到饭点就会响铃。

博物史研究也导致了我们俩渐行渐远。当时我计划要写一本书，记录岩洞中各种生物在一年十二个月中的变化。我对海葵颜色的形成也有自己的一套理论，不过现在我却忘得一干二净了。我已经开始阅读达尔文、华莱士①、赫胥黎和海克尔②的著作，开始对亚当、诺亚和上帝创世的故事产生了怀疑。我犹豫不决，思绪如麻，直想得头昏脑涨。其时斯莱戈一带住着一个笃信宗教的业余地质学家，他平时在一家啤酒酿造厂工作，闲时便拿着锤子在霍斯海边岩礁上敲敲打打。我经常跑去和他争辩一番，让他不胜其烦。有一次我对他说："据说有人找到了一些原始人的遗骸。根据所在的地层推算，这些遗骸至少已经有五万年的历史了。"他回答说："哈！那不过是一个特例而已。"有一回我就《乌雪年表》③和他展开激烈的争论，到后来他只得求我别再谈论这个话题了。他说："如果我接受了你的观点，那么我就不可能像一个有德之士一样度过一生了。"

---

① 阿尔弗莱德·鲁塞尔·华莱士（1823—1913）：英国自然学家、探险家、生物学家。

② 恩斯特·海因里希·菲利普·奥古斯特·海克尔（1834—1919）：德国生物学家。

③ 《乌雪年表》：詹姆斯·乌雪主教的著作。在这本书中，乌雪主教根据圣经记载和历法考证，推断出整个世界创造于公元前4004年10月23日。

可我无法和运动健将展开类似的争论。他还在搜集蝴蝶标本,可他这么做不过是为了好玩而已。他没有太多的求知欲和好奇心,只满足于弄懂不同标本的名字。我开始暗自对他的心智进行评判。我告诉他这种"博物史研究"根本不是什么科学研究,就和集邮一个样——我在伦敦上学的时候受到父亲的影响,对集邮这种爱好嗤之以鼻。

十三

在我们一家初到爱尔兰的头一年里,我们把家安在海边的一堵峭壁顶上。当时我满怀一腔诗意的激情,对旷野产生无限向往。在往后的几年里,我一直受到这种情感的影响。为了更加贴近自然,我把卧室所有门窗玻璃都卸下来。在狂风肆虐的夜晚,海浪抛起的水花长驱直入,冲到我的卧室中,把我的床铺都弄湿了。

后来我们搬到一栋俯瞰港湾的房子里,在这里住了一两年。站在这栋房子里向外望去,可以看到捕鱼船队在海中游弋的壮观景象。我们家雇了一个渔民的妻子做长期佣人,还有一个高个儿红脸女孩偶尔也来帮忙打下手。有一回那个红脸女孩趁我母亲去教堂的时候偷吃了整整一罐果酱,后来她还栽赃到我身上。在很长的一段时间内,这种家务事的安排一直维持原样不变。我父亲有一回进厨房的时候无意中发现一个临时请来的女佣在哀哀哭泣,她说她之所以掉眼泪是因为舍不得和我们家里某个佣人分开。后来这个女孩留了下来。

现在回想起来,我们之所以选中这栋房子主要是为了我母亲。母亲拒绝带我们去海边游玩，原因是她认为海边的更衣室有伤大雅。不过她倒是很喜欢海边渔村的喧嚣。当我回想起那段往事，我似乎还能看到她端着一杯茶在厨房里和仆人聊天。和她聊天的是那个渔民的妻子，除了家事之外，她们谈论的话题总是和霍斯以及罗塞斯两地的渔民和引航员有关——或许这是她们唯一感兴趣的话题。母亲不怎么读书，不过她和渔民妻子聊天时两人经常讲起乡村的传说，她们的故事颇具荷马古风，讲到紧张处意兴盎然，讲到含讥带讽处则哈哈大笑。在我所写的《凯尔特的薄暮》中有一章题为《乡村幽灵》，其中的内容就源自母亲和佣人之间的午后闲聊。不过我只记下了一部分，还有很多好故事因为没有及时记录下来而就此湮没。

父亲经常在我和我的姐妹面前夸母亲。他说母亲从不会矫揉造作，装模作样。她会在信中表露自己喜欢看空中的云卷云舒，也会直言自己根本不喜欢绘画作品。自从父母结婚以来，母亲从不会为了观看父亲的某幅画作而专程跑去看画展，也不会走进他的画室看他一天的工作成果。父亲经常说母亲"激情澎湃"——他在夸奖别人时经常会用到这个词。我记得有一次他还加了一句："大肆挥霍的人不可能把儿子培养成诗人，不过吝啬成性的人却有可能做得到。"

后来母亲因中风而渐渐丧失心智，她总算从对家庭财务的担忧中解脱出来。母亲生病前的那段时光在我记忆中留下了深刻的印象，不过病后的母亲留给我的印象却是模糊不清。我只记得她站在伦敦一间寓所的窗前，无忧无虑地给过往的小鸟喂食。或许她也从此举中获得了久违的幸福吧。

十四

性的觉醒对男孩而言是一件人生大事。他可能一天洗好几次澡,也会在天蒙蒙亮的时候脱光衣服,在房间里蹦来跳去,不停越过架在两张椅子之间的一条竹竿。他开始从自己赤裸的身体上发现某种乐趣,可他却懵然无知,即使明白了也死不承认。他对自己身体上的种种变化茫然不觉,直到某一次性梦让他恍然大悟。他对这一阶段心智上产生的重大变化更是如坠云中,或许终其一生也不甚明了。

当这种变化发生在我身上的时候,我已经将近十七岁了,就如同一只鸡雏即将破壳而出。乡村女孩在青春期欲望的拨弄下,或是如精灵附体,或是成为恶魔的灵媒。她们揪辫子,砸盘子,做出各种千奇百怪之事。当我回首往事时,我发觉激情、爱和绝望既非我的死敌,也非对人生的侵扰,反而成了一种无比美妙的东西。我必须长时间与之独处,将我全部的关注倾注于斯。当我回忆往昔时,我头一次发现那些独处的片段比与人相伴的时光更为清晰生动。

一个牧羊人曾带我去看一处岩洞。海边的峭壁上蜿蜒着一条羊肠小道,岩洞正位于小道下方约一百五十英尺处,距离海面约几百英尺。据说这里曾是马可罗的栖身之所。马可罗是一个被人赶出来的佃农,早在十五年前就死了。牧羊人带我到岩洞中,把岩壁上一颗生锈的钉子指给我看。或许马可罗曾想悬挂木板木片遮风挡雨,所以才在此处打下一颗钉子。我把一罐可可和一些饼干藏在这个岩洞里,如此一来我便可以在温暖的夜晚以捕捉蛾子为借口，跑到这个岩洞中过夜。要爬到这个岩洞必须跨越一道岩坎。对于头脑清醒的人来说，这道岩坎不难攀爬；不过如果一个人从高处俯瞰，他定会觉得这道岩坎狭窄陡峭，看似无比险峻。我在跨越这道岩坎时经常会听到站在高处的陌生人大呼小叫，这也为我的探险增添了几分乐趣。

后来我在某个公众假日来到岩洞中，却发现一对情侣在里面幽会。我对这个岩洞的钟爱之情顿时烟消云散了。不过后来一些流言又重新燃起了我对此处的兴趣。据说一些渔民在拂晓时分见到了阴魂不散的马可罗，他当时正蹲在洞口的火堆旁。我也跑去点燃一堆火。我把生鸡蛋埋在火堆下的泥土里，想照着书上的法子把鸡蛋烤熟。

霍斯这里也有一处古堡。我偶尔会跑到古堡中最荒凉之处，在杜鹃花丛和乱石之间睡觉。后来父亲说我至少要在室内度过半个晚上——我想他的意思是要我至少到床上睡一会儿。我知道如果我上了床，睡意和安适的感觉就会让我无法起床。于是我跑到厨房里坐在炉火旁，消磨半个晚上。为此一些夸大其词的传言在学校里肆意传播。如果我功课没做好，老师就会责骂我，并把问题归结于夜不归宿这件事情上。

此时我对科学研究的兴趣也渐渐消退。我对自己说："那不过是因一时兴起而形成的错误想法。"我搜集标本这么多年，可我又获得了多少知识呢？我很快就对标本搜集失去了兴趣。回想起来，我以为自己之所以浪费了那么多年的时间搜集标本，起因是多年以前在斯莱戈的圣保罗教堂听来的一段讲道词。当时我听说所罗门王对灌木乔木知之甚多，于是便打算学着他的样子，对我的心智进行检验。现在我依旧带着捕虫网四处奔忙，不过此时我在心里已经把自己想象成一个圣人、一个巫师或一个诗人。有许多偶像可供我模仿：当我攀越岩坎的时候，我是站在冰山之巅的曼弗莱德①；有时我又把自己想象成诗人雪莱笔下与孤灯相伴的阿萨纳西斯王子。后来我选中了阿拉斯托耳②，我觉得自己能体会他的忧伤。我也想学着他的样子，在绿树夹峙的河上泛舟，随着缓缓流淌的河水渐行渐远，从众人的视野中消失。我对女性的想象也受到了诗歌的影响，我心目中的女性与我最喜爱的诗人所描绘的女性形象如出一辙。她们或是现身于短暂的爱情悲剧中，或是如同《伊斯兰的起义》③中的女孩，无视法规，无家可归，无儿无女，追随自己的爱人浪迹天涯。

十五

在这段时间里，父亲对我的影响达到巅峰。每天早上我和父亲搭乘火车前往都柏林，然后在他的画室里吃早餐。当时他在约克街一栋廉租公寓中租下了一个大房间做画室，房间里还配有漂亮的十八世纪壁炉板。在我们吃早餐的时候，父亲就朗诵诗歌给我听，他所挑选的大多是诗歌或戏剧中最富激情的片段。他给我朗读诗歌时绝不会考虑到诗文的思辨意义，如果一段诗文中充斥着归纳和抽象，即使其字里行间充满激情，父亲也不屑一读。他给我朗读《解放了的普罗米修斯》④中的第一段，不过对第四幕中脍炙人口的抒情诗却不以为意。有一天他给我朗诵莎士比亚的戏剧《科利奥兰纳斯》，他所选的一段是科利奥兰纳斯前往伏斯人大

---

① 拜伦所作诗剧《曼弗莱德》中的主角。
② 雪莱所作诗歌《阿拉斯托耳》中的人物。
③ 雪莱的一首长诗。
④ 雪莱所作的著名诗剧。

将奥菲迪乌斯的宅邸,对几个出言不逊的佣人说"我以苍穹为庐"。我对这一幕的印象最为深刻。后来我也曾几次观看这出戏剧,也读了几遍原著。每当我看到这句台词,我耳边响起的不是欧文或本森①的声音,而是我父亲的声音。

父亲读诗时如果感觉不到鲜活的人性隐藏在字里行间,哪怕这首抒情诗中蕴含着经过升华的美,他也不屑一读。在读诗的时候,他总是在搜寻某种生活的片段——某种他熟悉向往的生活。当父亲为我朗诵拜伦的《曼弗莱德》,读到仙灵们用歌声对曼弗莱德进行嘲讽,读到曼弗莱德为"那忧郁甜美的歌声"发出感叹,我发现那种富有灵性的甜美即使是在愤慨之时也不减分毫。父亲觉得济慈的诗没有那么抽象,因而他作为诗人比雪莱更伟大,不过父亲却很少读济慈的诗。我猜测对于那些受到美术影响的当代诗歌,即使是这类诗歌中的经典之作,父亲也懒得去读。于父亲而言,好的诗歌必须是理想化的语言,其中还要夹杂着一些激情与梦幻的片段。我记得他曾说过沉醉于遐思冥想中的人喜欢夸大其词,而除了伟大的诗人之外,其他作家均属此类人物。

当我回首往事的时候,我发现自己只能撷取父亲思想的某个片段,而现在我才发现这些片段背后存在着千丝万缕的联系。他并不欣赏维多利亚时期的理念诗歌,而对于华兹华斯的作品,他只喜欢其中的几段,其余的他都看不上眼。有一天他在吃早餐时和我谈起一位受人尊敬的神职人员。这个老人也是华兹华斯的研究者,当时父亲正在为他画肖像。父亲说从颅相学的角度来看,这个人的脑袋显现出来的动物性特征表明他是一个好斗之人。父亲看不上拉斐尔那种一本正经的美,他认为拉斐尔画中的安宁平和并非激情收放自如的体现,而是一种矫饰和虚伪。他对拉斐尔

---

① 欧文和本森皆为当时的舞台剧男演员。

颇有微词，认为他耽于享乐。不过在文学方面父亲从来都秉持拉斐尔前派的观点。当时学院派势力犹如铁板一块，尚未分崩离析，而父亲从文学的角度对学院派观点进行了批判。在那段时间里，父亲不再把作品中的故事情节讲给我听，我们讨论的都是与作品风格相关的话题。

十六

我外出访客时经常闹些笑话。我记得有个熟人在我很小的时候就认识我了，而且我一直很喜欢她。可是她却说我"随着年纪的增长变得越来越不像话"。我希望自己才华横溢，出口成章。后来一篇安培①的幼年纪事进一步激发了我的雄心壮志。当我独自一人时，我时常回想自己犯下的错误，这些夸大的回忆让我痛苦不堪。我开始学着雪莱和埃德蒙·斯宾塞的样子写作诗歌。父亲认为诗剧优于其他文学形式，而我也就此写下了好几部戏剧。这些戏剧的情节充满了奇思妙想，可惜从整体来看却是前言不搭后语。我对诗歌的韵律知之甚少，因而我的作品也不符合诗词的格律，不过我觉得其中一些诗行自有一种音乐的韵律。我在写作时一边慢慢朗诵一边把诗行写下来，可是等到我给别人读的时候却发现这些诗行既无韵律也无乐感。在那段时间里，我有时也会留心周遭的一切。此时我已不再捕捉飞蛾了，不过我对自然的变化并非浑然不觉。我看到飞蛾在夕阳余晖中聚集，小飞蛾渐渐消失了，最后只剩下较大的飞蛾在空中飞舞。等到晨曦初露之时，小

---

① 安德烈·玛丽·安培（André-Marie Ampère，1775—1836），法国物理学家、化学家和数学家。

飞蛾再次聚集。我还听到鸟儿在夜里发出啁啾之声,仿佛是在梦中发出的呓语。

十七

我仍然回斯莱戈度假,不过此时我通常和乔治·波莱克斯芬舅舅住在一起。乔治舅舅之前住在巴利纳,现在他来到斯莱戈继承家业。外祖父已经不再管事了,他搬出原先那栋大宅子,住到另一处。他现在的住所是一栋高大黯淡的房子,俯瞰着港湾。外祖父的财势大不如前,他的合伙人威廉·米德尔顿舅公也已经去世了,他还惹上了一些官司。外祖父的子女们已经各自成家,四散飘零。现在他无所事事,整天找茬发发脾气。如果他看到一条清淤船操作失误,他就会大发雷霆;如果他从某条汽轮冒出的浓烟推断出那条船使用的是劣质燃煤,他也会暴跳如雷。

他监督工人们建造他的坟墓,他的熊熊怒火不时被点燃。他选中的墓地位于圣约翰教堂里。在米德尔顿家族的墓地中有一堵碑墙,碑墙上刻着一长串米德尔顿家人的名字,可是波莱克斯芬家人的名字却寥寥无几。外祖父说他对米德尔顿家族的某个人看不顺眼,"我才不愿和那个老古董躺在一处呢!"在新造的坟墓边,墓碑已经竖起来了,上面用烫金的大号字镌刻着外祖父的名讳。无论是在船上还是在陆地上,外祖父的行事风格向来都是简洁明快,干净利落。他担心工人们趁他不注意在坟墓上添一些无用的装饰品,所以他每天都要往圣约翰教堂跑一趟进行视察。

不过外祖父的本事和胆量分毫未减。我记得有一次我乘坐一艘小型商用汽轮前往罗塞斯角,当时外祖父也在船上。当船行至

69

水道中的狭窄处，外祖父从舵手手中抢过舵轮，驾船越过水中沙洲，沿着一条鲜为人知的水路往前行驶。到达罗塞斯角的时候，外祖父驾着船径直驶入码头的泊船处。在一般情况下，船只停靠时或是要借助缆绳，或是要迂回前行，拐几个弯。可是外祖父驾船停靠时省却了这些麻烦，整个过程一气呵成。

外祖父感冒受凉时会闻闻鼻烟，不过他对烟酒一直敬而远之。在他八十几岁的时候，一个医生建议他使用某种兴奋剂，可是他却说："不，不行，我害怕会上瘾。"

我弟弟[①]在外祖母家住了好几年，他渐渐取代了我的位置，而外祖母也将一部分对我的爱转移到他身上。后来弟弟上了斯莱戈的一所学校，他在班上总是垫底的。外祖母对此不以为意，她说这是因为"这个孩子心地太好了，根本不忍心把其他同学甩在后头"。弟弟闲时总是和一群孩子四处乱逛，俨然一幅孩子王的模样。当时和他混在一块的大多是引航员和水手的儿子，他们有时让驴赛跑，有时将几头驴绑在一块，让它们并驾齐驱。后一种游戏可不简单。驴是一种冥顽不灵的动物，驾驴者必须有相当的手腕和本事方可让它们并肩前进。此时弟弟开始画些画逗旁人开心。时至今日，我还能从弟弟超过半数的画作中发现儿时在斯莱戈或罗塞斯码头上见过的熟悉面孔。弟弟在斯莱戈和罗塞斯度过的时光距离现在已经很久远了，可是他对当地的记忆依然如此清晰，仿佛近在眼前。

外祖父是个暴脾气，可乔治舅舅却很有耐心。他做任何事情都墨守成规，照习惯行事。现在他年岁渐长，生活还算富裕，不过他并没有就此享受安逸的生活，他现在的生活和年轻时候相比也好不到哪儿去。他有一栋小小的房子，一个年老的仆人统管家

---

① 即爱尔兰画家杰克·巴特勒·叶芝（1871—1957）。

务，另有一个男仆照看他的马匹。于他而言，不得不放弃的活动和惹人生厌的食物每年都在增加。他总是疑神疑鬼，怀疑自己患有某种疾病。从冬到夏，乔治舅舅总是穿着羊绒衫。他按照不同的月份穿上重量不同的羊绒衫，这种习惯一直从少儿时代延续至今。他过着一种颓丧悲观的生活，他能从最激动人心的消息中发现让人心灰的细节。每年夏至过后，他便为白昼开始缩短而长吁短叹。多年以后，我在都柏林遇到了他。时值仲夏正午，我看他汗流浃背，于是便带他到克尔达尔街图书馆坐一坐。图书馆的大厅阴凉舒适，可即使这样也没能让他的心情好起来。他的语调中充满忧伤："想想看，冬天时这里该有多寒冷啊！"我和乔治舅舅共进早餐的时候，我总是试图用自己的轻松活泼来冲淡他的阴郁沉闷。有一次我对他说他的才智并未湮没，他的记忆没有消退，他的健康没有恶化，而他却反驳我说："无论如何，二十年后我定是垂垂老矣！"

乔治舅舅暮气沉沉，他体内的活力早已干涸，不过他的头脑中却塞满了画面和图案。如果有人闯入了他的私人空间，他的反应也比一般人更为强烈。他一生中并没有经历太大的风浪，我听说他只恋爱过一次，不过他似乎对这场恋爱不甚投入，最后也是无果而终。之后外祖父把他送到一条纵帆船上，让他前往西班牙的某个港口。就此他年纪轻轻便投身大海。那个港口的船行有两个姓奥尼尔的西班牙籍船运代理人，据说他们是蒂龙伯爵休·奥尼尔的后代，在詹姆士一世时期从爱尔兰逃到西班牙。以前爱尔兰和西班牙的船运贸易往来频繁，而戈韦尔也因此兴盛繁荣，不过这曾经风光一时的海上贸易现在也仅剩下这两个奥尼尔经手的买卖了。这两个船运代理人对自己的家世渊源甚为看重，乔治舅舅和他们保持了多年的书信往来。我还记得与乔治舅舅有关的一件事。有一次他在康瑙特郡正好碰到一场奇特的葬礼。死者是一个小孩子，而来参加葬礼的哀悼者只有一个。那人是个惹人注目的外乡人，据说他是一个奥地利伯爵。这个奥地利贵族世家有一支脉留在爱尔兰。长久以来，这个家族的死者都埋葬在这片几近废墟的墓地里，而这死去的孩子就是这个家族中的最后血脉。

在打猎活动中已经很少能见到乔治舅舅的身影了，到后来他干脆完全放弃了打猎这种活动。据说他以前曾参加过马术障碍赛，他的驯马师说他之前是康瑙特郡数一数二的好骑手。他对马匹知之甚多，在巴利纳的时候他还用神奇的方法给马匹治病，为此他的鼎鼎大名传遍了周围几个郡。实际上这种传言也是言过其实，他所擅长的不过是对马匹进行诊治。

此时乔治舅舅尚未痴迷于占星术和仪式魔法，当他沉迷其中之后，他把晚上的时光通通花费在这些东西上头。他有一个名为玛丽·巴特尔的仆人，这个仆人在他年轻时就开始为他工作了。玛丽·巴特尔有预知能力，或许她也正是乔治舅舅走上钻研魔法与巫术之路的一大诱因。他说有时他邀请一个客人到他家吃饭，事先并没有和玛丽打招呼，不过回家之后他却发现玛丽已经准备好了两套餐具。这种事情发生过不止一次。此外还发生了一件怪事。一天早上玛丽给他送来一件干净的衬衫，可后来她却硬说这件衬衫的前襟上有一处血迹，要给他换另一件。乔治舅舅穿上另一件衬衫出了门。在前往办事处的路上，他在跨越一堵矮墙时摔了一跤，受了伤，流出的血染红了衬衫的前襟。到了晚上的时候，玛丽说她发现原先那件衬衫前襟上的血迹已经消失，她还为此惊诧不已呢。玛丽活泼开朗，与乔治舅舅的阴郁沮丧形成鲜明对比。她不会读书写字，不过满脑子都是古老的故事和奇异的信仰。我的作品《凯尔特的薄暮》中有很大一部分就是源自她平日所说的故事。

与大多数斯莱戈人不同，乔治舅舅对一般平民也是以礼相待。他根据每个人的地位和自身的价值表现出相应的尊重,还添上几分虚礼和客套。他以管理军团和船上水手的方式来约束手下的工人,其中首要的原则就是服从个人权威。如果一个车夫犯了错,他并不会被辞退,不过代表他权力的马鞭会被收缴上来挂在墙上。如果他的错误被证实,他的级别便会降低。这一惩罚大概会持续几个月,之后他又会官复原职,重新拿起马鞭。

故事中的这个车夫手脚勤快,干活儿有一套。他没有什么雄心壮志,却喜欢沉思冥想。他说他的兄弟或合伙人凭着自己的才智发家致富,还给他留了一笔钱——这笔钱在爱尔兰算得上是一笔巨款了!在我的少年时代,我时常向这个车夫吐露一些孩子气的奇思妙想。有一次我从书中读到"一个人如果没有见识过夜里的乡村,那他就没有资格说他熟悉这片土地"。我把这句话告诉他,他露出满心欢喜的样子——可我知道他一到点就要上床睡觉,一刻也不肯延迟。无论如何,他热爱自然之物,还学会了凤头麦鸡两种不同的叫声,其中一种叫声能把凤头麦鸡引来,另一种叫声能把它们赶跑。有一次我告诉他我要在夜里沿着吉尔湖漫步,在斯里许树林中过夜。他对此表示赞赏,并为我准备了一些便于携带的食物。不过我并没有把自己的计划全部告诉他。当时父亲正好给我念了梭罗的《瓦尔登湖》,引发了我无限遐思。我打算有朝一日在一个名为茵尼斯菲的小岛上建一栋茅屋,并在此间长住。而我此次的目的地斯里许树林正与茵尼斯菲岛遥遥相望。

当时我认为如果我能压抑自己的肉欲,打消我对女性和爱情的向往,我就能像梭罗一样,在追寻智慧中度过自己的一生。在本郡,关于茵尼斯菲岛还有一个故事,这个故事甚至成了此地乡村历史的一部分。据说岛上有一棵大树,树上所结的果实是神仙们才能享用的珍馐。一个可怕的怪兽守护着大树。一个年轻女孩想要得到这仙人们的美味,便让她的爱人去杀怪兽盗仙果。她的爱人依言前往，成功地把仙果带回来。不过在回来的路上，他偷偷尝了几口。谁知这神仙的食物对凡人而言却是强有力的毒药，等他见到自己的爱人，他已不久于人世。年轻女孩沉浸于悲伤和懊悔之中，她也尝了仙果，和自己的爱人一起踏上了黄泉路。现在我也说不清当时我为何选择这个小岛作为定居地，究竟是为了岛上迷人的风光，还是因为这个传说引发了无限遐想？不过在我二十二三岁时，我已经把定居小岛的梦想抛在脑后了。

　　当天傍晚六点钟的时候我从斯莱戈出发，一路缓步而行，去到树林。当晚的夜色如此美妙，如此迷人。我在斯里许树林中找到一块干燥的岩石作为床铺。我把一切安排妥当，到了就寝时分我躺在岩石上，可怎么也睡不着。这倒不是因为岩石床让我睡不安稳，而是由于我害怕碰到树林巡查员。有人告诉我树林巡查员会在意想不到的时间跑到林子里游荡，我对此说法也是将信将疑。可是万一我碰到他，我该如何搪塞呢？我想出种种说辞，可我认为他铁定不会相信我所说的话。不过后来一切顺利。在黎明时分我听到鸟儿有先有后地唱起了晨曲，仿佛早就排好了次序。我还得以在熹微晨光中细细欣赏了心目中的小岛。

　　当我回到家时，沉重的疲惫和朦胧的睡意简直超出了我的想象。想想看，我走过崎岖不平的山间和沼泽遍布的洼地，走了整整三十英里，感到精疲力竭也是极其自然的。不过舅舅家中的仆人并不这么认为。当时玛丽·巴特尔病体初愈，还没有那个精神来拿我打趣，再说她也没有那么放肆。为此笑话我的是在舅舅家统管家务的老仆人。在此后的好几个月里，她只要一听我提起这次历险就忍不住连连奸笑。她认为我这次夜间露宿另有隐情，我的那套说辞不过是蒙骗舅舅的借口。她总是说："对，没错，经历了这样一个晚上，你自然会觉得很累。"我听到她的话便会面红耳赤，感觉就像一个竭力维持自己体面的老姑娘。

乔治舅舅每年会到罗塞斯角住几个月,有一次我也去到罗塞斯角和他同住。一天晚上,我在半夜时分把一个表亲叫起来。他有一条小艇,我想弄清海鸟早起的时辰,于是便怂恿他驾着小艇在夜里泛舟。他对此大为恼火,斩钉截铁地拒绝了我。不过他姐姐当时正站在楼梯上,听到了我们的谈话。她让他不要生气,并极力劝他和我一起出游。最后,这位表亲气冲冲地朝厨房大喊大叫,让佣人们为他备好出海时穿的皮靴。他脸上阴云密布,和我一同出门,嘴里还嘟嘟嚷嚷地说:"别人认为我还正常,不过他们都说你脑袋有毛病。我可不想和你一起去发痴,免得被看成是你的同类。"为了在船上多个帮手,我们路过村庄的时候还把一个睡意沉沉的男孩从床上叫起来。我们来到海边,扬起风帆。表亲认为如果他能弄回几条鱼,或许旁人就不会把他当成疯子看待。于是我们又带上了一张渔网。海上风平浪静,我们的船静止不动。我裹着一张大帆布,倒头就睡。在那段时间,我在任何地方都能睡上一觉。天将破晓时我醒了。我发现表亲和那个男孩正在掏摸自己的口袋,完后他们又来搜我的身。原来此时正好有一条渔船从拉夫利返航,他们想向船上的渔民买几条鱼,回去之后就假称是自己捕到的。只可惜当时我们三人囊空如洗,一分钱都没有。

十五年之后,我写下了《幽暗之水》。按照我原本的计划,这首诗本应通篇皆是评述阐释之语。不过在下笔时,这段往事又浮现在我脑海中,我对清晨鸟鸣的向往之情不知不觉地融入笔端。在我的童年时期,我发现起风的清晨让我感触良多。我以为自己对黎明与生俱来的依恋之情是片刻间的真情流露,某些陈年旧事——一出童年时代的戏剧、一个激起好胜心的童年游戏——都能带来类似的感觉。又过了几年,我完成了《乌辛之浪迹》。这首诗深受浪漫主义的影响,充满了黯淡的黄绿色调。我对此颇为不满,有意改变我的写作风格。我把传统的隐喻抛在一边,在韵律方面放开手脚，在诗中添上一抹冷色调和几朵翻滚的乌云。我所了解的所有对人生的批判都是英国式的，自有一种疏离之感。于是我尽量放任自己的情绪，不过这种情绪本身却是冷冰冰的。作为一个画家的儿子，我自然而然地认为风景中蕴含着某种情感思绪的象征。有时这种象征会引起人们莫名的渴望，仿佛一只猫不由自主地被猫薄荷所吸引。

十八

　　我记得父亲曾构思了一则寓言，当时我打算以这则寓言为基础写一出长剧。父亲构想的故事是这样的：一个公主儿时曾见过一个天神。当时她正在花园中玩耍，看到了天神现身于明亮的天际。她想让自己配得上天神，也想脱去凡胎，获得不朽。为此她用血腥的方式为自己开出一条通往王座之路。她变得冷酷无情，犯下无数罪孽。最后她坐上了王位，静候天神的降临。她周围的廷臣一个接一个地倒下，变成冰冷的尸体。只有公主一人看到天神穿过大厅，朝她走来。天神来到王座脚下，刹那间公主仿佛回到儿时，正在花园里玩耍。最后她犹如孩童一般，在喃喃不断的谵语中离开了人世。

十九

　　有一次我和我的表亲出海泛舟的时候又带上了那个村里的男

孩,他提起附近的一处港口。据他说那里有一个舞厅,舞厅里的女孩随随便便就委身于人。他夸夸其谈,牛皮哄哄,虽然他谈到的不过是某个村妓,可他那语气还让你以为他所谈论的是示巴女王①或是能用自己的名字为某座城市命名的著名交际花呢。还有一次他想说服表亲驾船跑上五十英里的远路,去到岸边某处停靠。据他说,那里附近有几桩茅舍,茅舍里有几个女孩,"到时她们定会'无比热情'地招待我们"。那男孩不停哀求,两眼放光,看上去很兴奋。不过他也明白我们是不会首肯的,或许他这番夸张的表演不过是为了表明自己涉世已深,精通男女之事。

我还记得一个年轻的骑师,他是我舅舅临时雇来照看马匹的。有一次我们为了准备圣诞晚宴的火鸡,在他的马具房前生起一堆火。之后我们把一只火鸡串在绳子上,架在火上翻滚烧烤。这个骑师跟我们讲起了"邪恶的英格兰"。他说有一次他前往英格兰参加赛马,曾见过两个英国老爷,他们带着家眷前往欧洲大陆度假的时候还要玩换妻游戏。他说他有一次受到欲望的诱惑,把一个女人带回家。他无意中碰到自己的肩胛骨,刹那间他看到一个天使在空中扑扇着雪白的双翼。不过后来我就再也没有见过他了。舅舅说他对某匹马做了一些"有失体统之事",因而把他辞退了。

二十

有一次我在霍斯附近爬山时听到身后传来磷磷车声。我转头

---

① 示巴女王:《圣经·旧约》中出现的人物。

77

一看，原来是一匹小马拉着一辆小车跑到我身边，一个漂亮女孩独自驾着车，连帽子都没戴。她告诉我她的名字，后来我们发现两人还有一些共同的朋友。她邀请我与她同车。过后我经常见到她，我以为自己已经坠入爱河。不过我并没向她表明自己的心迹——我知道她已经和别人订婚了。她把我当成知心朋友，把她和未婚夫之间的口角争吵也告诉了我。这个未婚夫曾好几次废除婚约，每逢此时她都会染病不起，而朋友们就会站出来劝他们和好。有时她会在一天之内给未婚夫写三封信，不过她还是需要一个知心朋友。她性情狂野，喜欢人云亦云，模仿别人，有时不期而至的宗教情感会让她大为震动。有一次她在听布道时哭了起来，还说自己是一个有罪之人。后来这一幕一而再，再而三地重演。我曾为她写了一些糟糕的诗。那段时间我为她度过了许多无眠之夜，对情敌的恨意让我辗转反侧，夜不能寐。

二十一

在巴利索戴尔发生的一件事让我仿佛回到充满神秘色彩的童年时代。具体发生的时间我已经记不清了，那段时光仿佛儿时的记忆，都是断断续续的片段。我记得那是在阿凡纳一个亲戚家里。这一家有一个比我大几岁的小伙和一个与我年龄相仿的姑娘，此外姑娘的姐姐也在那儿，她比我大好几岁。他们都算是我的表亲。与我年龄相仿的姑娘经常告诉我她在罗塞斯或巴利索戴尔见到的异象。她说有一次她看到一个高约三四英尺[①]的老妇拄着

[①] 约九十至一百二十厘米。

拐棍走到窗前,直直地盯着她;有时她在路上碰到一些行人,他们会问起我们家族的一些人,她的直觉告诉她这群人根本不属于这个世界,可她却说不清为什么有这种感觉。她以前经常随身带着一个银饰——那银饰原本镶在一根手杖顶端,而那手杖则为她哥哥所有。有一次她在一片熟悉的乡间迷了路,当她终于走出"迷魂阵"时却发现那银饰不见了。后来村里的一个老妇听到这事时说:"那群精怪中或许有你的朋友,不然丢的就不是银饰而是你了。"

此外还有一件怪事。尽管事隔多年,可我确信自己对此事的记忆是准确无误的。不久前那个与我年龄相仿的姑娘还给我写了一封信,她主动在信中提到了那件事,与我的记忆相差无几。我记得当时我们俩在同一间房中看书,她坐在一面老式的镜子旁边,而我坐在房间的一角。突然我听到一种奇怪的声响,仿佛有人将一把豆子洒在镜子上。我让她到隔壁房间去,轻敲两间房之间的墙壁,看看是否与刚才的声响有几分相似。她依言跑到隔壁的房间中,而我则靠着另一面墙。这堵墙上镶着护墙板,不久之后只听护墙板发出轰然一声,那声音发出之处就在我脑袋附近。那天晚些时候有佣人说听到了一间空房间里响起了沉重的脚步声。当天晚上我和两个表亲去散步,其中之一就是那个姑娘。走着走着,她突然说看到几棵大树下有耀眼的火光,不过当时我什么都没看到。之后我们过了河,沿着河边继续漫步。那附近有一片废墟,据说原本坐落于此的村庄毁于十七世纪的战乱。我们经过一片古老的墓地,这时我们突然看到有一点火光正在河里的滚滚波涛上挪移,看上去仿佛一支正在熊熊燃烧的火把。片刻之后她说她看到一个人正向我们走来,最后消失在河水中。我怀疑自己是否产生了错觉,或许那不过是有人举着火把涉水而行。可我心里也知道这种可能性是微乎其微。诺克纳里山就在七英里开外,不久之后我们又看到一点火光沿着诺克纳里山的山坡向上移动。我看着表计算时间,那火光在五分钟之内便到达山顶。我经常去爬那座山,我知道没有人能在如此短的时间内爬到山顶。

从那时起我开始在古老的山寨围垣和传说有仙灵出没的山中游荡,和当地的老人们交谈。我记得有一次我在罗塞斯某处围垣中游荡,钻进一条石砌长廊。当时与我同行的引航员站在长廊入口,朝我大喊:"先生,你还好吗?"当我疲惫不堪或抑郁不欢的时候,我甚至想如果能有"真话托马斯①"那样的结局也不错。我的理智告诉我,一个人的灵与肉不可能在刹那之间被席卷而去。不过我听任情感的指引,也愿意相信乡民们说的话,因此我觉得类似的怪事和感觉仿佛更可信了。

一天晚上,我沿着斯莱戈到罗塞斯的乡村小道行走。我走到罗塞斯村附近,此时我右手边是一道碧绿的堤岸。突然,在我头顶上方约七八英尺的堤岸上出现了一团火光。不一会儿,远处的诺克纳里山上也出现了一团火光,与近旁的火光遥相呼应。我疾步向前,心中充满疑惑。这诡异的景象让我回想起在巴利索戴尔河边看到的异象,我认为当时出现在我眼前的和巴利索戴尔河边的火光是同一物。

在那之后,我时常会在众人面前表达这样一种观点:任何时期任何地方的人都会对某些东西深信不疑,对于这类东西应该先假定其真实性,宁可找到证据证实其中的不实之处加以摒弃,而不应全盘推翻再重新建构,也不应只相信那些经过证实的事物。尽管我心里对某些神秘的虚妄深信不疑,表面上我却对这类想法加以否认,并把它们当成笑话。当时我已经读过了达尔文和赫胥

---

① 真话托马斯:也被称为诗人托马斯,原是苏格兰的一个小地主。根据传说和民间故事,他在山林中遇到仙灵后获得了预言能力,但再也不能说谎话了。

黎的著作，对他们确信无疑之事我也全盘接受。我感觉权威站在自己一边，总想和旁人理论一番。

二十二

我们搬离了霍斯，在拉斯加重新安家落户，而我也离开了哈尔阔特街上的学校。现在我进入了克尔达尔街上的艺术学校就读。在绘画方面，学校里的老师推崇流畅的线条和整洁的画风，他们对绘画的理解便仅限于此。他们不大管我。父亲不时来学校看我，我觉得这段时间中我真正的老师是父亲而不是学校的教员。我记得我曾画过一幅掷铁饼者的画像。父亲进行了些许改动，他添了一些不连贯的短线条，凸显其肩膀部位。不过话说回来，我不断加重父亲所添的几笔，把父亲的改进之处过分放大了。无论如何，这种绘画技巧对学校的教师而言是毫无意义的。

我并不是不能画出流畅整洁的画作，有时我为了击败班上的同学也会画出符合要求的画作。当时坐在我旁边的一个学生似乎没有什么艺术天分。有一天我帮他画画，我还记得那天画的是石膏制成的水果模型。他对我满怀感激，还把他的故事告诉了我。他说："我不喜欢艺术，不过我打桌球却很在行，我可算是都柏林数一数二的桌球手。可是我的监护人说我必须谋一份职业才行。我四处打听，朋友们告诉我学艺术用不着考试，所以我就上这儿来了。"听了他的话我想到了自己，或许我学艺术的初衷也不过如此。之前父亲想让我到都柏林圣三一学院就读，可我不愿意。父亲说："我父亲、祖父和曾祖父都是从圣三一学院出来的。"我之所以不想去是因为我觉得自己古典学科和数学的成绩还没有好到可以让我踏进圣三一学院的大门，不过这个理由我是不会对父亲说的。

我的同学中有一个郁郁寡欢的"乡村天才"，据说他的监护人是康瑙特郡的某个地主，他来都柏林上学的学费都是这个地主出的。他画了一些宗教题材的画作，还把其中几幅贴在卧室的墙上，其中一张画的是审判日的情景。我记得我的同学中有一个性情狂野的年轻人，某天早上他来到学校时脖子上还挂着一个雏菊花环。诗人和神秘主义者乔治·鲁塞尔[①]也是我的同学。现在如果你听鲁塞尔说话，你会觉得他观点清晰，措辞激烈，不过在那个时候，他所说的话对我们而言玄之又玄，让人一头雾水。有时我们只能听懂其中的片语只言，这些零星言语在同学之间口口相传。他不像我们其他人那样专注地对着模特作画，他说总有一些形象不停地浮现在他眼前——我记得有一次他说自己看到了"身处沙漠中的圣约翰"。此时鲁塞尔开始告诉我们他所看到的幻象。后来他宣称自己即将离开这所艺术学校。他说他的意志力原本就不够强大，而艺术这类感情上的追求会进一步削弱他的意志力。

后来我进入了一个雕塑班，班上有些年纪较大的学生。这些颇具威信的老生包括约翰·休斯和奥利弗·舍普德，现在他们已经是很有名望的爱尔兰雕塑家了。我记得我第一次走到雕塑班教室的时候，我在门口停下脚步，眼前的一幕让我大吃一惊。教室中央站着一个温柔漂亮的女孩，她正在雕塑一件作品。一群男生站在周围，纷纷抱怨她挡住了光亮。他们口出恶言，用最下流的粗言滥语辱骂她。而女孩不为所动，还是专心致志地进行雕塑。离我最近的一个男生看到我脸上的表情，对我说："她是个聋子，如果她挡了光，我们就骂她，反正她也听不见。"后来我发现其实

[①] 乔治·威廉·鲁塞尔（1867—1935），爱尔兰诗人、作家、画家及民族主义者，Æ 或 AE 或 A.E.为他的笔名，在叶芝的自传中曾几次用 A.E.来指代他。

大家对她都很好，他们帮她扛画板等工具，放学时还把她送上公共电车。

这所学校不设奖学金，没有确立衡量作品好坏的标准，也没有开设课程让学生对艺术史进行批判性学习。有时一个学生会拿几张法国报纸，把报纸上的图片指给我们看。那上面展示的或是罗丹①和达卢②的雕塑，或是法国某处纪念碑，这类图片经常能引得我们惊叹连连。如果我后来没有和父亲谈论起这个话题，听取不一样的观点，或许我也会和同学们一样毫无保留地对这些作品表示赞赏。我还记得那个浮夸的甘必大③纪念碑在班上引起了不小的轰动。当时我们所受到的影响皆源自法国艺术流派，班上有一两个年纪最长的学生已经前往法国深造，其他人都希望以后自己也能步他们的后尘。能力最强的学生已经学会了意大利语开始读但丁的著作了，可他们对丁尼生④和白朗宁却一无所知。我觉得我是唯一一个对英国艺术有所了解的学生。我把与英国诗歌相关的知识带到学校，对白朗宁的诗歌尤为推崇。我觉得白朗宁那充满智慧的笔触让我深有触动。当时我也动笔写作，不过我经常觉得疲倦厌烦，也没写出什么好作品。

当我独自一人，不受任何事物的影响，我感觉自己喜欢的是各种图案和拉斐尔前派艺术。我希望能找到一种与诗歌结合的艺术形式。我不断跑到爱尔兰国家美术馆，凝望特纳⑤所画的《金枝》。我不想受到旁人风格的影响，也不想承袭父亲的艺术风格，可我对此却无能为力。我不知道该如何摆脱他人的影响，即使我

---

① 奥古斯特·罗丹（Auguste Rodin, 1840—1917），法国雕塑艺术家。
② 艾米·朱尔斯·达卢（Aimé-Jules Dalou, 1838—1902），法国雕塑家。
③ 甘必大（1838—1882）：法国政治家，资产阶级共和党人。
④ 阿尔弗莱德·丁尼生（1809—1892），维多利亚时期英国的桂冠诗人。
⑤ 约瑟夫·马洛德·威廉·透纳（Joseph Mallord William Turner, 1775—1851）：英国著名画家。

了解摆脱之道，我也不敢放手去做。我一直希望父亲能重拾年轻时的绘画风格。在他后来的作品中，这种风格已然消失，不过如果你翻看他的绘画作品集还能感受得到。我记得其中一幅画画的是一个驼背老人，他身上穿着中世纪的服饰，正走过一个宽阔的地下室，地下室中摆满了床，床上睡满病人；另一幅画画的是一个突然站起身的女孩，一旁的男子正拽着她的手不断亲吻。我已经记不清这两幅画究竟是哪个故事中的场景，不过那诡异的驼背老人和女孩那紧张的神情体态在我童年记忆中留下了很深的印象。我还记得父亲的一幅画作与圣经故事有关。在故事中，一个人救了一座城市，而后又悄然离开。后来父亲画了一个正在市场乞讨的乞丐，他穿着破衣烂衫，似乎正在对自己的现况进行自嘲。此时父亲的画风已经发生了巨大的改变，可是他却说："我只画那些我能看到的东西。不过我的天性在不知不觉中扰乱了我的画笔，所以我会画出全然不同的东西。"为此我曾想和他争论一番，我以为他和他的同道们受到维多利亚时期科学的影响而产生了误解。现在我对这种"科学"怀有一种僧侣式的憎恶，不过这种思想对我而言毫无益处。有时我会把前一刻所说的话全盘推翻，假装对自己所说的东西全然不信。

父亲当时画了好些肖像画，他的模特大多是都柏林法律界的领袖或学府中的大人物。如果他对一个访客的颅相感兴趣，他也会免费为他画一张肖像。不过他这个时期的作品我都不喜欢。在心底里，我认为只有真正美妙之物方可入画，而在我看来，只有远古时代的人物事物和梦中幻象才是美妙的。父亲曾画过一张大幅水粉画，画上画的是一个患肺结核的乞女。那可算是他最好的画作之一，现在已经不知所踪。不过在当时我差点为了这张画和他吵了起来。除此之外，我还记得在爱尔兰学院有一幅他人的画作，画上画的是一群脸色泛黄的风尘女子坐在一间咖啡馆前。这幅画颇有马奈①之风,可当时却让我难受了好几天。不过有一次父亲计划弄几张惠斯勒②的画来开个画展,我对此却十分欢喜。我还记得父亲说:"想想看!他竟然以灰色为主色调来为自己的母亲画肖像!"父亲似乎对这种作画技巧并不赞同,而我对父亲的看法也无法苟同。

我不在意画作是否逼真,我认为创作必定是一种有意为之的活动,可我发觉自己除了模仿父亲之外无路可走。我顶多能画画肖像画。时至今日,我还是经常从肖像画家的角度来打量旁人。我会在脑子里为我的"模特"配上背景,让他们做出种种姿态。当时我还未能摆脱孩童的稚气,总是凭着一时兴起来作画,总想让自己的画作精益求精。当时我以为促使我提笔作画的就是所谓的"灵感"。走路的时候,我模仿记忆中哈姆莱特的样子大步向前,还以为如此一来就能让我更富文艺气息。我把领带系成一个松散的水手结,在经过街边玻璃橱窗时经常停下脚步,打量自己的倒影。我想起一幅拜伦的画像,画中拜伦的领结被风吹散,随风飘扬。可我的领结却无法如此潇洒地在风中飘扬,为此我深感郁闷。当时的我正如现在的我一样,脑袋里挤满了许多想法,可我却不知该如何从中挑选真正属于我自己的思想。

二十三

当时我们住在一栋小别墅中。别墅用的红砖印着类似板岩的花纹,看上去假模假式,庸俗不堪。此处的氛围充满敌意。紧挨

---

① 爱德华·马奈(1832—1883):法国画家。
② 惠斯勒(1834—1903):美国画家,曾画过肖像画《母亲》。

我家一侧住着一个还算和气的建筑师，可另一侧的邻居就不一样了。对我们不甚友好的以这一家为首的是一个身材粗壮的蠢女人。我的书房有一扇窗正好对着她家的窗户。我在写作时经常会手舞足蹈，喃喃自语，可我本人对此却无知无觉。有一次我正在书房中写作，我不记得当时我究竟在做什么，或许我正四脚着地趴在地上，或许我正盯着座椅的后背，想象自己正凝视着深渊，嘟嘟囔囔地自说自话。一阵嗤笑声从窗外传来，我抬头一看，看到那个粗壮女人和她的家人正站在窗前笑话我。

当时我看上去瘦削憔悴，附近的孩子们看到我就大叫："死亡之国的国王来了！"有一次我走在路上，沉浸在自己的思绪之中。一位女士向我问路，打断了我的胡思乱想。我颇为恍惚，一下子回不过神来。邻近某家的一个女人正好经过，她对问路的女士说我是个诗人。听了她的话，问路的女士一脸鄙夷地转过身去。街上的警察和电车售票员也见惯了我心不在焉的样子，不过当他们听说我是个诗人，他们倒觉得这是理所应当、自然而然的事。那个警察发现我在四处游荡的时候，无论周遭环境肮脏与否我都毫不在意。当我家的佣人告诉他我是个诗人，他说："难怪呢！他当时肯定是在吟诗作赋了。"

有一天父亲前往画室，在路上遇到了他的房东。这个房东拥有一家大杂货店，他和父亲闲聊："先生，你觉得他们会授予丁尼生爵位吗？"父亲回答："问题的关键是丁尼生应不应该接受，我看身为纯粹的'阿尔弗莱德·丁尼生'比'丁尼生爵士'要好得多。"两人一时无话，房东又问道："不管怎么说，我认识的所有人都认为他不会被封爵的。"接着他又一脸不屑地说："诗歌又有什么用呢？"父亲回答说："诗歌能为人的心灵带来莫大的愉悦。""那他写一本积极向上的作品岂不更好？"房东问道。父亲回答："如果他真写了那样的作品，我根本就懒得去读。"当天晚上父亲回到家，把这当成一件趣事讲给我听。我觉得他谈论这个话题的方式过于轻松，为什么不和房东好好理论一番呢？

邻居们或许对诗人不甚了解，不过这附近还真住着一位"诗人"，人们经常看到他在街上晃荡。那是一个头发花白的老人，曾写过一些简单易懂的诗，字里行间仿佛添加了过量的蜜糖。这个老人最后一贫如洗，陷入癫狂。他的住所位于一片残破陈旧的区域，廉租公寓的院子里铺着石板，家禽四处乱跑觅食。每天早上老人买回一条面包，他把其中的一半分给觅食的家禽和过往的飞鸟，有时也会给四处游荡的狗和饿坏了的猫。在他所住的房间中，天花板顶端有一颗钉子，钉子上挂着无数根细绳，细绳的另一端系在钉在四壁的钉子上。据说这样可以让他假想自己正身处阿拉伯沙漠之中的帐篷里。老人有本事把简陋的居所想象成异国的帐篷，对多事的邻居不以为意，过着一种避世隐居的生活。我也很讨厌自己的住所和周围的邻居，只可惜我不能像他一样幻想自己身在他乡，躲开周围的人。旁人的窃窃私语逃不过我的耳朵，他们的眼神我也看在眼里。

有一次外祖父来都柏林看病，就住在我们家，当天我回家后看到外祖父时还吃了一惊。晚上的时候父亲给外祖父念威廉·克拉克·鲁塞尔的《格罗夫诺号遇难记》。外祖父在半夜里爬起来，表演书中船员暴动的一幕，嘴里还不停地念叨："没错，就该这样干！"这一幕让人想起了我作诗时的情景。后来医生再也不许父亲给他念书了。

二十四

在我们初到都柏林的那段时间里,父亲经常带我去拜访爱德华·多顿[1]。多顿和父亲以前是大学同学,或许他们是想重续旧谊。有时多顿会请我们去吃早饭,早饭后父亲会让我念念自己写的诗。多顿鼓励他人很有一手,他既不会过分褒奖,也不会泼人冷水。有时他会借给我一些书。在他气派的居所中,一切布置得井然有序,体现出一种高雅的品位。在此处诗歌受到了应有的重视,让我觉得都柏林这个城市并非一无是处。在此后的几年里,他在我眼中一直是浪漫的化身。

与多顿的会面让我兴致勃勃,可父亲的态度却与我不同。他对此类会面颇感不耐。有时他会说起年轻时他曾想让多顿投身于某种创造性艺术,之后又开始历数多顿一生中的败绩。现在回想起来,我觉得父亲在与多顿谈论拉斐尔前派艺术时无意中从朋友身上看到了自己侥幸逃过的劫难。父亲如此评论多顿:"他不相信自己的本性,他总是为不如自己的人所干扰。"有时父亲又会盛赞多顿所写的《断念者》一诗,并以此来证明如果多顿有心去做,他定能写出好诗。父亲的评论对我毫无影响。当时的我觉得面孔黧黑的多顿极具浪漫气质,我凭空想象出一段配得上这张面孔的浪漫过往。我对他所写的文字深信不疑,其中几处斯温伯恩[2]式的词句让我深有触动。我以为他曾有过不为世俗所容的爱情,最后

---

[1] 爱德华·多顿(1843—1913),爱尔兰批评家和诗人。
[2] 阿尔杰农·查尔斯·斯温伯恩(1837—1909):维多利亚时期的英国诗人、小说家、剧作家。

以悲剧告终。后来在我的艺术创作生涯中，我发现他作品中的爱情描写不过因循了某一写作流派的固定套路。我改变了自己的看法，他在我心里又成了一个聪慧睿智之人。

我经常受到一些哲学性问题的困扰。我有时会和艺术学校的同学们辩论，我说："诗歌和雕塑存在的目的就是为了让我们的激情之火不致熄灭。"一个同学反驳说："要我说，如果激情之火熄灭了或许更好些。"有时我又会思考：艺术会让人更为幸福吗？或许艺术让人更为敏感，因而更难感受到幸福。在整整一周之中，这个问题让我坐卧不安。我对同学休斯和舍普德说："如果我不能确认诗歌能否让人更幸福，那我就停笔不写。"如果我和多顿谈论类似的问题，他会用诙谐的口吻进行嘲讽。他与周围的人物事物相比总是高出一截，是我当时的偶像。后来我才知道一个人在写作抒情诗的过程中会经受人性和艺术的打磨，他或是流于俗套，或是满怀爱意，或是成为圣贤，或是耽于肉欲，或是愤世嫉俗。或许，整个世界所积聚的意蕴会展现在他的眼前，可是很难说这到底是大幸还是不幸。不过当时我并不明白这一道理，这不过是一种直觉，一种隐隐约约的想法。

父亲说多顿的冷嘲热讽不过是怯懦的表现，我对此颇为不快。几个月前父亲还给我写信，他对多顿的印象依然如旧。他说和多顿交往"就像和神职人员说话一样，你总是要小心不要提到他所做出的牺牲。"我记得有一次在与多顿共进早餐之后，他拿出当时尚未出版的《雪莱的一生》，从中选一段念给我们听。当时我把雪莱的《解放了的普罗米修斯》奉为圣典，他所选读的内容自然让我心花怒放。不过后来他说他对雪莱的喜爱之情已然消失，他之所以写这本书不过是要实现之前对雪莱家人所做的承诺。他的这番话让我心寒。后来当这本书正式出版之后，马修·阿诺尔德[1]对其中几处流于俗套和过分夸大之处进行了批评，而我和父亲从中看到的却是一个有良知的人想掩盖自己的冷漠而表现出的挣扎和失态。当时多顿已经几乎放弃了《歌德的一生》的写作，不过这本书后来却成了他的杰作。据说他在年轻时曾在爱丽桑德拉中学讲过一堂课，大谈特谈歌德的爱情，都柏林的新教大主教为此对他心生厌恶。多顿说在他早期接触到的诗歌中，只有华兹华斯的作品一直为他所喜爱。

当时我对多顿的信心已然动摇，不过当他向我推荐乔治·艾略特的作品时我对他的幻想才完全破灭。当时我怒不可遏，几乎和他吵了起来。我已经读过维克多·雨果所有的浪漫主义作品，也读了几本巴尔扎克的书，艾略特的作品根本无法打动我。在我看来，她对生活中一切充满生机的事物疑虑重重，深恶痛绝。她或是通过维多利亚中期所谓的科学思想，或是通过这类"科学"培养出的思维习惯，把自己的厌憎强加于人。当时我还未能摆脱后来为我所憎恶的幻想。当一本书摆在我面前时，我的直觉告诉我这是一部伟大的作品，可我还是忍不住心生疑虑。艾略特的作品让我心绪不宁。当我和父亲谈起她时，父亲只说了一句："啊，她是一个丑女人，讨厌英俊的男人和美丽的女人。"之后他就转移话题，转而大赞特赞《呼啸山庄》。

后来当我仔细翻阅多顿的书信时，我才发现他与父亲之间的所谓"友谊"不过是一种敌意。在十九世纪六十年代的时候，父亲曾在菲兹罗伊路一带居住。在此期间他给多顿写了一封信，信中说"我、埃德温·艾里斯和奈特森都讨厌华兹华斯"。或许当时多顿还没有意识到一个人的爱憎在每个星期都有可能发生变化，

---

[1] 马修·阿诺尔德（1822—1888）：英格兰诗人，评论家。

他还郑重其事地写了一封颇为伤人的回信。父亲也给他写了一封回信,他在信中说多顿过分看重个人的领悟力,还说教育于人有益之处不过是激发个人的情感,而且这并不能与容易动感情画上等号。父亲写道:"对于一个完全情绪化的人来说,情感上最微弱的震动也是一种和谐,每一根情感之弦都随之颤动,奏响和谐的音符。而容易动感情则是情绪化不充分的表现,那不过是一两根情感之弦发出的噪音。"父亲过着自由的生活,在他的世界里,人们与同等地位的人说话时总是谈笑风生,夸大其词。谈论和写作的目的是为了追寻真理,而非对众人进行指导教化。在父亲二十多岁的时候,他就断言多顿的行事作风像个乡巴佬。

二十五

当我开始钻研神秘哲学,进行通灵研究时我才得以摆脱父亲的影响。父亲一直是约翰·穆勒[①]的追随者,他成长的过程正值科学运动兴起之时。罗塞蒂及其朋友认为究竟是地球绕着太阳转动还是太阳绕着地球转动对所有人而言都毫无影响,可父亲对此却不能苟同。而与公认的科学背道而驰的通灵研究却让我为潜藏在心底的想法找到了支持。

有一次我正坐在多顿家的客厅里,一个佣人走进来说有客来访,而来者正好是我就读学校的校长。一时间我的脸红一阵白一阵,多顿看到我的窘相,不失友好地嘲讽几句,之后把我引入另一个房间里。我在那个房间里一直待到校长离开。几个月之后,

---

[①] 约翰·穆勒(1806—1873):英国哲学家、心理学家和经济学家。

我在街上碰到了那位校长,我觉得自己的羞怯和恐惧有所消退,和校长在街上聊了起来。校长说:"某某同学把他的时间都投入到某种神秘主义研究之中,我希望你能劝劝他,再这样下去他就难以通过考试了。"听到这话我吓了一跳,不过我还是挤出几句话来。我说:"笃信宗教之人不如接触世间万物之人有智慧。"听到这话校长唐突地说了一声"再会"就走开了。我想当时我肯定是吓坏了,否则那个年纪的我绝无可能说出如此浮夸的言辞。不过他的一番话的确令我心生不快。

当时我的新老朋友都给予我支持。我从不参加学校里的"期中考试",这种考试不过意味着学生出钱老师收钱。由于父亲的影响,在我的成长过程中,我在学校就读时从没想过自己的未来,也从未考虑过将来要以何种职业为生。父亲甚至还说:"在我年轻的时候,绅士的定义就是不用全身心投入工作养家糊口的人。"可现在校长却想让我劝阻朋友追求至高至上的真理。他所说的这个同学是一个爱出风头的家伙,还有一年就要毕业离校了。在我看来他把所有爱尔兰人都比下去了。我和他经常一起阅读赖兴巴赫男爵关于宇宙原力的著作,有时我们也翻看通神学会印发的小册子。有时我们把眼睛蒙起来摸索着找针,还经常跑到位于克尔达尔街的博物馆。那里有一些玻璃匣子,里面摆放着巨大的水晶。我们把手放在玻璃上,似乎真能感觉到水晶发出的能量。我们也去参加炼金术士学会的集会。我们通常在约克街某栋房子的阁楼里聚集,在会上我们还宣读了自己的研究结果。我在这个组织成立时就提出这样一个理论:世间存在一种压倒一切的信仰,而全盛时期的诗人与这种信仰最为接近,他们笔下的幻象以及那些水与风之精灵都是真实存在的。我在阅读《解放了的普罗米修斯》时心里就是这么想的,而我希望能对所有文学作品进行研究,借此证实我的理论。我把真理定义为"至高无上者所说的恰到好处的言论"，父亲为此颇为不快。如果要我定义何为"至高无上者"，我会说："当荷马正在搜寻一首诗的主题，那么奥德赛对他而言就是至高无上者。"

我的朋友曾给一些传教组织写过几封信，要求投身南边的汪洋大海，到那儿去传教。后来我介绍他看勒南①的《耶稣基督的一生》以及《密宗佛教》。他一开始拒绝了，不过几天之后，当我们坐在克尔达尔街图书馆里复习功课时他不经意地问我借《密宗佛教》来看，后来他就成了一个密宗佛教徒。他再次给传教组织写信，要求撤回当初要到海外传教的请求。之后他又以等级最低的门徒身份加入了通神学会，他看到我对通灵研究热情不足还颇为恼火。或许是父亲的怀疑主义思想影响了我，在那段时间里我的通灵研究一直停留在纸上。我对他说："虽然我明了自己的心志，不过说实在的，我从没见过哪个人天生就信念坚定。"我说这话时一本正经，可我的朋友却以为我在开玩笑。有一段时间他让我对自己的小天地和缺乏热情的特质感到万分羞愧。他的父亲是一个臭名昭著的奥兰治派领导人，在我朋友的小天地中，万事万物都与信仰密切相关。有时我想他的世界是否真的优于我的世界？

当时还有另一个爱出风头的小伙子。他个子很矮，人倒是很聪明，现在是都柏林的一位数学家，不过他的身高还是不足五英尺②。我的朋友试图让他获得顿悟，并说服他皈依。第二天，我发现朋友垂头丧气，于是便问他："他听不进你的话，对吧？"朋友回答说："那倒不是，我才讲了一刻钟，他就说他完全相信了。"看来在繁重的课业负担下，我们的心灵早已饥不择食。

有时通神学会请来一位圣三一学院的教授，这个专门研究东方语言的波斯人在集会上谈论的主题大多是东方的巫师。他说在

---

① 约瑟夫·欧内斯特·勒南（1823—1892），法国哲学家。
② 约1.5米。

他很小的时候曾见到一个幻象:一池墨水在他面前平铺开来,一群精灵用阿拉伯语唱道:"不信我者必遭难。"后来我们又从伦敦请来了一个婆罗门哲学家。当时学会成员中只有一个人家中还有空房子,那婆罗门哲学家就在他家落脚。这个哲学家是一个美男子,一张脸长得很像耶稣基督。他带来一种清晰缜密、延绵无际的哲学思想,使我心里早已有之的模糊想法得到了证实。他说意识并非流于表面,还可通过观察、思考和行动推动意识向纵深扩展。有一次他好脾气地拿我打趣。他说他看到我在早餐时分就前来拜访,想探讨一些问题,可第一个问题还没有问完就被另一个访客打断了。之后我就默不作声地坐在一旁,直到晚上十点、十一点时最后一位访客告辞离开,我才把自己的问题完完整整地提出来。

二十六

我时常对使我深受其苦的教育体系进行思考。我认为从哲学层面上来看,每个人都会为自己所做之事进行辩护,因此我希望能当面质问一位学校学长,看看他对此有何高见。后来我真的有机会实现自己的这个愿望。当时我模仿埃德蒙·斯宾塞的风格,写了一部名为《雕像岛》的田园风诗剧。某个学校的校刊看上了我的这部作品,而我接下来要做的是在一群评委面前朗读作品,让他们决定是否值得刊发。在此之前,这本校刊已经刊发过我写的一首抒情诗——那是我第一篇付梓印刷的作品,我也开始小有名气了。我记得当时我们在 C. H. 奥德汉先生家中聚集——现在他已经进入我们新成立的大学,成为一位政治经济学教授。在场的还有贝里教授，当时他还很年轻，是有权最后拍板的评委。C. H. 奥德汉先生请了很多人来，听我读完之后他们对我的作品表示赞许。后来不知什么原因，大多数人暂时离席，只剩我和一个年轻人。有人告诉我这个人是一个校长，我很想和他谈一谈。我们两人沉默良久，我想鼓起勇气说出自己的想法。后来我颇为唐突地说道："我知道你会为教育系统辩护，说教育可以锻炼人的意志。这话从表面上看似乎不错，不过我觉得那不过是由于教育抑制了激情和生机所造成的错觉。"说到这我停了下来，感到十分难为情。那位校长并没有回答，只是笑了笑，他的眼中流露出惊诧的神色，仿佛我所说的不过是异想天开之语。

二十七

奥德汉先生成立了一个俱乐部，我开始频频参与这个俱乐部的活动。我之所以这样做并非由于我由衷地喜欢这个组织，而是因为我想实现藏在心底的一个愿望。我希望自己能成为一个沉着镇静的人，能像哈姆莱特一样和敌人周旋，能眼都不眨地直视猛兽。当时激烈的辩论在英格兰已经过时，在爱尔兰却是方兴未艾。按照传统，正式的公开辩论要遵循一定的规则，可是在奥德汉先生的俱乐部里，统一主义者和民族主义者不仅经常粗暴地打断对方的话，还不时口出恶言侮辱对方。有时他们也会换换话题，谈论社会主义或哲学问题，不过那只是以另一种方式来激发早已有之的敌意。我开始时总是以轻松自在的方式和人交谈，不过如果碰到粗暴不讲理的人，我或是缄口不言，或是犹豫不决，了无头绪，或是大肆渲染自己的观点，使其变得荒唐可笑，或是任由某种帮派热情拨弄而随波逐流。过后我会花上几个小时来反复推敲我所说的话，对其中的错误进行修正。

我发现自己只有在熟人面前才能保持镇静。为了锻炼自己，我经常去到不相熟的人家中，痛苦万分地待上几个小时。当时我还不知道哈姆莱特的镇静自若并非来自这种自我折磨，而是来自冷漠，来自把握自己情绪的成就感。如果一个人没有一颗英雄的心灵却又想达到这样的境界，就只有等到年岁渐长时方可实现。

二十八

当时我身上没什么钱。有一天我要横跨利菲河，我走到一座铁桥上，桥上收费站的收费员问我要半便士。我不想出钱，只得说："算了，我还是走欧康纳桥吧。"当时收费员和与他聊天的闲人还为此讥笑了我一番。

我记得我第一次去到伦斯特路上的奥利里宅邸时碰到了几个中年妇女，她们当时正在玩纸牌。她们招呼我也来玩一手，还给我端上了一杯雪莉酒。那杯雪莉酒让我晕晕乎乎的，我还输掉了六便士。为此我过了好几天的苦日子。当时奥利里宅邸的女主人是爱伦·奥利里，她为自己的弟弟照管房子。她的弟弟约翰·奥利里①是一个芬尼亚分子，也是我所见过的最英俊的老人。约翰被判处了二十年的苦役，不过五年后他便获得了自由，条件是他在接下来的十五年内不得返回爱尔兰。他对当时的当政者说："如果德国和爱尔兰开战，我肯定不会回来；如果法国和爱尔兰开战，

---

① 约翰·奥利里（1830—1907）：爱尔兰共和党人、芬尼亚派领导人。

我铁定会回来。"他和爱伦的住所正对着一个奥兰治派领导人的宅邸，不过他对这个奥兰治分子却是敬重有加。

当我初次见到爱伦·奥利里时，我心底的柔情被唤醒了。究其原因，我之所以动情大概是由于她让我想起伦敦那所学校里一位和善的女舍监。爱伦为人和善，不过当我和她相知渐深之后我才发现她和她的兄弟与蒲鲁塔克①笔下的传奇人物不无相似之处。我从她口中得知她弟弟的人生经历，了解他年轻时的事迹和现在的状况。据说约翰喜欢花上整个下午在二手书店中游荡，希望能找到某些珍版图书。芬尼亚派的领导人詹姆士·史蒂芬斯在一个二手书店里碰到了他，并向他求援。约翰回答说："我觉得你们的事业绝无可能成功，不过如果你不强迫我再拉新人加入的话，我可以参加你们的运动。我觉得这对振奋民族士气有好处。"爱伦告诉我这一运动后来变得十分恐怖，一些人被捕了，他们被安上莫须有的罪名，随随便便就被判处极刑——我疑心她的爱人也是其中一个受害者。后来这一行为引起了民众的恐慌。她讲述这些事时语气平和，并无一丝悲愤之色。对于她这种生性平和的人来说，狂热妄想无法在她心里生根发芽。她一直认为那些敌对阵营的人也和她一样拥有崇高的动机。在沿着这条困难重重的道路前进时，她也不会将恨意作为一种刺激和鞭策。

当我第一次听到约翰高谈阔论时，我觉得他与他的姐姐截然不同。他喜欢使用过激的词语，喜欢指天誓日，其中一句口头禅是"苍天啊！"如果他看不惯一个人的言行，他会直截了当地将心中所想说出来。不过当你和这两姐弟交往几次之后就会发现约翰的公正无私和爱伦的仁慈宽厚正好是相辅相成的。约翰说："我们为之奋斗的事业可算是史上最糟糕的，原因就是没有有理智的好

---

① 蒲鲁塔克（46—120）：古罗马帝国时代的希腊历史学家，曾著有《名人传》。

心人来捍卫它。"如果一个人的观点立场与他相同,他也不会因此而高看他。之前他受到戴维斯①所作诗歌的影响而成了一个爱国志士,他也曾借了一些戴维斯和爱尔兰青年运动其他成员的诗作给我看。当时我对这些诗人诗作一无所知,而约翰从来不会夸赞这些诗歌写得好。

约翰的房间里堆满了二手书。这些书的外表大多很难看,印刷质量也不好,估计即使是在崭新的时候也算不上是上品。当时我对"古老""悠久"这类特质无甚了解,因而这些旧书也没法打动我。在我看来,它们和都柏林任何一家旧书店里堆放的旧书没什么两样。约翰的藏书中有许多爱尔兰语写就的作品。对于一个笃信天主教的爱尔兰人来说,这些书中包含的内容他们或许在很小的时候就有所了解,可我现在才开始接触。

约翰似乎把政治观点当成了某种道德规范。如果某人提议采取行动,他极少从提议的可行性这一角度进行探讨。他曾对我谈起他的牢狱生涯。他的语气轻松自在,不过对监狱中的艰辛却绝口不提。如果有人问起,他会说:"当时我在敌人手里,无论过得如何都没什么可抱怨的。"后来我听到了有关他监狱生活的一则轶事。据说他开始时在监狱里过得很不舒服。如果他开口的话,本来他的境况是可以有所改善的,可是他对此却不置一词,只是硬撑着默默忍受了好几个月。狱卒发现后问他为什么不说出来,他回答说:"我来这里是坐牢,又不是来抱怨过得不舒服。"

约翰生来有一种天赋,能让别人为他的德行所折服。许多年轻人被他打动。一些严于律人宽于律己的人过着正常的生活,没有遭受牢狱之灾。如果某些年轻人曾被这群人排斥打压,这种经历会进一步加深他们对约翰的敬佩之情。当时我开始发表一些过

---

① 托马斯·奥斯本·戴维斯(1814—1845):爱尔兰作家,是爱尔兰青年运动的主要组织者。

激且自相矛盾的观点，想借此让未见过世面的有识之士们大为震惊。我想和我境遇相同的男孩子大概也会这么做吧。那时多顿那种略带讥讽的沉着冷静在我看来不过是因职业需要而做出的一种姿态，而约翰·奥利里却能像一个天生的艺术家一样直抒胸臆。有时他所说的话如果放到伊丽莎白一世时期的英雄戏剧之中就是很好的台词。我自认为是一个正在寻章摘句的诗人，于是便经常激发约翰说出自己的心里话，好为我自己的诗作提供灵感。有一次我和他谈起一个爱尔兰政治家。这位政治家为了爱尔兰民族大业触犯了法律，被当成一般的凶犯进行惩处。这件事在当时引起公愤。我为这位政治家辩护，可约翰却说："即使是为了救民族于危亡，有些事也是不应该做的。"他就这样随口一说，说完就忘，可他自己却没有意识到其中所包含的激情。

我在他家里遇到了往后人生中的几个密友：凯瑟琳·蒂南，她当时还住在父亲的农场里；海德博士[①]，当时他还是一个大学生，吸鼻烟的模样活像一个来自马由郡的乡巴佬，他当时正搜集记录马由地区的民谣和故事。约翰·奥利里说："达维德[②]希望能有成千上万人追随他，不过对我来说，有五六个追随者也就够了。"

不过在经常到奥利里宅邸拜访的客人中，有一个人一直对我充满敌意。他的名字是约翰·F.泰勒，是一个默默无闻的伟大演说家。我在都柏林的时候曾听到一个人谈起泰勒的演讲，感觉这段演说在谈话者心中留下了很深的印记。打个比方，这段演说词于谈话者而言就好比早已铭刻在我心底的伊丽莎白一世时期的抒情诗。后来我听说这是泰勒在都柏林某个学校团体组织的辩论中

[①] 道格拉斯·海德（1860—1949）：爱尔兰语言学家、政治家、外交家，曾担任爱尔兰第一任总统。

[②] 迈克·达维德（1846—1906），爱尔兰政治家。

发表的演说。辩论主持者用不偏不倚、毫无感情色彩的语调与泰勒针锋相对。主持人时而洋洋自得，时而冷嘲热讽，而泰勒却犹犹豫豫，不时停下来思索恰当的词句进行反驳。有一段时间泰勒讲得很糟糕，可后来他突然挺直身子，整个人恍若梦中。他说："我已经去到另一个时代，在一个君主的宫殿里见到了一个大法官，还听到他在说话。我想我是在第一任法老的宫殿里……"他仿佛正在通过埃及法官之口进行讲述，而他说话的对象是以色列的子孙们。他说："如果你们真的具备你们所夸口的精神，那为何不通过我们的帝国伟业将这种精神传播到世界各个角落？你们为何还要拘泥于这种狭隘的民族身份？你们民族的历史功绩和埃及相比又算什么？"接着泰勒的音调变得更为低沉："我看到人群的边缘站着一个人，他站在那儿侧耳聆听，不过我知道他不会照我说的去做。"接着他用尖利的声调喊道："如果他听了我的话，他就不会把那块石板从山上搬下来，那石板上的文字是流亡者的文字[1]！"

泰勒曾在一个亚麻织品商人的店里干活，后来他自学成才，上了大学。现在他成了一个律师，以专门接手一些无望的官司而出名。对于这类官司的当事人而言，即使最后的判决模棱两可，他们的境况也不会变得更糟。况且泰勒颇有才学，擅长雄辩和庭上交叉质询，弥补了自己的不足之处。和他谈话总会以争吵而告终。如果他谈话的对象正好是一个固执己见的人，他会毫不客气地说："先生，你的脑子进水了吧。"不过他对我似乎怀有一种特别的厌憎。他是属于自学成才的一代人，在文学方面极力推崇卡莱尔[2]。泰勒饱受艰难困苦，对生活中繁复精巧之物满怀鄙夷。他认为卡莱尔的观点正是对他这种想法的支持。而我这一代人却认

---

[1] 暗指摩西和《十诫》。
[2] 托马斯·卡莱尔（1795—1881）：苏格兰哲学家、评论家和讽刺作家。

为卡莱尔的辞藻浮夸,只会煽风点火。我刚开始和泰勒交谈时,我以为自己面对的是一头暴怒的公牛,随时准备发起攻击。不过交手了几次之后我发现那不过是一头狂躁不安的母牛。我一次次向泰勒发出挑战,而我对他的感想也变得越来越糟。有一次我引用穆勒的话:"演说传达的不过是字面之意,而诗歌传达的却是言外之意。"泰勒用鄙夷的语调反驳说:"演讲至少是有听众的,而诗歌呢?"不过我觉得在他高谈阔论之时,无论面对着多少人,他都不过是在自说自话。

有时我的超自然论也会激怒他,但我不知道这究竟是由于他的科学观念引起的,还是因为他心里的天主教信条在作祟。他时常借着这类辩论打压我,羞辱我。但有一次我却占了上风。在奥利里家的一次聚会上,我故意一惊一乍地对他说:"有六分之五的人说自己曾见过鬼魂。"泰勒不知是计,马上回答说:"那好,我要去问问大家,做个调查。"在我的设计下,他先问了一个人,那人说他曾听到自己死去的兄弟说话。泰勒询问的第二个人是一个医生的妻子。她曾住在一栋闹鬼的房子里,她说她曾见过一个人在花园里游荡。那人的喉部有一道深深的伤口,走路的时候那伤口一张一合,仿佛多了一张嘴。听到这泰勒气愤地仰仰头,不再追问了。当天晚上我们再也没有谈起这个话题。如果他继续追问的话他会更加失望——虽然有些事并不是说话人的亲身经历,不过几乎每个人都能讲出类似的鬼故事。如果他问到奥利里小姐,她会告诉他麦克麦努斯兄弟的故事。麦克麦努斯兄弟是爱尔兰青年运动中有名的人物,据说在其中一个兄弟濒死之时,另一个兄弟正守在床边。他看到一只长得像鹰的怪鸟从窗户飞进来,停在那濒死之人的胸口。他不敢把那只鸟儿赶走,就任由它在那里驻足。那怪鸟直直地盯着濒死之人的眼睛,直到死亡最后降临。之后它又从窗口飞了出去。虽然我不大确定,不过我认为这个故事是奥利里小姐从那个守灵者那里听来的。

虽说泰勒可能成为那个时代数一数二的演说家，可他的脾气很坏，因而也难以融入公众生活之中。没有哪个团体的领导人愿意接纳他。"他从来没能加入某个党派，不过如果某个团体拉他加入的话，他很快就会退出。"他在都柏林的敌人如是说。尽管泰勒和奥利里有分歧，不过他对奥利里还算是温和谦恭。在之后的几年里，我觉得他曾把我视为朋友，不过这样的感觉只有一次。当时我在伦敦街头碰到他，他颇为唐突地拉着我说："叶芝，我一直在想如果你和某某（他提起另一个他讨厌的人）生在中世纪时期意大利某个小公国里，那么他肯定能和宫廷里的大人物混熟，而你只能流亡他乡，还有人高价悬赏追杀你。"说完这话他转身就走，后来我再次见到他时他还是一如既往地脾气暴躁，难以亲近。

泰勒一直被自我所束缚，与生性平和的奥利里家人大不相同。他渴望能获得灵与肉的辉煌，而这种渴望又使他不由自主地接近奥利里一家，不过不久之后他又觉得厌烦而暂时离开，还正儿八经地征求他人同意。在我的记忆中，他一直都是我青年时期遇到的一个悲剧形象。有时我看到他戴上一个从朋友处借来的戒指或别针，一副志得意满的样子。看他那模样，仿佛任何一个美女都能让他的心燃起熊熊火焰。我猜想他肯定是谈恋爱了，不过恋爱并不能给他带来幸福。他拥有过人的智慧，对爱情不乏美好的想象。可是他长了一头粗糙的红发，瘦削憔悴，笨手笨脚，一举一动就像个荷兰木偶人，手里还拿着一把凌乱破旧的雨伞。我怀疑他那无甚吸引力的外貌让他的爱情美梦支离破碎。不过对于一般的女性，他都像对待奥利里一家一样谦恭有礼，甚至还流露出几分缺乏自信的神态。

后来一个爱尔兰青年运动团体成立了，奥利里任主席。团体成员在约克街聚会，聚会地点选在一家工人俱乐部楼下的会议厅里。去参加集会的除我之外，还有四五个大学生，泰勒偶尔也会就爱尔兰历史和文学发表高见。泰勒发表演讲可是一件了不起的大事。有时他在演讲过程中引用托马斯·戴维斯的政治诗歌。他满怀激情，陶醉在诗歌的韵律之中，把一系列思想观点层层推进，一直推到最高峰。他让我知晓如果一首诗从一个激情澎湃，陶醉其中的人口中读出来，那么这诗歌就会被赋予巨大的感染力。原本乏味空洞的词句变得如此动人，诗句的美妙有一半应归功于那沙哑的嗓音、雄浑的气势和独特的演说风格。父亲朗读诗歌时也是如此激情澎湃，我认为他更能展现诗歌中深奥微妙之处。所不同的是父亲的朗读并非面向大众，而泰勒的演讲却是在大庭广众之下进行的。泰勒的嗓音在我耳边萦绕，激起了我心中莫名的渴望——我听到戏剧中某个演员说台词时也曾感受到类似的情感。我觉得可以借用一个著名演员的话来评价泰勒的诗歌朗诵："他说话的方式如此自然，其他人根本没有意识到他所念的是一首诗。"

我本人也曾多次进行演讲，我之所以这么做并不是因为我热衷于演讲，而是想通过这种方式培养自己处事不惊的能力。

有一次我们在会议厅中的辩论十分激烈，辩论的熊熊火焰一直蔓延到街上和报纸上。我记得当时去参加聚会的人中有一个意大利人，他为捍卫教皇权威而与意大利爱国者对抗，在参加我们的民族主义游行时总是骑着一匹白马。奥利里对他说："我知道你想让自己的祖国获得解放，不过压迫他人的企图对国家解放事业而言可谓是非常糟糕的前奏。"之后这个"教皇卫士"与奥利里的关系逐渐恶化。后来奥利里曾给新闻媒体写了几封信，谴责所谓的"美籍爱尔兰裔爆炸党人"，同时明确定义了何为"光荣抗争"。在接下来的那次聚会中，"教皇卫士"突然站起来，打断正在进行的讨论，发动一场针对奥利里的不信任投票。他说："我本人也不赞成用炸弹来解决问题，不过我觉得不能因此而打击爱尔兰人的士气。"奥利里要把他赶出去，可他对此置之不理，一直站在那儿。围在他周围的人开始发出威吓，他顺手举起自己的椅子不停挥舞，与所有人抗争。不过后来几个人按住他，把他赶了出去。接下来大家计划举行一场特别会议，议题就是驱逐这个"教皇卫士"。过后他又给一些报纸写了几封信，对公众大声疾呼："我祖父在1798年上了绞刑架，哪个爱尔兰青年团体能驱逐这样一个英雄的后代？"

以驱逐"教皇卫士"为主题的特别会议在某天晚上举行。在投票表决之前，一个人慌慌张张地跑进来说街上有一大群人在聚集，而那个"教皇卫士"正在发表演讲。说不定几分钟之后他们就会对我们发起攻击了！三四个人跑到门前，背靠着门站着，希望能借此阻挡试图破门而入的人群，而其他人依旧在大厅中进行辩论。会议厅的门是一扇室内门，门上安装着窄窄的玻璃窗。我们透过玻璃可以看到这栋房子的大门和街上的人群。不久之后一个声音透过门板上的裂缝问我们是否愿意"把那群家伙留给楼上的工人俱乐部来收拾"。几分钟之后，只听门外传来喧嚣声、棍棒重击声和玻璃碎裂声。接下来这栋房子的主人来了，他说大厅的灯被打坏了，还问到底由谁来赔偿。

二十九

类似的辩论、与奥利里的谈话以及他借给我的一些书让我找到了努力的方向，我开始对用英语写作的爱尔兰诗人有所了解。

我兴致勃勃地阅读书籍——而这些书换在今天我正眼都不会瞧一下。我从他人的人生中寻找浪漫，而现在看来，这些人生既无激动人心的冒险，也无智慧可言。我并没有欺骗自己，我也知道这些人喜欢用冷冰冰的抽象语言写作。我从没想过要到济慈和雪莱的故居去看看，可是我却不停追问其他人是否知道英屈多尼是个什么地方。我之所以对英屈多尼感兴趣，不过是因为我读了卡拉南[①]的一首诗。那首诗是仿照《恰尔德哈罗德游记》写的，写得很糟糕。有一次我参加完辩论后在回家的路上想起我方才对某个大学生说的话："爱尔兰无法摆脱在过往的军事文明和用拉丁文祈祷的宗教中所形成的习惯。那些当代知名诗人都未能触及她的内心，而真正属于爱尔兰的诗篇一定是遗世独立的。"奥利里曾对我说："在艺术领域，爱尔兰人和英格兰人都分不清孰优孰劣，不过如果有人指出其中的妙处，爱尔兰人不会像英格兰人一样对之心生厌恶。"

我开始思考如何在一种形象最终定格前将其完好地保存下来。爱尔兰天主教徒中曾产生了许多殉道者，不过要论及品位之高雅，仪态之庄重，却不及我所认识的爱尔兰新教徒。我在爱尔兰新教徒身上经常见到许多优点，其谦恭有礼更是普遍存在的优良品质。但从另一方面来说，爱尔兰新教徒只想着获得进步，余者皆抛诸脑后。如果我们想通过民族文学使爱尔兰民族流芳百世，如果我们想要采取一种欧洲式的姿态进行精辟的评论并借此摆脱狭隘的民族主义，我们就必须把天主教和新教的优点结合起来。在这个梦想的驱策下，当我们回到伦敦，我便在书房的天花板上贴了一张斯莱戈的彩色手绘地图。那地图与老式地图相仿，还配上了一艘船和一个精巧的指南针图案。之后我开始把一些斯

[①] 杰里米亚·约瑟夫·卡拉南（1795—1829），爱尔兰诗人。

莱戈传说故事记录下来，不过我也知道这是不入流之举。我回想起父亲在我小时候曾给我读过《壮汉格雷蒂尔》，我记下的一个传说就有这个故事的影子。我完成《乌辛之浪迹》后心情大好，充满浪漫主义色彩的风格也开始成形，并在《凯丝琳女伯爵》中有所体现。

我知道许多爱尔兰同胞无法阅读，不过他们都是富有耐心的倾听者——想想看，他们曾听过多少冗长的政治演说？我觉得有必要为他们建一所剧院。如果我能找到优秀的音乐家，为文学作品配上合适的音乐，那该多好啊！当时我已预见到了我们事业的未来，不过我对中产阶级掀起的"现实主义运动"却缺乏热情，也无心欣赏在野党抗争行为的美妙之处。我对胜利迟迟不来也颇有怨言。在其政治生涯中，戴维斯在四年内就完成了许多功绩。可是我觉得发传单、发表演说这些事只需短短时间便可完成，余者皆是无用功。当时我还不知道喜好这种东西与观念相比更为根深蒂固，即使是在报纸和学校的帮助下，在两代人的时间内也难以让民众的喜好发生重大改变。我是在一个艺术家家中长大的，所有话题都可以放在桌上进行讨论。我也知道鲁莽和勃勃生机密不可分，可我对笃信宗教之人所怀有的保守和疑虑却知之甚少。

我计划创作一部希腊风戏剧，该剧应是雨果和莫特·福凯①两者风格杂糅而成的浪漫主义戏剧。我为此进行了周详的安排。我希望能借此唤醒爱尔兰人的记忆，让爱尔兰的过往得以重现，让世人了解爱尔兰中世纪时期的历史和传说，让他们知晓爱尔兰曾拥有如此多的名胜古迹。我一直对在爱尔兰见过的异象和听到的异响念念不忘，因而我决定为爱尔兰创造一个充满神话色彩的岛屿，书写一段属于爱尔兰的《尤利西斯》。我坚信在任何地方都能

---

① 莫特·福凯（1777—1843），德国浪漫主义作家。

找到才华横溢之人。拥有这种盲目自信的并非只有我一人，之前爱尔兰青年运动的先驱们对此也信以为真。有一种说法是作者在写作时可以随心所欲，只写那些给自己带来快乐的东西。虽然表面上我似乎受到这一信条的影响，然而事实并非如此。我认为如此一来写作会最终沦为辞藻的堆砌或某种说教。我相信自己所做的事可以使人们的灵魂得到升华，还有许多人将前赴后继，沿着我所选择的道路继续前进。

三十

有一次，爱尔兰青年团体的一个成员给了我一张报纸，让我看看上面的文章和读者来信。我漫不经心地翻看报纸上的诗歌。那几首诗描绘的是一个濒死游子眼中的爱尔兰海岸，其用词虚无缥缈，过于抽象，脱不开报纸文章的套路。尽管我知道这诗写得不怎么样，可在阅读的时候我的眼中还是饱含热泪。我看到诗歌最后一行，发现其作者是一个爱尔兰政治流亡者，他重返爱尔兰几天之后就去世了。我认为这些诗歌之所以能打动我是因为它们是作者在一生中最富激情时的所思所想。后来我见到父亲时便和他探讨这一问题，我觉得自己好像发现了新大陆。我认为作者应尽量用浮现在自己脑海里的文字进行写作，就像给亲密友人写信一样坦坦荡荡，不加掩饰。我们的生命是这些词句力量的源泉，正如同戏剧人物的生命赋予台词力量。在英格兰文学中，发自内心的呼声已经绝迹，可这种呼声如同戏剧一样，是摆脱辞藻堆砌和抽象虚无的途径。我的观点让父亲甚为不快，几乎惹他发火了。他只想谈论戏剧，而对于"发自内心的呼声"，他说："那不过是自我膨胀的表现。"我知道自大和心声是有区别的，可我却无法指出其区别所在。从那时起，我在写作时尽量精确地记录下我的情感。我把生活中的真实感受记录下来，不会为了让文字显得更优美而改变一丝一毫，但同时也要避免行文颠三倒四，漫无边际，还要避免为了使作品更具文艺气息而堆砌辞藻。如此一来写作的难度也增大了。有些常用的辞句已被世人反复使用，在写作时很容易将其按照一定的韵律嵌入作品之中，使整篇文章更为流畅通顺。可现在我却要摈弃这类辞句。除此之外，要在写作中坦露心胸也并非易事。我不能为了文学性而夸大自己的情感，也不能为了让作品更具浪漫气息而加以修饰。我对自己说："我在写作时必须坦陈心迹，用自然而然的语言进行写作，但切不可像小说家那样离题万里，用词不慎，惹人生厌。如果我能做到这一点，无论今后我的境遇是好是坏，无论我的人生是有趣还是无趣，我都能成为一个伟大的诗人。我觉得这已经不是一个单纯的文学问题了。"尽管如此，现在当我重读早期费心竭力写下的诗歌，我发现自己当时的作品不过是流于浪漫主义的俗套，在无意中使自己的语言更为戏剧化。多年以前我就明了自己心中的感觉，可过了这么多年之后，我才真正相信自己当初的感觉并付诸实施。

三十一

大概在我们返回伦敦的一年前，一个天主教徒朋友带我去参加一个降灵会，聚会的地点是在一个年轻人家中。不久前这个年轻人曾因被怀疑为芬尼亚分子而身陷囹圄，不过他很快就因证据不足而被释放了。他和他的朋友们每周都聚会一次。在聚会上，他们一群人围着一张圆桌坐着，希望神灵鬼魂能给他们一些启示。这群人中还有一个人变成了灵媒。据说在降灵会上曾发生过不少怪事：一个装满书的抽屉无端端地脱落下来，墙上的画会移动……我记得参加那次降灵会的有五六个人，主人不停地想方设法引逗神灵鬼魂，而作为灵媒的那个人直直地坐在自己的位置上，后来竟睡着了。当时房间里的灯火已经熄灭了，只有炉火散发出微弱的光芒。我们一群人静静等着，突然我觉得自己的肩膀和手开始痉挛。我轻而易举地把这种感觉压制下来，可这对我来说的确是前所未有，我也感到很好奇。不久之后，这种痉挛变得更为剧烈，我再次把这种感觉强压下去。我一动不动地坐着，可几分钟之后，我全身突然不由自主地动了起来，就像一块突然松开发条的钟表。接着我被一股力量推到墙上，之后我安静下来，又在桌边坐下。其他人说我是灵媒，还说如果我不对这种神秘力量加以抗拒，说不定会有奇妙的事情发生。我记起父亲曾说过巴尔扎克曾经想体验鸦片的滋味，可是他担心自己的意志不够坚强而打消了这个念头。当时我的心境和巴尔扎克颇为相似。

我们一群人坐在圆桌旁，每个人都与相邻的两人牵着手。突然我的右手不由自主地将旁边女士的手摔在桌子上。那位女士不怒反笑，而灵媒也破天荒开口说话了。他仿佛已经被人催眠，说起话来颇为费劲："告诉她……重大的……危险……即将……降临！"灵媒突然站起来，在我身旁走来走去。他双手不停晃动，仿佛正在把某样东西推开。此时我也感受到那股力量，并徒劳地与之抗争。那股力量迫使我不由自主地做出种种动作，我动得越来越厉害，最后把整张桌子都掀翻了。我试图祈祷，可我当时却记不起任何一段祷词，只好反复朗诵一段话："世人不驯，偷食禁果；禁忌之树，带来腐朽；死亡降临，苦难将至；天堂缪斯，放声高歌……"

带我来参加降灵会的天主教朋友离开座位，跑到角落去念诵一段主祷词和赞颂圣母玛利亚的祷词。不一会儿，我只觉周围一切陷入黑暗和寂静，其他人已经从我眼前消失了。第二天，当我向他人描绘当时的情景，我说当时我感觉就像离开了一个喧嚣吵闹的政治集会，来到一条宁静的乡村小道上。我记得当时我对自己说："现在我已经身坠梦中，我不想再反抗了。"之后我抬抬眼，却看到了炉火黯淡的光芒。"不，我没有睡着。"我心想。这时我看到黑暗处仿佛现出淡淡的影子，我心想："那大概就是神灵鬼魂吧。"不过后来我发现那不过是正在祈祷的天主教朋友和其他几个唯灵论者。此时那个灵媒用微弱的声音说："我们刚才遇到了一些恶灵。"我问："你觉得它们还会回来吗？""不，它们再也不会回来了，"他回答。当时我天真地认为是我把它们赶跑了。

在那之后，我再也没有参加过降灵会，不由自主地痉挛并掀翻桌子这种现象也不再出现。我不停思索：当时究竟是何种力量让我的神经系统发生如此剧烈的波动？从表面上看，这种力量来自外部，可事实是否如此？如果是内部的力量在驱动我，或许那才是真正的危险所在。

三十二

奥利里替我找来了许多捐助者，我得以出版第一本诗集，之后我又以捐助的方式出版了一本故事书。在此期间，外祖母去世的消息传来，我回到斯莱戈参加她的葬礼。她在去世前曾说她想见我，可是不知出了什么差错，没人把这事通知我。外祖母临死前曾听说我正与一位美丽迷人的女士恋爱，她担心我因家境贫寒而不敢提及婚事。她当时想告诉我："女人们对金钱是毫不在意的。"外祖父也不久于人世，他只比外祖母多活了几个星期。我回去看外祖父，发现他那英俊的面容在病中更显清癯。他可以根据日光和温度推测天气，可我对这些变化却毫无知觉。当外祖父即将离世时，孩时对死亡的恐惧再次袭来，我真想离濒死之人远远的。当时我暂住在舅舅家，舅舅的房子就在外祖父居所的对面。有一天我和舅舅一起回家，在路上遇到了给外祖父治病的医生。医生说已经没什么希望了，并主张把这个坏消息告诉外祖父。不过舅舅对此却极力反对，他说："如果一个人知道自己不久于世，那他肯定会发疯的。"医生说根据他个人的经验，所有听到这一消息的病人非但没有发疯，反而会变得更为平静。听了这话我感觉既悲伤又愤怒。舅舅向来对人性不抱信心，或许正是由于他对他人不抱希望，他才得以养成宽宏大度的品性。最后舅舅还是没来得及把这一坏消息告诉外祖父。外祖父突然抬起胳膊，大喊道："她来了！"之后他倒了下去，溘然长逝。在外祖父生前，他家里的佣人们从来不敢大声喧哗，所有一切井井有条。可是在外祖父重病期间，他们便开始小偷小摸。外祖父去世之后，他们还大闹一场，其原因不过是为了争夺壁炉板上一些不值钱的小玩意。

三十三

这几个月来，我一直沉醉在儿时和青年时期的回忆中。我并不是每时每刻都在写作，可我几乎每时每刻都在回忆。我时而悲伤忧郁，时而惶然不安。我并非一个理想远大之人，之所以有这种感觉也并非因为我一事无成。我回想起自己读过的书，回想起自己所听过的睿智之言，回想起自己给长辈们造成的忧虑，回想起曾经有过的希望。我所经历的人生仿佛一段徒劳的前奏，进行了那么久的铺垫和准备之后，正曲却迟迟没有奏响。

第二部分 成年后的自传

一

　　我开始阅读约翰·拉斯金①的《时至今日》，而此时我对通灵研究和神秘主义的兴趣也有所增加。而我的父亲是约翰·穆勒的忠实信徒，我的变化使他颇为恼怒。一天晚上我们在谈论拉斯金时吵了起来，吵得很凶。父亲把我拎起来扔出房间。房间外的过道墙上挂着一幅镶在玻璃镜框里的画，我的后脑勺正好撞到那幅画上，把画框的玻璃都打破了。我和父亲的另一次争吵也发生在晚上，争吵的起因是什么我倒记不清了，反正与拉斯金或神秘主义有关。我只记得父亲追着我，我一直逃到自己的房间里。父亲把我逼到墙角，打算用拳头好好教训我。我说我不能对自己的父亲挥拳，他回答说"我看你倒没什么不敢做的"。当时我和弟弟住同一间卧室，当天晚上弟弟早就上床睡觉了。我们的吵闹把他惊醒了，他情绪激动，反应激烈。父亲二话没说，走出房间。弟弟转而对我说："你一定要让他道歉！如果他不道歉，你就不理他！"虽说我和父亲都是话多的人，在接下来的几天里，父亲没有向我道歉，我也拒绝和他说话。

　　现在于我而言，万事万物仿佛都成了某种道德的体现。当我走在街上，看着街道两旁古老的建筑，我以为自己可以从建筑中看出建造者当时的恶劣情绪和道德上的缺陷。即使是过了几个世纪，建筑上那些丑陋的细节依然一览无余。我所喜爱的建筑只有汉普顿宫、威斯敏斯特教堂和新法院。我是一个浪漫主义者，在

---

① 约翰·拉斯金（1819—1900）：英国作家、哲学家、艺术评论家。

我眼中这几栋建筑大同小异。不过之前新法院的规模和厚重感曾让我难受了整整一个下午。有时我沿着舰队街前行，打算去拜访某个出版商。看着路两旁的建筑，一个念头突然浮现在我脑海中：面对这些庞然大物，即使是最强有力的灵魂又能有何作为？我的想象进一步展开，我仿佛看到这些建筑已不复存在，茵茵碧苔和萋萋荒草重新占据了整个伦敦，远处走来一个正在念诵祷词的传教士……我暗自思忖："如果机缘巧合，说不定某一个人的话语可以让伦敦重新成为一片荒野。"在多年之后，我原本笃信的观点已经发生了动摇。或许当时我高估了道德的狂热和规劝的力量，或许这正是让父亲大发雷霆的真正因由。

有一段时间我每个周日晚上都去到克姆斯各特厅参加社会主义分子的演讲。我和其他几个人经常参加这种集会，因而我们这群人总是被邀请到一个大房间里用餐。这间房间里只有寥寥几件家具，一张精美的波斯地毯挂在一面墙上，还遮盖了部分天花板。另一面墙上挂着罗塞蒂的画作《石榴》。在我年方十七的时候，威廉·莫里斯的《地上乐园》曾带给我许多欢乐。不过时至今日，我对这本书已经失去了兴趣。莫里斯后期的一些浪漫主义作品也让我意兴盎然，不过当时引起我兴趣的那些文章尚未问世。有一段时间我自认为是一个社会主义分子，莫里斯在我眼中也成了一个公众人物和社会思想家。

我第一次见到莫里斯时，他行为举止中的某些特点让我想起了自己的外祖父。不过当这种幻觉消散之后，我从他身上看到了轻松快乐的特质和孩子气的个性。无论如何，他一直是我心目中数一数二的人物。当时年轻的社会主义者们正在筹备一项计划，打算送一个使团前往巴黎。为此他们开设了法语课。我也跑去上法语课，取得了不小的进步，还成了老师的得意门生。当时我颇为自信，以为自己在不久之后定能掌握这门语言。后来我在家中提到了这个法语课堂,父亲提议说让我的姐妹们也去参加。对此我推三阻四,让父亲颇为恼怒。后来姐妹们去上法语课之后我就退出了,前前后后我只上了两三周的法语课。我自己也不明白为何她们一来我就要退出,或许这是因为我害怕再也得不到老师的赞赏,而与陌生人相处的兴奋和新奇感也渐渐消失了。我仿佛老套生活喜剧中的人物,再次陷入懒惰散漫的生活中。我的一个姐妹在莫里斯的妹妹梅·莫里斯的手下做些刺绣活儿,她工作的场所就在克姆斯各特厅。她生性诙谐幽默,目光犀利,经常告诉我们一些莫里斯的趣事。在她的口中,莫里斯成为一个易怒、可爱、无助的人物。她说在某个下午,送牛奶的男孩用牛奶罐敲击门外的铁栅栏,弄出很大的响动,把正在午睡的莫里斯吵醒了。为此莫里斯和那男孩吵了一架。莫里斯当时正在翻译荷马的作品,他经常在楼梯上来回踱步,嘴里念念有词。他养的鹦鹉跟着他飞上飞下,还模仿他的模样朗诵荷马的诗句。我的姐妹说:"莫里斯总是担心自己做错事,可他老是做错事。"

几个月后,我觉得自己已经不再是一个彻头彻尾的社会主义分子了,可我还是会去参加他们的辩论会。我对自己解释说:"我必须学会说话的艺术。身处爱尔兰的人必须学会说话的艺术,正如古时的人要学会仗剑而行。"我不喜欢那些工人阶层的革命者,其主要原因是他们总是攻击宗教。除此之外,他们总是喜欢夸大其词。我进行了一次演说,我说目前的进展过于缓慢,还说基督教世界的财产平等是所有一切的基础。我用浮夸的语言进行演讲,和那些革命者们没什么两样。在那之后,我就再也不去参加这类辩论了。

当时我的第一本书——《乌辛之浪迹》已经出版了。有一次我在霍本桥上遇见莫里斯,他夸赞了我一番,还说:"我觉得你的作品与我的诗歌风格相仿。"他原本还想多说几句,可他突然瞥见了一根附带装饰的铁质路灯杆——我猜想那是联合公司新近安装的。他对着路灯杆疯狂地挥舞着雨伞——或许在他眼中这根路灯杆过于丑陋吧。如果我当时对莫里斯手下那些工人阶层的社会主义分子多些耐心，或许我能把他当成诗人和艺术家加以了解。只可惜我当时耽于抽象思考之中，无法看到他身上的亮点。

二

我初次见到王尔德到底是哪一年呢？我自己也记不清了。我只记得当时他以为我孤身一人在伦敦，还邀请我到他家去吃圣诞晚宴。我还记得他那所气派的宅邸是由戈德温[①]设计的，他那美丽的妻子和可爱的孩子也让来客感到很自在。当我走进餐厅，放眼望去，只见墙壁、椅子、坐垫都是一片雪白，房间中央放着一张桌子，桌上铺着一张猩红色的桌布，放置着一尊赤陶土雕像，桌子上方悬着一盏红色的吊灯。与王尔德的谈话让我耳目一新，在那之后我也从没见过哪个人的谈锋更胜于他。当时我既缺乏自信，又不具备那种谦恭自在的仪态，我为此感到自惭形秽，手足无措。我惊奇地发现王尔德这个精通世故的学者几乎可以算得上是个完人。他那些成功的剧作尚未问世，他也不过是个贫寒文人。虽说他后来变得傲慢自大，可当时这些特质在他身上仍了无痕迹。

其时王尔德的作品《谎言的衰朽》尚未正式出版。在圣诞节那天，他拿着那本书的校样念给我听。他说："叶芝啊，我们爱尔

[①] 爱德华·威廉·戈德温（1833—1886）英国建筑设计师。——原注

兰人太富有诗意了,因而我们无法成为诗人。我们是一个虽败犹荣的民族。"无论当时还是现在,他的作品本身并未能赢得我的喜爱,我唯一喜爱的是作品中包含的才思。我敬仰的是王尔德这个人——他是一个勇敢的人,听凭智慧和才华的指引。后来一些年轻文人们开始诋毁王尔德,并把这当成了文艺圈中的时髦。我反驳那些贬低他的人:"王尔德不过是错生在我们这个时代。如果生在骑士时代,他就会成为骑兵冲锋队的优秀首领;如果生在十八世纪,他会成为优秀的斗士。"有时我会为他辩护:"王尔德就像本韦努托·切利尼①,他发现自己无法与米开朗琪罗比肩,于是便为了保持艺术家的尊严而摈弃了所有喝彩和赞扬。斯温伯恩和白朗宁的成就让王尔德裹足不前。"

　　王尔德和当时大多数文人一样,从裴特尔②的作品中学到不少东西。不过他倾向于追求过于精巧的韵律,使得他的作品略显臃赘,遣词用句也不够精确。《谎言的衰朽》可算是一本充满奇思妙想的杰作,其中充斥着作者从哈姆莱特身上所汲取的德国哲学式悲观主义。当他念道"一个傀儡的忧郁使整个世界陷入哀伤",我问他:"'忧郁'和'哀伤'不是一个意思吗?为什么要换一个词呢?"他回答说他是想用一个音节更饱满的词来结束这个句子。他说话读书时故意把语速放得很慢,后来我听人说他那拖沓悠长的语气是在模仿裴特尔。这种说话方式成了王尔德一个艺术性的习惯,他也借此在使用语言时获得更大的自由。说到兴高采烈之处他也会用些精巧的语言,但并无半分矫揉造作之感。"我不喜欢《李尔王》③,"他说,"我更喜欢《冬天的故事》——'燕子尚未归来,水仙已大胆绽放。'而《李尔王》讲的是什么?不过是一个

---

① 本韦努托·切利尼(1500—1571):意大利文艺复兴时期的金匠、雕塑家。
② 沃尔特·裴特尔(1839—1894):英国散文家及批评家。
③ 《李尔王》与《冬天的故事》皆为莎士比亚剧作。

在浓雾中踽踽独行的可怜老头。"过了一会儿,他又全盘推翻了自己原先的论点,听者只觉得他的才思如流水般四处横溢。王尔德曾说过:"无论我去哪儿旅行,我都会带上裴特尔所写的关于文艺复兴的散文,那简直成了我的宝典。不过这本杰作写成之日,正是丧钟敲响之时。那真是颓废主义最美的花朵!"旁边一个人插了一句:"可是你也得给我们一点时间去好好消化它呀!""用不着,"他回答说,"无论是在现世还是在死后的世界,我们都有大把时间来好好消化。"

三

我已经离开了都柏林炼金术士协会,经常和通神论者们混在一起。通神论者和社会主义分子一样,对于那些信仰不同的人是不大看得上眼的。他们整日夸夸其谈,讨论所谓的"物质主义"。他们认为无论是实用性还是艺术性的作品,只要能称其为杰作,其创作者都必定在创作过程中清醒地意识到其创作目的是为了改进人类。他们自己也把这一目标铭记在心,而我却以为不然。我认为生活只代表生活本身,其中大部分是毫无目的的。我的观点与他们的相抵触,由此引发的争论可以持续整整一个晚上。后来我观察任何事物时都不自觉地采取争论的态度,我所表现出的诗才连我自己都感到吃惊。

通神学会内部有一个名为"秘术小组"的小圈子,其成员大多是最为虔诚的门徒,我也曾是其中一员。秘术小组的成员每周都要聚在一起,对着画满东方秘符的表格进行研习。他们的理论是身体的每个器官都与"天堂七元"①对应，而人的灵与肉也和七色、七星以及七音相互呼应。在研习过程中，我们总是不停地进行讨论。从植物中萃取的靛蓝色与天堂七元之一对应，我想方设法弄到了一瓶靛蓝染料，之后我便拉着小组的其他成员来做实验。我让他们把注意力凝聚在装着靛蓝染料的玻璃瓶上，之后再任由自己的神思四处遨游。他们所见到的幻象大多是山间的乡村，我按照天堂七元的属性对他们幻象中的景色进行分类。今后只要我想起其中某样景致，我的神思便可飞到与之对应的星星上。

我一直希望能为秘术理论找到实实在在的证据，可我却对这种愿望羞于启齿。有一次我从希布里的《占星学》中读到"把花朵焚烧成灰，置于月光下的玻璃钟形罩中，即可召唤花魂"。我希望能就此进行一番实证。有个小组成员家中人口较为稀少，我认为他可以一口气烧掉无数花朵而无须担心他人的干扰，于是我便说服他付诸实施。后来小组负责人来找我。他是一个聪明人，曾自学了许多数学课程，也写过许多糟糕的诗。他说我引发了不安和骚动，并礼貌地劝我退出。我说："你们所传授的是一个抽象的系统。如果不进行实证不寻求证据，那么这种研习就会使学生们拘泥于教条，脱离现实，失去生命的活力。每个学生都应与日常生活建立联系，丰富自己的灵魂——这可谓他们的迫切之需。可现在你们的学生有可能因此而终身不婚不嫁，把他们培养成禁欲主义者实在是最糟糕的事。"他承认我所说的没错，不过他又说："波拉瓦特斯基女士②告诉我们，到1897年某个周期就完结了。在那之后，我们的事业再也无法得到超自然力量的帮助。在此之

---

① 即土星、木星、火星、太阳、金星、水星和月亮。——原注
② 海伦娜·佩特洛夫娜·波拉瓦特斯基女士（1831—1891）：俄国女通神学家，通神学会纽约总会的缔造者。

前，无论付出什么样的代价，我们每个人都要竭尽全力把我们的思想传播到世界各处。"最后我还是退出了秘术小组。我发现是一个狂热的女人逼迫负责人劝我退出的——女人们面对抽象之物时总是难以保持清醒的头脑。

不过波拉瓦特斯基女士却和威廉·莫里斯一样激起了我心中的仰慕之情，而我仰慕他们的理由也大体相同。在我看来，他们两人比其他人更富有人性。与其他人相比，他们难以捉摸，难以理解，不按常理行事。或许待在他们身边可以让我摆脱心中的骚动和不安。波拉瓦特斯基女士是一个身材硕大无形的女人。她时常在那儿坐上整个晚上，和来来往往的客人们交谈几句，手里不停地卷弄着纸烟。她生性诙谐幽默，但绝非狂热之人，其待人之坦诚简直无人能及。我曾仔细阅读通灵研究会的报告——我认为其他围绕在她身旁的门徒都没有读过这份东西。这份报告长篇累牍地罗列证据，指控她是个骗子，还说她所创造的奇迹都是假的。汉尔里[①]曾对我说："她是一个非凡的天才，不过非凡的天才总要做些非常之事。就拿莎拉·伯恩哈特[②]来说吧，她还在棺材里睡觉呢。"对于这种解释我不能接受。不过我觉得通灵研究会的指控尽管言之凿凿，可与我的所见所闻相比根本不值一提。我希望能找到某种合理的解释，可是却迟迟未能找到。

对于波拉瓦特斯基女士的虔诚追随者们来说，她并非凡人。她有一个神秘的戒指，据说那是她的主人送给她的。其中一个追随者告诉我他曾听到那枚戒指在半夜发出响动，那微弱而悦耳的声音让整栋房子不停颤动。另一个追随者则偷偷对我说："你知道吗？波拉瓦特斯基女士并非凡人。那个真正的波拉瓦特斯基女士

---

① 威廉·欧内斯特·汉尔里（1849—1903）诗人、《国家观察家》的编辑。——原注

② 莎拉·伯恩哈特（1844—1923），法国女演员。

早就死了，在三十年前人们就在俄国某处战场遗址中发现了她的尸体。"他还把那战场遗址所在地告诉我，可惜我却记不得那个俄国地名。

我从未见过波拉瓦特斯基女士煽动狂热情绪，相反，她对此却多加抑制。一天傍晚她去到海峡中的一个小岛去透透风，回来之后她就在一张铺着绿呢桌布的桌前坐下——晚上的时候她总是坐在这张桌前玩单人纸牌游戏。她拿出一个大包裹，把包在外面的棕色包装纸拆开，拿出一本大本的家庭圣经。"这是给我女仆准备的礼物。"她说。旁边一名女子接过话茬："可是这本圣经是没有注释的版本。""孩子，这又有什么要紧的呢？"她说，"对于一个想要橘子的人，给她柠檬又有何用？"另一天晚上我发现波拉瓦特斯基女士情绪低落，原因是她没能说服这个女仆让自己的孩子受洗。

她经常提醒我过度的信仰和过度的实践皆不足取。一天晚上，一群人正在高谈阔论，我一言不发地坐在一旁。房间的门半开半闭，我看到相邻的房间墙上挂着一幅画，一点奇异的红光突然出现在画上。我朝那幅画走去，可等我走到跟前，那红光却消失了。我回到自己的座位上，波拉瓦特斯基女士问我："怎么回事？"我说："有一束奇怪的红光落在那幅画上。""快让它走吧，"她说。"已经消失了。"我回答。"还好，"她说，"我原本以为那是一个灵媒，现在看来那不过是一瞬间的超感透视。"我问她两者有何区别，她说："如果那是一个灵媒，即使你赶它走它也不会走。小心！那玩意儿可不好惹。一旦它上了你的身，你整个人就像发疯一样。这可是我的亲身经历。"

有时我觉得波拉瓦特斯基女士可以睁着眼睛做梦。有时她会讲起一些现实层面或精神层面的奇遇，那些奇遇与白日梦相仿。有一次她说："曾有一段我的膝盖痛得厉害，医生说我可能因此终身残废。半夜里我的主人带着一条活生生的狗来找我。他徒手撕开了那条狗的胸膛,把那条狗放在我的腿上,狗肚子里的内脏紧挨着我的膝盖。到了第二天早上,我膝盖的病痛就一扫而空了。"

她知道许多奇奇怪怪的中世纪知识,也知道一些中世纪医生的治疗方子。她受到中世纪时期医疗思想的影响,认为生命的活力是可以转移的,也会通过梦境流动。有些梦是真实的反应,是现实残存在意识中的碎片,这种梦对他们来说没什么用,而除此之外的其他梦则可被用作治病的工具,也可凭借这些梦境在精神世界中游走。一些人罗列出种种证据,证明波拉瓦特斯基女士的奇迹是凭空捏造的。不过换个角度来思考,或许那不过是身处梦中之人所做之事,或许当时她的心智正沉浸在如同梦境般的幻象之中。有一次比塞特夫人曾请求她为自己展现奇迹,可是她却拒绝了:"不行,我还要提防我的敌人。"

当她心情沮丧时,她似乎对日常所谈的话题已然厌倦,这时她偶尔也会和我谈论文学和她年轻时候的事。某天夜里,她说:"我总是不停地写作,就像流浪犹太人一样永世漂泊不定,无法停下来。对于那些将自己的灵魂出卖给魔鬼的人,之前我既同情他们,也对他们加以谴责。不过现在我对他们就只剩下怜悯了,他们之所以这么做不过是希望有人和他们站在一边。"接着她又谈起了法国的文学家们:她说她认识缪塞,不过却不喜欢他;她曾见过巴尔扎克一次;还曾经和乔治·桑研习巫术,但那不过是浅尝辄止而已。她说:"当时我们俩对巫术这玩意儿都不甚了解。"

我听别人说如果涉及她的"大业",有时她会变得冷酷无情。例如,她会命追随者们放下手中所有事,去到天涯海角为她的事业而奋斗。不过在我的印象中她一直都是一个宽宏大度的人。我记得她经常避免让手下的年轻人过度操劳。还有一次,我无意中听到一个颇为粗鲁的陌生人对她说我过于聒噪,她回答说:"别,千万别这么说,他可是一个很敏感的人。"

四

经人介绍,我认识了犹太神秘哲学学者马克格雷格·马萨斯,我记得我和他初次见面的地点是位于菲兹罗伊路上的一间画室。当时他还没有和哲学家伯格森的姐妹结婚。后来他邀请我加入一个由基督徒组成的神秘教义组织——"炼金术学徒"①。我很少参加这个组织的聚会,不过我对这个组织所举行的象征主义仪式颇为看重。这类仪式具有浓厚的中世纪和文艺复兴色彩,后来还增添了不少新的内容。直到现在我还是这个团体中的一员。在这个团体中,成员们要一级一级地提升,获得梦寐以求的智慧。过了一段时间之后,如果这种智慧依然遥不可及,成员们不会因此而受到规诫劝告,个人尊严也不会受到伤害。这个组织没有抽象的教义,因此也不用担心自己的心灵会因此而变得麻木。马克格雷格·马萨斯对我说:"我们只是把象征物摆在你面前,我们尊重你的自由。"

加入这个团体之后我有了惊人的发现——我发现那种仪式使我深有触动。当我参加了通神学会秘术小组的集会之后,我所想的只是进行更多的思考和讨论。可现在当我参加了"炼金术学徒"的集会之后,我却开始做出种种计划,并打算在返回爱尔兰

---

① 根据原著的注释,叶芝加入这一团体的时间为 1887 年,有别于他在 1890 年经马萨斯介绍加入的"金色黎明"秘术团体(the Hermetic Order of the Golden Dawn)。根据其他史料,叶芝在后文中提到的"秘术组织"或"秘术团体"应为对他影响更为深远的"金色黎明"。

后参与公众事务，把这些计划付诸实施。后来我学会了一种沉思默想的方法。在我四十岁之前，这种锻炼心智的活动对我的生活产生了重大的影响。

　　后来马克格雷格结了婚，在距离伦敦不远处的一家私人博物馆里当馆长。炼金术学徒中的一个成员也是我的朋友[①]，她前去拜访马克格雷格，回来之后向我讲述了她的奇妙经历。她说马克格雷格先是让她把注意力凝聚在一个象征符号上，之后他施了一些说不清道不明的法术。她感觉自己仿佛身处一片海滩上，面前是一群展翅升空的海鸟。后来我也去拜访马克格雷格。他先让我盯着一个彩色的几何符号，之后他让我闭上双眼，睁开自己的内心之眼，重温这个符号。他告诉我要放逐自己的神思，追随这个象征物的暗示四处邀游。我看到了一个幻象：在一片沙漠中，一个身材高大的黑人站在巨石之间昂首挺胸。据我所知，他给我看的这个象征符号并没有什么深层次的内涵，我也不知道为何会出现这个幻象。即使其中真的存在着某种联系，那也必定是存在于潜意识层面的微妙联系。

　　后来我发现马克格雷格所展示的象征符号是自成体系的，我可以按照四大元素和古人所说的"第五元素"对其进行分类和细分。我也开始用这些符号做实验。我发现多数人把自己的注意力凝聚在某个象征符号之后，他们的反应与我不同。他们并没有看到幻象，而是或多或少地进入催眠状态。后来我发现如果我能透过内心之眼来看某个象征物，我就可以引导他人的幻象。我的心灵可以直接对他人的内心产生影响。我发现和孤立的某个象征符号相比，一些其他的体系——无论是通过召唤、命令还是祈祷——可以让实验者长时间把注意力聚集在象征物上，因而可以产生更

---

　　① 即下卷二十四章中提到的佛罗伦斯·法尔。——原注

为巨大的威力。在供我驱策的象征物中，有时我会发现一些新东西。尽管这类象征物具有深厚的历史渊源，所产生的结果亦非偶然，可我对此却一无所知。有时我会让自己的神思从一个形象跳跃到另一个形象，这些形象对我的写作也产生了影响，使我的作品变得更生动更美妙。我认为这些形象会引导我的灵魂步入更为深奥的境界。我一直怀抱着这个愿望，苦苦地等了很久，可惜却是徒劳。

五

父亲把我介绍给集诗人画家于一身的埃德温·艾里斯。他是父亲的老朋友，也是父亲那个小团体中最年轻的成员。这些十九世纪六十年代晚期的画家们发现自己正处于两个世界的夹缝中，"旧的世界已经死亡，而新的世界仍无力降生"。当时艾里斯已经年近五十，他的画承袭了学院派的画风，既没有迷人的色彩，也见不到富有表现力的线条，看上去无甚可称道之处。画中的人物通常都长着一对大眼睛，表露出一种随处可见的美，看上去甚至有些庸俗。我发现他能恰到好处地处理日常事务，可是在此过程中他却丧失了观察力，与之一同消失的还有他内心的力量与真诚。他的一颗心在诗意感观和哲学性直觉之间摇摆，并通过象征性或抽象性的形象加以表露。其心灵之敏锐迅捷，其思想之丰富深奥，的确是我闻所未闻、见所未见的。有时艾里斯会对自己说："我不过是一个被数学抛弃的数学家。"

艾里斯还具有非凡的超自然感应能力。别人还没开口，他就能知道他们的感受和想法。他能说出他人的心声，不过那并不是简单的读心术,而是他的一种超能力。他的妻子是个半疯不疯的外国女子。她的妒忌心很重,在很长的一段时间内,如果没有她的陪伴,艾里斯绝不能走出自家房子窗户的视野之外。有时我去他家拜访之后,他会送我出门,不过他走到街角邮筒那儿就不能继续往前了。他说:"我只能送你到这里了,不然我妻子会生气的。"

艾里斯没什么钱,一年的收入只有一百镑左右,而他妻子一年的收入是他的好几倍。有时艾里斯会谈起一个人如果娶了一个比自己富有的妻子,那么做丈夫的应负起什么样的责任。有时他又会为自己的妻子开脱。他说他妻子之前是一个很聪慧的女子,只可惜一次高烧把她的脑子烧坏了。他之前还结过一次婚。他的第一任妻子原是个有夫之妇,她抛弃了自己的美国丈夫,和艾里斯私奔成婚。在私奔之后,第一任妻子眼中的艾里斯就成了一个堂吉诃德式的蠢汉。在他第一任妻子行将离世时,他的第二任妻子还在病榻前守候。在第一段婚姻之前,艾里斯就四处猎艳,到处留情,他闹绯闻的对象大多是模特或城里的风尘女子。艾里斯谈话时极具才思,不过他所谈论的话题大多与宗教和性相关。他经常谈论女人的品性,显而易见,他总是以自己的现任妻子为标杆来衡量其他女人。在艾里斯看来,他的妻子才是真正正常的女人。他不仅对她毫无怨言,还明确无误地向所有人传达这样一个观点——他的妻子才是最完美的女人。

艾里斯的画室位于房子的顶层。他的妻子经常说:"艾里斯根本不会上色,这实在是太可惜了。"话虽如此,这间画室还是能让艾里斯拥有自己的生活。在六十年代初期,亚历山大·吉尔克莱斯特[①]在罗塞蒂的影响下写作并出版了名为《一生》的传记,此时

[①] 亚历山大·吉尔克莱斯特(1828—1861):传记作家,《一生》一书即他为威廉·布莱克所写传记。

艾里斯还是一个学艺术的学生，他疯狂地迷上了威廉·布莱克[①]。我从父亲那儿承袭了类似的喜好，与艾里斯可谓是志同道合。有一次我在艾里斯的画室里翻阅一卷诗集，我发现其中有一张草稿，上面的内容是如何将伦敦不同的地区和人体不同机能以及宿命联系起来。我发现其中最关键的论点与我在神秘主义哲学团体中听来的大同小异，为此我和艾里斯携手，开始了为期四年几乎不间断的研习。在这四年中，我们对威廉·布莱克的著作——《预言书》中的神秘主义哲学思想进行了阐释。

当时我年纪尚轻，对家庭内部事务的妥协和退让嗤之以鼻。我说艾里斯每天都需要一定的时间工作，他必须拥有到大英博物馆阅读文献的自由。到了后来，我竟成了艾里斯的保护人。有时我上他家去，谁知却吃了闭门羹。几个星期之后，艾里斯才能和我在大英博物馆附近的面包店里见上一面。时间最长的一次"逐客令"源于他妻子对我的误解——当时我经常会不自觉地为浮现在脑海中的诗句打拍子，这种不经意的习惯使她误以为我在对她施法。后来她原谅了我，还请我吃了一个油腻的蛋糕。那个蛋糕表面覆盖着一层厚厚的杏仁霜，既不利于消化，也不合我的胃口。艾里斯夫人也有神志清醒的时候，不过这通常发生在她精疲力竭之时。在这种时候，她会迫不及待地对人示好。有一次我陷入穷困窘迫的境地，不久之后一个匿名人士给我寄来了两英镑。直到几年后我才发现那笔钱是艾里斯夫人寄来的。

在我和艾里斯共同研习神秘主义哲学的四年里，我们不断发现周围的神秘哲学真谛。我们都认为艾里斯获得了超自然力量的帮助，而他本人则经常陷入各种神思恍惚的状态。我记得有一次我们正在研究布莱克关于两性起源的理论。我们讨论了很长时

[①] 威廉·布莱克（1757—1827），英国诗人、画家。

间,可还是无法得出结论。后来艾里斯放下画板和画笔,提议我们俩到街上去散散步。我们在街上来回漫步,走了两三个来回之后,艾里斯说:"我不能再在房间里待下去了。刚才我感觉自己即将进入催眠状态,而且这种状态还会持续很长一段时间。如果真的发生了这种情况,我的亲戚肯定会知道的,而我们的工作或许就不得不终止了。"当天傍晚时分我又重拾这一话题,当时我感觉自己的思维越来越清晰,我也越来越自信。窗外暮色沉沉,而艾里斯斜躺在一张沙发上听我说话。我突然发现天花板上出现一点光亮。我正好奇那是怎么回事,这时艾里斯夫人走了进来:"你们干嘛都坐在暗处呢?"艾里斯回答:"什么?坐在暗处?我怎么是躺着的?……我还以为自己正端坐在一个灯火通明的房间里呢!"

艾里斯无疑是个神志清醒的人,不过我觉得他一直在疯狂的边缘徘徊。我本人关于"神圣灵视"和上帝本性的一些观点皆得益于与他进行的一些探讨。当我在生活中寻求第一手体验时,正是这些观点保护我不受伤害。而我对诗词韵律的把握也应归功于他。我为他赢得了些许自由,他借此写下了大量诗歌。直到现在,我还不时能在他的诗歌中发现美与智慧。他以飞快的速度进行写作,不过如果有人指出其中的某处错误,他又会把所有东西推翻重来。他并不擅于校对和润色,不过他却经常能对他人的作品做出有深度的评论。他有自己的一套,绝不会放过任何细微之处。当时我的思维方式依然过于狭隘。我专注于作品的整体架构,往往忽视了其中的细节。我的作品《乌辛之浪迹》最初不过是一系列传奇史诗。在艾里斯的影响下,我发觉可以通过对音节的把握来找到更好的自我表达方式。我早期的一首诗中有这么一句:"和羞门前走(shy in the doorway)。"艾里斯认为这一句写得不好,他说"Shy-in"读起来像是一个中国的人名。后来我并没有对此进行修改,不过我对诗歌的音节却更为敏感了。

六

　　有一段时间我挣不到什么钱，我的境况也颇为窘迫。按照计划，我应该到艺术学校里就读，可是有关都柏林艺术学校的回忆让我将此事一推再推。家境日益贫困，父亲时常一脸阴郁地坐在炉火旁。我希望能马上挣到钱，可我却没什么挣钱的本事。后来我们的邻居约克·鲍威尔给我介绍了一份差事，他说我可以到一家名为《曼彻斯特信使报》的报刊编辑部去当一名编辑助理。我花了好几天来考虑此事。如果我同意了，那就意味着我能马上挣钱了。可是这家报纸却是站在统一主义者一边的，我为此犹豫再三。后来我对父亲说我决定推掉这份工作，父亲回答说："听你这么说，我感觉自己卸下了心头的一副重担。"

　　父亲建议我写些短篇小说。在那段时间里，我有时住在伦敦，有时回到斯莱戈，住在乔治·波莱克斯芬舅舅的家里。我写了一篇名为《多亚》的英雄奇幻小说，不过父亲对此却很不满意。他说他的建议是让我写一些和现实人物相关的小说，于是我开始动笔写作《约翰·谢尔曼》。这篇小说凝聚了我对斯莱戈的回忆和向往之情。在我写作期间，我经常沿着河滨马路踱步。有一次，我看到一家商店的橱窗里摆着一件小玩意儿——一个小小的圆球在水流的冲刷下不停滚动。这让我想起了斯莱戈的潺潺流水，一股莫名的悸动突然涌上心头。后来我将那一瞬间的悸动诉诸笔端，写就了《茵尼斯菲岛》这首诗。

　　后来我编辑了几则卡尔顿系列故事——这些故事在当时颇受欢迎。如此一来我既可以赚钱，又可以借此机会研究爱尔兰的传统。后来我又编辑了一本爱尔兰童话故事书。卡尔顿系列故事让我赚了七个畿尼,而爱尔兰童话故事则为我带来了十二个畿尼的收入。在那段时间里,我把大英博物馆当成了工作的场所。我在口袋里揣上一份午餐,之后从贝德福德公园出发,步行到大英博物馆。如此一来我就不用跑到咖啡馆去,还能省下买咖啡的钱。我记得当时我的靴子裂开了,我把自己的袜子涂黑,好让旁人瞧不出来。不过当时我心中的苦修主义理想已经渐渐成形,对这类小事根本不以为意。我深信今后即使我有了钱,我也要少食肉,穿旧衣,安步当车。当时的我就像一个故意要品尝贫穷滋味的纨绔子弟。

肉欲经常困扰着我。我当时还年轻,而且我也并非天性贞洁之人。埃德温·艾里斯经常向我描绘风花雪月的生活,我也知道其他同龄人过的正是这种生活。可我深受浪漫主义诗人的影响,我所向往的是一种完美的理想化爱情。我以为自己或许会终身不婚,但我会终我一生爱恋一个女人。当时我认识一位名为凯瑟琳·蒂南的女子。她相貌平平,无甚可称道之处,不过我却给她写了许多信。有一次我无意中听到旁人议论说凯瑟琳是那种会为男人心碎的女人,我竟然疑心她爱上了我,甚至还开始考虑自己是否有义务和她成婚。有时凯瑟琳待在爱尔兰,而我则留在伦敦,这种时候我认为自己应该娶她为妻。不过当她来到伦敦,又或是我回到爱尔兰见到她,这时我又认为娶她为妻是绝无可能之事。话说回来,我们一直是很好的朋友,或许一直以来她也只是把我当成朋友看待。

与肉欲的抗争使我对性事这一话题心生恐惧。当艾里斯开始回忆他年轻时的风流往事,我便想方设法岔开话题。另外,艾里斯夫人也让我很不自在。她看到我一副弱不禁风的样子,便武断地认为这是由于我生活放荡所致。有一次,约克·鲍威尔给几个朋友看了几张法国著名艺术家画的《巴黎夜生活漫画》，当时我也在场。对此我感到很不自在，我离开桌旁，走到房间一角来回踱步。尽管如此，我对女性依然充满好奇，而我的心灵也无法摆脱肉欲造成的困扰。我是一个浪漫主义者，我脑子里充斥着神秘的女性形象。在我的想象之中，她们或是与罗塞蒂笔下的人物相仿，或是带着一丝踌躇犹疑的神色，犹如伯恩·琼斯的画中人，似乎正盼着在旅途的终点见到复仇的精灵。我深信自己生性懒惰，意志薄弱。我一直神经紧张，几近崩溃，而这种想法则进一步加剧了我的煎熬。父亲从早到晚忙着作画，日复一日，年复一年。我不敢奢望能像他那样长时间工作，不过我也试着努力。当时我计划每天要工作四五个小时。直到最近，我工作的时间才相对稳定，而我现在一天花在写作上的时间也不能超过两个小时，否则我就有可能精神崩溃。回想起来，我家族里的所有成员都或多或少地表现出某种神经衰弱的迹象。

七

我总是能感受到源自内心的无助，有时我甚至觉得自己很不可靠。如果我所同情之人对我的想法嗤之以鼻，我便不再坚持。我经常会觉得自己对某位不在场的朋友不忠，并为此反躬自责。我所表现出的怯懦几乎超出想象。有时这种怯懦简直不可理喻，现在回想起来，我依然无法弄清其根由，而这种回忆总会令我痛苦不堪。

有一次，一个研究十七世纪法国诗歌的学者邀我在周日与他共进早餐，地点选在伦敦的坦博尔，一起同去的还有这个学者的室友——一个年纪尚轻的牛津学子。吃过早餐之后，我明白自己应该告辞了，可我却无论如何也没法起身离开。学者和他的室友开始谈起了教会，他们似乎对这一话题也不甚热心——或许他们这是在委婉地暗示我该告辞了。我感觉万分不自在，可我就是没办法离开。还有一次我前去拜访一位女士。她是父亲的老朋友，当时她家里正好有其他的客人，看上去好像是某个委员会的成员。我明白我不应打扰她，可我还是留下了。我夸夸其谈，还用秘符进行了一些神秘主义实验。这次晚间聚会结束之后，我走在回家的路上，心里感觉无比难受。在那之后，我再也不敢去拜访那位女士了。

后来又发生了一件事。每每回想起这件事，我的一颗心都沉浸在痛苦之中。而变幻莫测的良知一直不肯放过我，让我饱受煎熬。现在我将此事诉诸笔端，希望能彻底放下这段痛苦的回忆。我发现即使我们并未清楚地意识到是什么给我们带来痛苦，那些令人痛苦的念头就已经开始起作用了。这些念头对我们的影响如同日月，即便它们仍躲在地平线以下，人们也能感受到它们的存在。有一次我介绍一位朋友加入我所参与的秘术团体。他是我在艺术学校里认识的朋友，他被接纳为新学徒之后，有人说加入这个团体要交几英镑的入会费。我的朋友说："好吧，既然我接受了这种信仰，那么为了这种信仰付费也是理所应当的。"说完他就把钱放在桌子上。我知道他没什么钱，而经济状况不好的会员是无须缴纳入会费的。可我当时什么都没说，我感觉自己仿佛身处梦魇之中，想动却不能动。提出这一要求的那位女士与我相熟，我知道只要我开口，他们定会把入会费退回给他的。可我还是缄口不言。夜里，这段回忆不断地在我脑海里重现，随之而来的自责也越来越尖锐苦涩。我知道我的朋友打算到巴黎去学习艺术，我不停地想象他在巴黎艰苦度日，为了这两英镑而节衣缩食。我想寄钱给他,可我从未凑齐两英镑。最近我听说他已经不在人世了。

八

我开始和频繁光顾大英博物馆的人结交,而马克格雷格·马萨斯有时也会和我聚一聚。马克格雷格五官分明,引人注目,总喜欢穿一件褐色丝绒外套。早在我与他相识之前我就认为这个人很有意思。见面的地点是威顿饭店——这间饭店现在早已不复存在了。我躲在昏暗的吸烟室里喝咖啡,而马克格雷格则跑来和我碰头。经常和我们碰头的还有一个年轻的社会主义分子,他是莫里斯的秘书,当时已经和梅·莫里斯订婚了。我还记得他说:"莫里斯说我的未婚妻长得很漂亮。"此外还有欧内斯特·里斯,他和蔼可亲,意志薄弱,喜欢做白日梦。他说:"我放弃了采矿工程师的生涯,开始写作。可是我来到伦敦已经十年了,我还没开始动笔写我的第一本书呢!"里欧内尔·约翰逊的家离大英博物馆不远,可我认为他从来都没走进过博物馆的藏书室。他住在菲兹罗伊路上,拥有一间巨大的私人藏书室。那间藏书室是长条形的,天花板很低,里面的藏书应有尽有。他有一笔私人财产,而他的藏书也不断增加。他说:"一个人在四十岁以前应该读完世上所有好书,在那之后只要再读个六七本就行了。"里欧内尔非常博学,我们经常议论他到底掌握了多少门语言。书籍造就了里欧内尔的世界,他对此也心满意足。

我记得,当初一个朋友——或许就是欧内斯特·里斯——建议我上门拜访里欧内尔·约翰逊。其时,里欧内尔和几个人同住。

其中一个是霍恩①,后来他成了波提切利②研究方面的权威;另一个是赛尔维·伊美奇,后来他成为了斯莱德艺术学校的一名教授;此外还有一个名为麦克马都的建筑师。这间房里的仆人也供他们四人调遣。我第一次登门拜访是在下午五点,给我开门的是一个男仆。我问他:"请问约翰逊先生在家吗?""在家,先生。""我能见见他吗?"我问。"他尚未起床,先生,"仆人回答。"哦?难道他生病了吗?"我问道。"不是的,先生。约翰逊先生会在晚上七点时起来吃晚餐的。"仆人说这话时似乎有点动情,仿佛这了不起的"壮举"让他钦佩不已。

约翰逊这种奇特的作息习惯源于他的失眠症,不过后来他却是有意为之。他白天睡觉,并借此摆脱让人分心的事物。例如,他用不着和女士们敷衍聊天,也不会因看到公园里的绿树而分神。当大家都上床就寝时,约翰逊便开始工作。在晚上七点到十一二点期间,他偶尔也会见见我们。我一直觉得这样的会面很不公平。想想看,我们经过了一天的劳碌已经疲惫不堪,而约翰逊却如共同刚起床的人一样精力充沛。

在此之后的几年里约翰逊成为我最亲密的朋友。他心灵的优雅之处吸引了我,而他的身材小巧优美,与他的心灵正好相配。他相貌平平,不过其体貌特征与希腊雕像颇有几分相似之处。他是裴特尔的门徒,也是我所见到的第一个。他曾引用过裴特尔的妙语:"生命不过是一场仪式,我们应尊重其中的辉煌神圣之处。"这句话对我而言意味深长。他对我的奇思妙想不以为意,认为这些念头已经被人们讨论了几个世纪之久。不过他倒是理解引发这些想法的惶恐和不安。约翰逊认为所有需要了解的知识已经被记录在书本之中。他对我说:"我应该跑到荒野里去待上十年。

---

① 赫伯特·珀西·霍恩(1865—1916),建筑家。——原注
② 桑德洛·波提切利(1445?—1510):文艺复兴时期佛罗伦萨画派画家。

而你呢，你应该在图书馆里待上十年。"有一次，我低落的情绪引起了他的误解，他引用了一个天主教圣徒的话："即使是对最高尚的灵魂，上帝也别无所求。上帝要求的只是你们的专注！"可我知道，他甚至还不是一个天主教徒呢！当时我并没有拿他所谓的"信仰问题"当真，不过我已经不知不觉地为他的思想所吸引。或许，他的所谓"信仰"不过是一种文字游戏而已。其时我已经成立了"诗人俱乐部"。俱乐部的成员大多是诗人，我们每周或每半个月碰一次头，聚会的地点就选在切尔西乳酪店楼上的一间房间里。在一次聚会上，某个人说道："我听说约翰逊是一个'新天主教徒'。"我问他这是什么意思，他回答说："他把圣母玛利亚当成自己的母亲，不过对他而言上帝并不存在。"

通过这类聚会我认识了一些同龄人，亚瑟·塞姆斯[①]便是其中之一。之前约翰逊一直是我的好友，但是后来医生建议他通过饮酒来治疗失眠症，他也因此成为一个离群索居的醉汉。而我与亚瑟·塞姆斯的友谊却日渐加深。最初我并不想与亚瑟结交，不过这只是源于一个误解。我认为《享乐者马里厄斯》是我们这个时代唯一的经典，我曾和亚瑟谈起《享乐者马里厄斯》一书中的一章——《纤弱的灵魂》，而他只是泛泛地谈了自己的印象，并没有从文学角度进行深入探讨。我据此得出一个流于表面的推论：此人不可深交。亚瑟对事物的印象十分生动，我觉得如果他从这些印象中攫取灵感，说不定他所写的诗歌会更为生动。可是他却把大量时光花在音乐厅中，还经历了许多风流韵事。约翰逊对男女之事深恶痛绝，对亚瑟四处留情的个性不以为然。而我的看法却与约翰逊有所不同。我虽然过着一种清苦自制的生活，但我知道最伟大的文学作品来源于激情。我追寻激情——尤其是宗教激

---

① 亚瑟·塞姆斯（1865—1945）：英国诗人、杂志编辑。

情，我认为那是生命中最伟大的东西。我暗自期盼某种神秘的际遇能激发我的激情。亚瑟希望自己能度过艺术的一生，他终其一生打造一件完美无瑕的艺术品，而我则见证了这件艺术品如何出炉，如何发光。后来亚瑟放弃了自己原先的想法，深深坠入爱河，寻章摘句，搜肠刮肚，试图表达自己心中的激情。此时我和他才真正成为知己好友。

约翰逊只读经典作品，而亚瑟则不然。我关于欧洲大陆文学方面的知识皆源自亚瑟。他拥有女性的同情和聪慧，是我所见过的最擅长倾听的人。不过其时亚瑟尚未步入我的生活，要等到我年岁渐长后他才成为我的好友。

当时还有几个人参加我们的聚会：约翰·戴维森比我们所有人年纪都大，他戴着一顶假发，想要借此掩盖自己的年龄；欧内斯特·道尔森和我并不熟络，不过倒是和约翰逊与塞姆斯相熟；埃德温·艾里斯也经常来我们的俱乐部。当时我们的俱乐部有十二个固定成员，此外我们所敬佩的一些人物偶尔光临，一些尚能为我们忍受的人也不时露露面。当时我和王尔德已经很熟络了，他曾来过一次，而霍恩则是我们俱乐部的常客。在俱乐部的聚会上，我们朗读自己所写的诗，相互进行点评。这种聚会总是死气沉沉的。亚瑟·塞姆斯曾见识过巴黎的生活，也接触过一些谈锋甚健的人，我们沉闷的聚会自然不对他的脾胃。后来他也不再参加我们的聚会了。与此同时，一种思想上的疑虑开始蔓延——或许这也体现了我自己对抽象之物的恐惧。这种情绪逐渐演变成为对所有待定理论的怀疑，而那些脱口而出的言论尽管为我们的俱乐部带来几分生气，却也引起了大家的质疑。只有当几个爱尔兰人成员——我、希利尔和罗列斯顿[①]——引导谈话时才能稍稍改变

[①] 托马斯·威廉·罗列斯顿（1857—1920）研究希腊文学、德国文学和爱尔兰文学的学者。——原注

这沉闷的气氛，注入些许活力。不过约翰逊经常对此缄口不言，一脸不以为然的神色，让我们感觉自己见识浅陋。在一次尤为沉闷的晚间聚会结束之后，我听到约翰逊说："不错，今天晚上的确很沉闷，不过倒是很有意思。"聚会结束之后，我回到家，上床就寝。而此时另一种更为活泼有趣的生活则拉开了序幕。有一天我听说欧内斯特·道尔森和亚瑟·塞姆斯被车夫们从出租马车停放处赶了出来，理由是道尔森看上去"实在是太不体面了"。

九

当时我主要为 W. E. 汉尔里①工作。汉尔里的家位于贝德福德公园附近，他手下一小群人经常到他家去聚会，而我后来也成为了其中一员。他接待访客的时间是每周一次或每半个月一次，来访的客人们后来大多成了他的员工——成为了《苏格兰观察家》和《国民观察家》编辑部的工作人员。这些人被人们称为"汉尔里手下的小伙子"。刚开始时汉尔里让我心惊胆战，而我的同侪们对他的印象也是大同小异。时至今日，如果我碰到某个"汉尔里手下的小伙子"，我们肯定能马上认出对方。尽管岁月的痕迹已经在我们身上显露，可当年把我们联成一体的纽带依然清晰可见。我们仿佛在心照不宣地守护着一个秘密：我们曾与一个拥有强大力量的人共事，其力量之强大简直难以言表，我们见识过他的威力，而其他人却无从知晓。

我对汉尔里的诗歌评价并不高。我只喜欢他早期的一些作

---

① W. E. 汉尔里：即下卷第三章中提到的汉尔里。

品。这些诗作轻松欢快，颇有维庸①之风，我认为这些诗歌的魅力在于生动地描绘出世人的形象。在我看来，汉尔里的散文行文过于烦冗，所表达的情绪过于激烈。不过当时所有人都已做好准备，让汉尔里用真挚的目光来审视我们和我们的所作所为。我对汉尔里的观点并不认同，不过当我听说他曾和某个人说起"我真说不准叶芝到底是在上升还是堕落"，我也对自己产生了怀疑。他坚信自己的鉴别力，尽管他希望别人能变得更好，但他绝不会因此而说些好听的话。我并不认同汉尔里对他人的诸多评判，不过他对此并不以为意。他觉得除了《神圣的丹茉泽尔》之外，罗塞蒂的画作一无是处；他绝口不提裴尔特——或许他当真不喜欢这个作者；他对印象派画作赞不绝口，可那些画对我而言毫无意义。我知道汉尔里也是一个浪漫主义者，可我认为他和我并不是同一类人。汉尔里是"雄辩派"的创始人，这一流派主要流行于帝制拥护派的报刊。他因梅毒而致残，这种病痛一直困扰着他。他并非天生能驾驭文字之人。或许，他是通过我们来表达自己的思想，他爱我们如同他爱他自己。

汉尔里曾对吉卜林早期的诗作进行大肆修改，对我的作品自然也不会手下留情。他的修改从未能让我心服口服，不过我也知道他定能从我的作品中发现不足之处。他的政治观点虽然激进，但其中却包含着一种与生俱来的宽容大度。关于爱尔兰的未来，我有自己的想法。尽管汉尔里对我的设想全盘否定，我也不会因此而感觉自己受到了羞辱。当时，"自治不适用于爱尔兰"一说简直成了陈词滥调。而我记得他曾说过："我并不认为自治不适用于爱尔兰，我认为自治适用于任何国家。"但接着他又说："但是我们还要为大英帝国着想。这是一项伟大的事业，我们一定要说服

---

① 弗朗索瓦·维庸（François Villon, 1431—1474），法国中世纪的抒情诗人。

年轻人们将这项事业进行下去。"

汉尔里所表现出的姿态让人感到欣慰。其时,海德正在发掘搜集爱尔兰的民谣和民间传说。我对此颇为赞赏,而汉尔里也有同感。此时汉尔里准备为帕奈尔①著书立说。汉尔里说:"帕奈尔已经出道十八年了,可我们对他的品性却毫无了解,只知道他为人孤傲。"如果我没有记错的话,汉尔里还说帕奈尔对大英帝国的仇恨是"高尚的恨意"。他想到爱尔兰碰碰运气,希望能在那儿创办一份报纸。毫无疑问,我被他身上的特质所吸引:他总是摆出高高在上的姿态,对普罗大众表示厌憎;他认为当时风行的逻辑现实主义不过是一种僵死固化的诡辩术,并对此嗤之以鼻。他的报刊发表过不少言辞激烈的社论和评论文章。在感性而无知的作者和逢迎公众趣味的人看来,这类文章无异于一颗重磅炸弹,引起了他们的恐慌。我并没有参与这些文章的写作。在我二十出头的时候,我受清教徒思想影响颇深,不愿匿名发表文章。不过我为汉尔里的报刊写过不少与爱尔兰有关的诗歌和散文。在此期间,我发觉在写作时必须摒弃所有成见,后来这也成了我写作的第一原则。在我的作品《梦游仙境之人》出版后,我无意中听到汉尔里对某个人说:"我手下的小伙子写了一本很不错的书,你看过了吗?"

在汉尔里的家中,我第一次见到了 R. A. M. 史蒂文森。他是小说家史蒂文森②的表亲,总喜欢和王尔德针锋相对。史蒂文森并无半分哲人的智慧,不过他倒是有一种颇为奇异的机智。但是在谈话过程中,这种颇有几分欢乐色彩的机智却被他的嗓音冲淡

---

① 查尔斯·斯图尔特·帕奈尔(1846—1891),爱尔兰民族主义政治家,爱尔兰自治党领袖,爱尔兰的"无冕之王"。——原注

② 罗伯特·路易斯·史蒂文森(1850—1894),19世纪英国小说家,其作品包括《金银岛》和《化身博士》。

了。他并非自大之人,王尔德让人敬而远之,而他却让人觉得亲切。当他开口说话时,旁听者总是希望他能不停地讲下去,可他却不会给人一种独自把持谈话的印象。汉尔里总是满足于一言不发。他似乎有一种不可言说的天赋,能让周围的人不停工作。当他们把精华奉献出来之后,他又能以沉默为武器,使这些精疲力竭之人自惭形秽,主动退避三舍。我初次见到王尔德也是在汉尔里家的聚会上。我记得后来王尔德对我说:"我总要绷紧自己的神经才能和汉尔里抗衡。"实际上,王尔德妙语连珠,舌绽莲花,而汉尔里什么都没说,只是侧耳聆听。后来我和别人谈起汉尔里时总会说:"汉尔里就像一个伟大的演员,却分配到一个糟糕的角色。即便如此他也能吸引众人的目光。想想看,只要萨尔维尼[1]站在舞台上,哪怕他念的是蹩脚文人写的台词,观众们也只会盯着他而不会看其他的演员。"有时我谈论汉尔里时会提起雨果笔下的拿破仑。在雨果的作品中,拿破仑在滑铁卢战败被俘之后曾在梦中重回战场。我发现汉尔里有时也如身在梦中。在我看来,梦游者的特质正是汉尔里身为伟人的一大明证。

✚

我二十三岁的时候遇到了困扰我一生的纠葛。约翰·奥利里的姐姐——爱伦·奥利里曾在信中多次提到一个美丽的女孩[2],据说她为了爱尔兰民族主义事业而退出了总督府的社交圈。多年后,当我回想起最初听到她名字的那一刻,我深信自己感觉到一

---

[1] 托马索·萨尔维尼(1829—1915),意大利演员。
[2] 茉德·冈恩(1866—1953):演员、革命家、女权主义者。

股莫名的悸动,仿佛预示着即将发生的一切。当时我们住在贝德福德公园,她驱车上门拜访父亲,还带来了奥利里写的一封推荐信。在见到她之前,我从未想过能在活生生的女人身上看到如此非凡的美。我原本以为这种美只存在于名画和诗歌中,只存在于古老的传说中。她的肤色如同苹果花般粉嫩,脸庞和身材的曲线非常优美。威廉·布莱克曾说过:"这类体型和面容的轮廓在年岁渐长的过程中极少改变,因而可被视为美的最高形态。"她的一举一动与其体态正好相配,她身材高挑,形同女神。我终于明白古人为何写下这样的诗句:"她走路的姿态宛若仙子"。反观我们这些现代人,当我们爱上某个女子时,我们只会片面地描绘她的面容和身材。

她初到我家时究竟谈论了什么?我已经记不清了,我只记得她大肆赞扬战争,让父亲颇为恼火。她也支持浪漫主义运动,她认为尽管维多利亚时期看似不容置疑的理论为我们展示了美好的前景,但是这种未来却带有一抹晦暗的色彩。当我回首往事,我觉得那段时间里我看待事物经常流于表面,而她的出现却如同命运敲响了一声振聋发聩的锣音,为我的生活添上一抹不一样的色彩。她的到来仿佛一阵伴随着悦耳和音的喧嚣,把我的生活弄得天翻地覆。

当时她的住所位于伊伯利街,她邀请我在当天晚上与她共进晚餐。她在伦敦逗留了九天,我几乎天天都陪她吃饭。她意气风发,精力充沛,仿佛有大把时间可以挥霍。奥利里曾和她提起过我,还夸赞了我一番,因而她也对我毫无保留地敞开心扉。她的住所里摆满了鸟笼,无数只笼中鸟环绕在她四周鼓喉而歌。她在旅行中总要带上这些鸟儿,即使是短途旅行也不例外。现在这些鸟儿已经和她一道回到巴黎的家中了。

她和我谈起了她的心愿——她希望能在都柏林登台演出。有人建议她出演托德汉特①的《特洛阿斯的海伦娜》，可是托德汉特并没有首肯。我告诉她我在编撰《爱尔兰农民的神话故事和民间传说》一书过程中发现了一个故事，并提出要以这个故事为基础，专门为她创作一部名为《凯丝琳女伯爵》的戏剧。当时我还对她说我希望能成为"爱尔兰的维克多·雨果"。现在回想起来，我也说不清当时我的这句话到底是不是真心话。一卷翻译得很糟糕的雨果诗集曾伴我度过校园岁月，不过现在我的心境已有所改变，我开始竭力使自我变得更加质朴单纯。或许，我之所以这么说是因为我发现她的桌上放着一本斯温伯恩的长诗《里奥尼斯的特里斯特拉姆》和《沉思录》。此外，我觉得她的美丽与私密的个人生活水火不容，我觉得自己必须拥有某种可以在公众面前展示的才华才配得上她。

她和我一样，在政治观念上都受到戴维斯的影响，而与奥利里的交往则为她增添了几分硬骨头的英雄主义。有一次她谈起了威廉·奥布莱恩②——据说他在狱中不愿换上囚衣，并为此进行了不屈不挠的长期斗争。我记得茉德说："以前人们为自己的国家献出生命，而现在他们却要为国家牺牲自己的尊严。"她在谈论这种与人性相关的永恒话题时总是带有几分情绪，这情绪中杂糅着一种难登大雅的诡辩，甚至还有几分厚颜无耻。她谈起自己对权力的渴求。显而易见，她想获得的只是权力本身。后来当我和她谈论政治时，她一般只谈论某种策略的实际效果，诸如能否赢得某次选举这类话题。茉德当时已经二十二岁了，我认为在她的过往经历中，她遇见了太多的布朗热③投机分子和新闻界的暴发户，而

---

① 约翰·托德汉特（1839—1916），诗人，戏剧家。——原注
② 威廉·奥布莱恩（1852—1928），记者、民族主义者，爱尔兰民族主义报刊《联合爱尔兰报》的创始人。——原注
③ 乔治·欧内斯特·让-玛丽·布朗热（1837—1891）：法国将军，曾在1887至1889年间制造了"布朗热事件"，掀起了法国民族沙文主义运动。

这些人也对她产生了影响。在此之前，她曾为这群人出使俄国，进行了一次以政治为目的的旅行。

我突然想起《享乐者马里厄斯》中的一章——《纤弱的灵魂》。我记得一个年轻的婆罗门教徒来到都柏林的时候，我曾恭敬地侧耳聆听他朗诵这一段。我想起了其中的一句："目标是否正确取决于实现目标所采取的手段。"可是对茉德来说，她认为自己的目标不含一点私欲，但她却认为为了实现目标可以不择手段。我们所追求的是不同的东西：她希望能通过某种值得铭记的行动来使自己的青春得到升华，而我只想发掘某种生存状态并将其告知世人。在政治方面，对她而言，只要能满怀激情地生活和思考，一切于愿已足。或许她希望能成为奥利里那样的人物，最终她的头像被印在钱币上，让人们永远铭记。

我经常和她谈起我的精神哲学。于我而言，这一切何其重要！茉德对当时的重大社会问题进行思考，我多么希望她的见解是正确的呀！现在回想起来，当时的许多记忆都变得模糊不清了。在我脑海中，只有一个场景是清晰的：她穿着一袭白裙，走过窗边，修整插在花瓶里的花枝。十二年后，我在一首诗中描绘了当时的印象："飞蛾开始飞舞，/花朵变得苍白。/她摘下那黯淡的花朵，/放入自己的怀中。"

面对茉德，我能感受到她那大度的宽容和勇气，也能感受到她那颗无法平静的心灵。当她带着她的笼中鸟离开之后，我沉浸在深深的忧郁之中。不过我以为那并不是单纯的相思之苦。我一直以为自己拥有明察秋毫的能力，可我能做的不过是在灾难即将降临之时做出一些肤浅的推断。当时我正在为一个美国出版商编撰一本爱尔兰小说家的作品集。在这些小说中，主人公总要经历各种艰难困苦，让我时时体会到大难临头的恐惧。这些作者受到维多利亚早期文学作品的影响，他们笔下的主人公通常是个既无父母又无监护人的孤儿,面对着一个尔虞我诈的世界。这些作品中的主人公都是不可救药的浪漫主义者,只不过其表现方式略有不同罢了。我知道自己已经坠入爱河,可是这种感觉却无法言说,而我也不打算向任何人倾吐心声。随着时间的流逝,我渐渐恢复了对自我的掌控。我心想:"这有什么意思呢?她会成为什么样的妻子?在一个学者的人生中,她又能扮演何种角色?"

十一

在返回斯莱戈的途中,我在都柏林稍作停留。最初,我的老朋友和老熟人们看到茉德屈尊纡贵地与他们结交都感到受宠若惊,不过后来他们却开始批评她,攻击她。约翰·奥利里对她也颇为恼火。其时,威廉·奥布莱恩和约翰·狄龙[①]正在掀起一场运动。在爱尔兰南部的蒂珀雷里,当地居民和拥有土地所有权的地主发生了纷争,而奥布莱恩和狄龙则成功地说服他们到附近某处建立了一座新城。可后来他们发现自己依然没能逃出地主们的掌心。原先契约中某条早被人遗忘的条款赋予了纷争的另一方——地主们一些特定的权力,而那片新城的土地依然为这群地主们所有。奥利里在蒂珀雷里也有一些产业。如果这还不足以使他憎恨这场运动,领头的两个政客也足以成为他反对的理由——他对奥布莱恩和狄龙可谓是深恶痛绝。奥利里经常对此做出评论,其大意为"他们想动摇英格兰人的信念,想趁英格兰尚未发觉之时,通过一项地区自治法案。他们这是拿民众的性命来赌一把。"茉

[①] 约翰·狄龙(1851—1927),爱尔兰政治家。

德·冈恩去参加了新城开城仪式,对此奥利里说:"她绝不是我的门徒,她去那儿只是为了炫耀她的新帽子。"又有传言说茉德去参加帕奈尔委员会时把自己扮成一个易动感情的英格兰人,对爱尔兰表示同情。她穿着一袭绿色的长裙,长裙上印满了三叶草①图案。还有一个反对爱尔兰独立的统一主义者说她穿着薄纱衣裙去猎水獭,不一会儿便弄得自己满身泥污——这一则难以置信的传言着实令我怒不可遏。

我在都柏林有几位朋友,其中包括一位名为莎拉·珀泽的女画家。让人难以想象的是如此聪慧的一个女人居然是如此蹩脚的画家。据说她出身名门,她的祖辈中产生了不少声名显赫的大人物:其中有几位伟大的学者,可他们从未出版过任何著作;还有几位据说是心地澄明、颇有建树的科学家,可他们从未有过任何新发现。当莎拉·珀泽动感情时,她会表现出和蔼体贴的一面。尽管她从那些家学渊源的祖先那儿只继承了一星半点的智慧,可她却用残忍来为这点智慧安上一双翅膀。她曾给茉德·冈恩画过肖像,画中茉德的形象恰好体现了大众对她的印象。当时玛利亚·巴斯科特塞夫所写的一本日记在格拉德斯通的吹捧下风靡一时。这本书中充斥着一个女子的狂妄自大和多愁善感,既谈不上灵感和才情,读起来也没有什么趣味。书的扉页上绘着一帧插图,而珀泽小姐给茉德画的肖像无论从人物表情还是姿态上看都是对这幅插图不自觉的模仿。有一次她碰到我时对我说:"听说现在茉德·冈恩在法国南部,她活不了多久了。我看我为她画的肖像最后只得拿去拍卖了。"之后她又说起自己曾在巴黎和茉德·冈恩一起吃饭,当时还有一位个子很高的法国绅士在场——我疑心她是专门说给我听的。她还说在场的还有一位医生,那医生对她

---

① 三叶草:也被称为白花酢浆草,是爱尔兰的国花。

说茉德和那位绅士都活不过半年。

当我回到斯莱戈后,我发现自己置身于反对独立的统一主义者之中。我记起一个年轻的地主,他颇为沉闷,不过心地还不算太坏。他告诉我他曾躲在一间旅店的房间里,透过窗口朝外张望。他看到窗外正在举行一场政治集会,号召他的佃农奋起反抗。人群中有人高声大喊:"杀死地主!"听到这话一个美丽的女孩站在演讲台上高兴地鼓掌——他认为鼓掌的女子就是茉德·冈恩。我的舅舅乔治·波莱克斯芬不想说我朋友的坏话,不过他吞吞吐吐地向我暗示他曾听到一些关于茉德极为不雅的传闻。乔治舅舅说:"我曾见过她一次……"他说当时他在都柏林,之后又解释了一番他前往都柏林所为何事。接着他颇为唐突地说:"我看到她在格雷西姆酒店的大堂里和威廉·雷德蒙德[①]聊天——为了出名她什么干不出来?哪怕是臭名昭著她也乐意。"在乔治舅舅看来,所有混进国会的爱尔兰民族主义者都是不可结交之人,怎么会有人愿意和他们交谈呢?

这些关于茉德的传闻让我怒不可遏,为此我不时默默吟诵布莱克的诗歌《玛丽》:"除了你,/她从未在世人脸上见过如此神圣的面容。/她所见到的只是妒忌,/而你的面容流露出绝望的甜美与爱意,/流露出温柔的哀伤和体贴。/爬上你脸庞的敬畏和恐惧啊!/只有当你长眠之时,它们才会消散。"

我听说她在病中依然忙个不停。她和民族同盟会的成员们一起工作,其中民族同盟会的秘书蒂姆·哈灵顿与她过从甚密。而她的影响力也随之逐渐增长。

[①] 威廉·雷德蒙德(1861—1917):爱尔兰民族主义政治家。

十二

几个月后我再次回到爱尔兰,我听说当时茉德正在都柏林。她在纳苏街上的一间小旅店落脚,她的房间俯瞰着学院公园——当然,这间小旅店现在已经不复存在了。我前去登门拜访。她身材很高,当她走进门时,我感觉整个房门都被她填满了。一股感情的激流席卷而来,与之一同而来的还有一丝怜悯。她憔悴瘦削,病骨支离,原本的美貌已经荡然无存,一举一动毫无生气。我们的谈话渐渐变得亲密而随意,她在言谈中暗示着某种不幸,某种幻灭。之前她交谈时语气生硬,颇为强势,可现在她却显得柔弱温和,仿佛在谈论一些无关痛痒的话题。我再次坠入爱河,不再抗拒心底的爱意。我不再考虑她作为妻子会是什么样的人,我所想的只是她需要保护,需要安宁和平静。

和她会面之后的第二天,我离开都柏林,前往由奥兰治分子把持的阿尔斯特。以前我在都柏林学校的老同学——查尔斯·约翰斯顿是个才华横溢的家伙,他和他的哥哥与我同行。我们在爱尔兰北部呆了七至十天,此间的主要活动是制作热气球。我们用薄纸制成热气球,把它们放飞到空中,追逐着气球跑过乡间。我们制作热气球的技艺不断提高,热气球飞行的距离也越来越远。由此看来,我当时并未完全成为爱的奴隶。

不久之后,一封茉德的来信送到我手中,信中叙述了一个关于前世的梦境,透出淡淡的哀伤。她说在梦中我和她是一对卖身为奴的兄妹,在漫无边际的沙海中跋涉。当晚我马上返回都柏林。在和她会面之后,我立即向她求婚。现在回想起来,整件事实在是不可思议。我记得我走进门，一心只想着求婚一事。在求婚的过程中，我并没有正眼看她，也没有留心她的美貌。我坐在那儿，握着她的手，激动地说个不停。她并没有抽回她的手，只是任由我握着。我把要说的话说完，静静地坐着，一言不发。我突然发现她是如此之美，离我又是如此之近。过了一会儿，茉德抽出她的手，而我心中的自信如潮水般退却。她拒绝了我的求婚，她说她有自己的隐衷，决定终身不婚。不过她说她希望能和我继续做朋友——这本是应付此类场合的套话，不过当时我却觉得她说这话的语气腔调自有其与众不同之处。后来我和茉德去到霍斯。我们沿着羊肠小径，爬上山崖，在贝里灯塔附近的一间小茅舍吃了一顿饭。茉德的老保姆就住在那儿。我无意中听到老保姆问她是不是订婚了。这一天下来我发现自己已经花了十个先令——对我而言这算是一笔巨款了。

我每天都和茉德见面，我给她念尚未完成的《凯丝琳女伯爵》。当我念到"在失去希望之时，在放弃欢乐之时，在停止抗争之时，另一种欢乐油然而生"这一段，我发现茉德似乎有所触动。我觉得责任的重担使她难负重荷。我和她讲起了一个故事，故事中的女子为了给穷苦人买面包而出卖了自己的灵魂。自从上次我和她在伦敦会面之后，这个故事于我而言增添了一种新的寓意。我认为故事中的女子是一个象征，她所代表的是那些为了政治目的而抛弃了宁静、优雅以及心灵之美的人。不过在我看来，茉德的心灵最为躁动不安，无法得到片刻安宁。

此时茉德并没有参与任何政治工作，也没有相关的计划。我们经常见面。可后来茉德突然被召回巴黎，她悄悄地告诉我她加入了一个秘密政治社团，这是他们第一次明确对她下达指令。尽管她早已看出这个团体的成员不过是一些为自己牟利的投机者，她还是无法拒绝他们的要求。

茉德离开之后，我继续留在爱尔兰。我回到斯莱戈，住在乔治·波莱克斯芬舅舅的家中。在这段时间里，我完成了《凯丝琳女伯爵》的写作。于我而言，这部作品已经成了一曲悲歌，其中蕴含着我心底的怜惜之情。不久之后我收到了茉德的来信——一封字字啼血的信。茉德说三年前她曾收养了一个名叫乔吉蒂的孩子，现在这孩子已经离开了这个世界。她的信写得极不连贯，前言不搭后语。在她哀伤的叙述中，她还提到某天她看到一只鸟儿轻啄育儿室的窗户，之后孩子病重，她便忙着请医生来给孩子看病。在她看来，那只鸟儿就是预示死亡的死神使者。

十三

茉德乘船返回爱尔兰，帕奈尔的灵柩恰好也在那条船上。她在某天早上六点之后到达金斯敦，我到码头去接她，并把她送到饭店去。之后我们一起共进早餐。她穿着浓黑色的孝服，显得颇为夸张。旁人都以为她是为了纪念帕奈尔故意穿成这个样子，都觉得她很做作。我们谈起了那个死去的孩子。茉德说她为那孩子建了一间灵堂，花了一些钱。不过对她而言，金钱又算得上什么？后来我从别人那儿得知她曾对孩子的尸体进行了防腐处理。接下来的几天里，她反复谈论孩子死亡的细节，或许言语已经成了她倾泻苦痛的途径。显而易见，她自己也病得不轻。之前她的法语说得和英语一样好，可是在悲伤席卷而来的头几天里，她竟然连法语都不会说了。为了能好好地睡上一觉，她养成了服用麻醉剂的习惯。后来她费了好大力气才摆脱这一恶习。那段时间我们不停地见面，我的精神哲学对她来说显然是巨大的慰藉。我们经常谈论死亡的境界。谈论这类话题时，她心里想的自然是那个死去孩子的灵魂。

一天晚上我们碰到了一个老朋友。他是我在克尔达尔街艺术学校的老同学，名叫乔治·鲁塞尔①，他已经放弃了对艺术的追求，现在在一家绸布店当会计。他当初曾说过："我的意志力原本不够强大，而艺术这类感情上的追求会进一步削弱我的意志。"鲁塞尔曾多次看到幻象，其中一些幻象后来得到了证实。他所见到的启示大多非同寻常，让人印象深刻，不过他本人所信奉的却是通神论。当鲁塞尔谈起转世重生时，茉德问他："一个死去的孩子要花多久才能重新降生在这个世上？又会降生于何处？"鲁塞尔回答说："这个孩子极有可能再次降生到同一个家庭中。"看得出茉德对此深有触动。我生性喜欢质疑，可我在茉德面前总是压抑自己的本性。现在这段回忆还是会让我良心不安。或许，当时我应该就此说几句话。我可以说："关于灵魂转世的理论不过是一种假说。或许对于整个世界而言，这种理论还有其合理之处。除此之外，那就不好说了。"可当时我什么都没说。

我已经下定决心，不能在茉德面前流露出怀疑主义思想。茉德和我谈起她在童年时代见到的一个幽灵。那个幽灵的形态是一个穿着灰色衣裙的女人，用灰色面纱蒙住自己的半张脸。或许一个身处爱河之中的人无法保持理智，或许那只是某种突如其来的直觉，让我觉得自己有能力揭开幽灵的面纱。我决定运用自己的意志力让它现形。我认为这个灰衣女人是一个恶灵，它无形中困扰着茉德的人生，吸干了茉德的柔情，点燃了茉德对权力和刺激的渴望。如果我能让它显形，或许我能引诱它开口说话，或许它会改用言语来诱惑茉德，而茉德也可以使用自己的理智作为武器

---

① 详见上卷第二十二章。

与之对抗，最终摆脱它的影响。我认为这个恶灵是第五元素以及一些次要元素的产物，于是我依照在秘术团体中学到的方法，制作了一个秘符。顷刻之间它便现形了。我几乎什么都没看清，只是在头脑中浮现一些模模糊糊的印象。可对茉德而言，这个幽灵是如此真实。它讲述了自己的故事。茉德之前做过一个梦，梦到自己在沙漠中跋涉，而幽灵所说的故事仿佛是这个梦境的后续。它说它是茉德的前世——前世的她正在寻找今生的她，想要与之会合。在它的故事中，茉德前世是一个埃及神庙的女祭司，她爱上了一个大祭司。这个大祭司控制着她，让她做出虚假的预言并借此敛财。此事导致她的灵与肉发生分离，其中一片灵魂的碎片成为了半死不生的幽魂。这个故事让我想起了布莱克笔下身处不朽之国的雷哈布，我认为这不过是某种象征或巧合，是某种心理或精神活动的映射。我曾是通神学会秘术小组的成员，也曾听过类似的东西。我曾听说过前世灵魂的残片会成为不死不生之物，不断烦扰今生，它想要与今生的灵魂同归一处，可是却屡遭拒绝。或许，这也与人的心灵和意识有关。我们自身的意识活动究竟如何？那些与我们偶有接触的人，他们的意识活动又是什么样的？现在我对这类问题有了更深刻的了解，也掌握了一定的事实。可当时我只知道那是一些晦暗无形之物，仿佛躲在暗处窃笑。

茉德越来越需要我了。在我看来，这种需要最终会转化为爱情，而我也切身感受到这一变化。我开始带着一丝冷酷来审视她，仿佛一个猎人看着美丽的猎物即将落入网中。我和她一起去到伦敦，一同加入"炼金术士学徒"组织。我开始为我们今后的人生做计划，我决定和她一起，把余生投入到秘术研究之中。我和茉德谈起了尼古拉斯·弗拉梅尔①和他的妻子帕涅拉。"炼金术士学徒"这个地下秘术团体所寻求的是最为深奥玄妙的心灵。对于我和其他成员而言,最高层次的美蕴含于符号之中,潜匿于玄秘之中。

在伦敦逗留期间,茉德住在她姐妹家中。一天晚上我夸赞了她几句,我发现她脸都红了。不久之后她又返回巴黎。一天我在街上碰到了茉德的一个表亲,这个与茉德年纪相仿的女子问我为什么不和茉德一起前往巴黎。可我当时实在没有这样的财力。我在爱尔兰把我赚到的钱都花光了。我本应多赚些钱,可我却把大半时间花在给茉德写信上。我以为只要我把自己的想法、期望和雄心壮志告诉她,她便不会离我而去。

我知道茉德总有一天会重新振作起来。一旦她恢复了精力,就必须给她找点事做。去参加地下秘术组织或许无法将她的精力消耗殆尽。帕奈尔之死让我明白她想为之投入的事业究竟是什么。当初我和父母来到伦敦时,我就曾设想将来当我重返爱尔兰时,我要掀起另一场"爱尔兰青年运动"。我并不打算马上涉足政治,也没有就此做出详细的计划。我曾听说社团和社会运动会推动文学的发展,在本无文学之处创造文学。不过在伦敦的几年间,我开始认为这种观点很荒谬。想想看,艺术家们不都是离群索居之人吗?社团和社会运动于他们又有何益?可现在我却梦想着建立社团,支配新闻媒体。我不停地修正计划,否定自我。前一刻我还认为爱尔兰无法对一份批判性的报纸给予支持,必须找到一样替代品,后一刻我便全盘推翻了这一想法。这种感觉就仿佛一个新的自我诞生了,对旧的自我进行批驳。它说之前的观点过于虚伪,我必须找到一种不会败坏人心的政治事业。当我遇到

---

① 尼古拉斯·弗拉梅尔(Nicholas Flamel):中世纪末期法国著名的炼金术士。

茉德之后，最迫切的政治事业对我来说并不是为了他人的福祉，而是为了她。她的体貌之美让我感觉到她的灵魂必定是玄乎微妙、与众不同的。一种从外部渗入的思想突然让我有所感悟，我认为爱尔兰的公众生活不再具有浪漫主义色彩。或许在今后的若干年内，爱尔兰青年们只能通过某种非政治途径来抒发民族主义情绪。

我偶尔会去到萨瑟克区，为一个爱尔兰爱国主义小团体开设讲座。这个团体由爱尔兰青年组成，大多是一些小职员，其中一些人还把自己的姐妹和女友拉了进来。我与其中最积极的几个成员会面，和他们讨论我的新计划，这几个人都表示乐意参与。此时这个社团的活动已经终止了，成员们带来的女伴在演讲过程中总是嘻嘻哈哈——女人们总是这个样子，或许她们听演讲也听得太多了，所以才养成了这样的脾性。到后来没有人愿意发表演讲了。之后我邀请他们来到贝德福德的家中，计划成立一个新团体。我在书房里为他们引见一个人——托马斯·威廉·罗列斯顿。我在都柏林认识了罗列斯顿，当时他是《都柏林大学评论》的编辑。我见识过罗列斯顿的本事，他曾对德语原著进行翻译，其译文令人叹为观止。实际上，正是我推荐他来担任编辑一职的。他仿佛一尊希腊雕像，其体貌之美也给我留下了很深的印象。他整个人看上去宛如一个炸药桶，一点即爆，可实际上他并无半点激情可言。后来我意识到罗列斯顿就是本·琼生[①]所说的"徒有其表之人"，而鲁塞尔也将其称为"伪装成密友的敌人"。时至今日，尽管已经过了二十五年，我还是会不时吟诵他的诗句："在宁静的水乡，在玫瑰盛开的地方。"罗列斯顿对决议和修正案这类实际事务比较熟悉。尽管成立一个文学组织的设想是我

[①] 本·琼森（1573—1637）：文艺复兴时期英格兰剧作家、诗人和演员。

提出的，可罗列斯顿才是爱尔兰文学会真正的创始人。

我计划编撰一系列书籍，其形式与戴维斯的"国民图书馆"系列相仿。后来我发现查尔斯·格文·杜菲爵士也曾和萨瑟克区爱尔兰青年小团体的几个成员提起类似的计划。我们打算齐心协力，共同完成这项事业。书籍的销售工作则委托给爱尔兰文学会伦敦分会和另一个立足于都柏林的类似组织。我让罗列斯顿前去安排相关事宜。他召集了一群有识之士，而这群人大多是我们的政敌，他们认为当务之急是借此机会为他们所属的另一个学会敛财。我从没想过要把这群老学究纳入计划之中，一气之下我跑回了都柏林。回到都柏林后，我马上去找一个黄油商人——我在萨瑟克区参加活动时曾听人提起过他。当时我和他站在一个黄油槽边，计划成立一个文学组织，而"民族文学社"便由此诞生。起初这一社团充满了如火的激情，不过随着时间的推移，这个组织渐渐变成了一潭死水，毫无波澜，让我觉得乏味透顶。

十四

我对即将着手的工作和即将涉足的圈子并不陌生。我在父亲的画室和爱尔兰青年运动中曾见过一些民族主义者，在我离开都柏林之前，我在奥利里家中也接触过这类人。我之前见过的爱尔兰民族主义者大多是新教徒，而现在我开始接触天主教民族主义者。他们属于年轻的一代，其中最重要的核心人物自然要数约翰·奥利里，我肯定他会全力支持我。约翰·奥利里曾长期身陷囹圄，他曾与许多大人物结识，他性情孤傲……所有这一切都使他成为这个圈子中说一不二的人物，甚至他那颗形状怪异的脑袋[1]也为他平添了几分权威。我发现他并不是一个好相处的合作者。当时他的住所位于一栋脏兮兮的十八世纪建筑之中，他建议我搬过来住，还让我租下这栋建筑中的一间房。现在回想起来，如果当初我没有接受他的提议，或许我也不会和他成为一起奋斗的战友。为了能使某些有益于组织的提议得以通过，我经常要苦口婆心地说服他。如果有某些书需要出版，我也要费一番口舌才能征得他的同意。经过长期的牢狱生涯和流放之后，奥利里那颗激情澎湃的心灵已经变得干涸僵硬，仿佛一块硬邦邦的火山岩，根本无法雕琢。他墨守成规，不知变通。平心而论，他死守的规矩自有其独特之处，并不是伪君子所奉行的那一套，而是他过往人生经历的产物。尽管如此，他的死板僵化还是导致我们把大量时间浪费在辩论和争吵上。

这个圈子里的第二号人物是奥利里的门生——雄辩家约翰·F.泰勒。泰勒憔悴瘦削，看上去无甚可称道之处。他总想和其他人进行一场激烈的辩论。在辩论中他大量引经据典，借此证明民族大业就是正义的事业。他用数学的方式来看待整个世界，为人毫不妥协，对爱尔兰的实际领导者始终怀有一种恨意。奥利里比他的同代人活得更久，经常对新的一代进行评判，从年岁和经历上看奥利里和泰勒也并非同一代人。若非如此，泰勒绝无可能将奥利里当成自己的好友。他怀有一种迷信。或许这种迷信源自天主教的教条，而泰勒则从逻辑的角度把这种迷信发挥到极致。我曾引用布莱克的诗句来形容他："为了使自己的热情和活力不致熄灭，那些无法捍卫真理之人总是要为谬误辩护。"他听了之后怒不可遏，事后他回想起来还不时发发脾气。不过既然目标本身就是

---

[1] 维多利亚时期流行颅相学，因而当时评判一个人的外貌经常会提到其头颅的形状和特点。下文对 C. H. 奥德汉的描写亦是如此。

错的，无论如何辩护都没用。他能通篇背诵莎士比亚的剧作，对弥尔顿①作品中的著名段落烂熟于心，对十八世纪的文学也深有了解，不过他对诗歌和绘画却一无所知。他真正精通的是雄辩术，在法庭辩论上他总是激情澎湃。有时我觉得他的精神不大正常。

此外，当时混迹于这个圈子的人还包括西格森大夫。他是奥利里的朋友，在年轻的时候他曾做过一份爱国主义报刊的编辑。在神学理论方面，他所秉持的某些观点使得找他看病的病人不断流失。开始时他给我留下了很深的印象。他说起话来磕磕巴巴，带有某种口音；他的发式古怪可笑，看上去就像托马斯·卡莱尔作品插图中的人物；他总是趾高气昂，不可一世，让人想起戏剧中那些专门欺负蠢汉愚妇的外国仆从。总之他就是一个惹人发笑的喜剧人物。当时的某份报纸上曾刊载了一篇文章，提到某个"丹麦人西格森"。后来报纸的编辑告诉我文章里写的就是西格森的亲戚。如果有人在西格森面前提起丹麦人入侵爱尔兰，他一定会情绪激动地为丹麦人辩护，否认他们曾犯下诸如焚烧教堂之类的罪行。在公元九世纪的时候，西格森的先祖跟随这些入侵者一同来到爱尔兰，现在西格森一家与丹麦绝无任何关系。他看到有人在辩论总喜欢插一脚，不过他对辩论中提及的思想观念却避而不谈，仿佛只是为了辩论而辩论。他绝口不提自己的看法如何，做起事来总是缩手缩脚。据说之前他和天主教自由分子混在一起的时候曾吃过苦头，所以才形成了这样的习性。开始时我觉得他是一个和蔼大方的人，不过后来我发现他虽然博学多闻，却并无学者的见地，而他对历史事件的看法尤为幼稚。西格森自认为是一个评赏艺术品的行家。他偶尔会去欧洲大陆旅游，然后带回一堆仿冒的艺术赝品。

---

① 约翰·弥尔顿（1608—1674）：英国诗人，其代表作为《失乐园》。

长久以来，我发现在那些看重逻辑思维的圈子里，与我最合契的总是那些最没有分量、最不受重视的人。在这个圈子中亦是如此。这个圈子里有一位名为理查·艾许·金的小说家，他曾给予我很大帮助。他住在金斯敦附近的一栋小茅舍里，曾经为《真理》刊物写过一些评论文章。他性情温和，待人亲切。奥利里曾说过："在我所遇到的人中，理查·艾许·金是唯一一个承认自己意志力薄弱的人。"我从没见过他跟别人争吵，他给我的印象就是一个自得其乐的人。他说："作家生涯是世上最美好的人生，不过前提是千万别结婚。"我经常烦扰他，怂恿他发表一些不得人心的"高见"。当他发现自己所写的东西不受欢迎，他颇为震惊。他实在弄不明白为什么有的人会因自己所持观点不被接受而招致他人的厌憎。

对于我们事业的未来而言，这群人中最重要的人物要数道格拉斯·海德博士。我在伦敦的时候曾为他的《炉火旁》和《康瑙特爱情歌谣》联系出版商。我第一次见到有人将康瑙特乡民的英语方言写入文学作品中，这也引起了我对这类书籍的无限遐想。海德博士擅长叙述和抒情。在我们社团的委员会中，泰勒和奥利里气势汹汹，善于雄辩。相形之下，海德博士总是给人一种怯懦胆小的印象，仿佛时常找不着北。在他很小的时候，他时常跑到厨房里，趴在地板上玩，并从一个老人那儿学会了爱尔兰语。他长期和农民们打交道，混迹于他们的茅舍之中，把他们的民谣和民间故事记录下来。尽管他算得上是一个强人，可这些过往的经历使他养成了一种狡诈的习性，而狡诈却是弱者的利器。他经常使出外交家的手腕，既不愿身居高位，也不愿与同伴们过于接近。如此一来他便可以摆脱他人的嫉妒和贬损。有一次我前往康瑙特，在海德博士家小住了几天。他对我说："在来自都柏林的客人之中，你是唯一一个有幸在我家借宿的人。那些人总会让我卷入争吵辩论之中。"他从不吐露自己的真实想法。不过他与西格森不同。西格森并非有意回避，而是无法表达自己心中所想。海德博士的思绪以画面形式出现，他脑子里想到的是前提条件而非最终论断。后来在"盖尔人联盟"成立之后，他的行事风格不可避免地发生了变化，他的本性也受到了压抑。当他写作或说话的时候——尤其当他进行公开演讲时，他转而采用粗暴简单的推理论断，原本那种细腻而情绪化的语言风格早已被他抛到一边。

我对科菲博士和理查德·奥多诺万还隐约有些印象。科菲博士当时是一间天主教医学院的首脑，现在在一所新建大学里任校长；理查德·奥多诺万现在已经是教授了，在某所大学里任职。他们都是受人尊敬和爱戴的人。

后来发生的一件事让我印象深刻。我提议接纳某位音乐家作为我们社团委员会的一员，其他人听了这话却面有难色。他们表示这绝无可能，碍于"某些原因"，他们无法接纳这位音乐家。不过至于是什么"原因"，他们却不肯明说。随后其中一人私下里告诉我这个音乐家曾拐跑了一个有夫之妇。我回答说："我知道，那位女士的丈夫有阳痿的毛病，脑子也有点问题——他总是说邻居要炸掉他的房子。再说了，那也是很久以前的事了。"提起这话的人赶紧岔开话题，不愿再谈论了。看来即使是在私底下聊天他们也不愿提及此事。

后来又来了两伙青年。其中一伙是一个政治小团体，他们总是站在我一边。即使我批判他们所喜欢的政治文学作品，他们还是会支持我。对他们来说，奥利里把我当成朋友看待这一事实足以证明我是友非敌。另一伙年轻人是一个文学团体的成员，这个团体叫作"泛凯尔特协会"。这个团体有一条规矩：任何成员在发表任何作品的时候，都要署上协会的名字。其成员发表的诗作大多刊发在乡村小报上，既不会引发什么轰动，也难以赢得读者们的赞许。后来这个文学团体在公众的嘲笑揶揄中渐渐消亡。这伙文人墨客一开始就把我当成了假想敌。究其原因，或许是由于我某次气急败坏之时曾对他们进行批判——现在回想起来确实是多此一举。

当时在这个圈子里混的还有 C. H. 奥德汉，现在他已经是一个政治经济学教授了。当时他加入了民族文学社，不过他却不愿担任任何职务。他说："帕奈尔去世之后，我的信仰也破灭了。"有一段时间他在周六的时候前去主持一个辩论俱乐部。在这个俱乐部会所的墙上，他粘贴了许多茉德·冈恩的照片。他是茉德的好朋友，后来他为我们搜集了许多书籍，不过自始至终不愿在我们组织的委员会中任职。他在茉德所从事的解放事业中扮演了非常重要的角色。他言行粗鲁，不过心地倒不坏，脾气也不错。他是一个粗线条的人，其内心却极其敏感。如果有人提到这一点，我便引用某本巫术书上的一句话："蟾蜍是一种非常敏感的生物。如果有人对它皱眉皱上一刻钟，它就会羞愤而死。"当我回首往事，我发现他给我留下了一段美好的回忆。他有一颗好看的头颅，他的脑瓜子仿佛不知疲倦，总是在不停转动。在意气相投的人之中，他的头脑最为清醒。在这个喜好争辩的圈子里，他最为平和惬意。他那古道热肠的本性经常会使他受到蒙蔽，使他时时陷于无助的境地，也唤醒了旁人对他的同情和怜悯。

有一次奥德汉从俱乐部回到家时已经是凌晨三点了。他看到邻居屋外厕所的屋檐上堆着一卷貌似毯子的东西。他心想："看来邻居家厕所的水箱盖被掀到屋顶上了。"他捡起一根棍子，想把那"水箱盖"捅下来，后来却发现那不是水箱盖，而是邻居家的女儿——她爬出自己的卧室，跑到厕所屋顶上看星星。还有一次他回家时发现邻居家的女仆打开门，一个年轻男子从门里钻出来。他马上写了一封道德劝诫信，寄给这个女仆。他还满心以为自己做了一件好事。第二天他临近正午才起床,他发现邻居家门前停着一辆出租马车,而那女仆的行李被搁置在马车上——看来她是被主人家扫地出门了。原来这个女仆并不识字,她收到奥德汉的劝诫信后便拿去给自己的女主人,想让她帮忙看看,结果导致自己被解雇了。

我对奥德汉最深刻的记忆源自一位朋友所讲的故事,故事发生在西部的某个海港城市。其时一群法国人来到这座城市的一家小旅店入住,据说他们是应一个政治社团邀请而来的。一天,讲故事的这位朋友听到有人在旅店门前大吵大闹。他探出窗外一看,只见奥德汉和一个小伙子在和店主太太吵架。奥德汉和那个小伙子用两根麻绳串起几只夜壶,扛在自己肩上,那些不登大雅之堂的陶瓷器皿就在他们前胸后背上哐当作响。怒火中烧的店主太太大声嚷嚷,说她在一生中从未受到过如此侮辱。奥德汉解释说一时涌入那么多客人,这家旅店必定难以应付,所以他好心送来这些"必不可少的用具"。他说:"我这么做是为了维护自己国家的声誉。"

以上提到的这些人物都曾经为一项重要的事业出了一份力,或许我在本书中对他们的描述过于不留情面了。在他们的密友面前,他们或许会展现出另一派高尚的品格和风范,只可惜我无缘得见。时隔多年,对已经离世之人进行评判也并非易事,不过我还是希望能盖棺定论,不让他们的幽灵继续困扰下一代人。他们的爱国心无比炽热,他们为之投入的是前所未有的事业,因而有时他们不得不对超出自己经验的事物进行评判。正如之前提到的奥德汉"夜壶事件"一样,当一个人说出"我这么做是为了维护自己国家的声誉"之类的话,他未必是在展现自己最优秀的一面。在我看来,他们都喜欢与人对峙,都是一些难以亲近的人。由于某种原因,他们暂时结成联盟。他们经常进行无休无止的推断和总结，驳斥我的观点，而他们的论据通常是一些我所不能接受的"公认真理"。为此我对他们也是敬而远之。例如，我认为与铿锵有力的政治辩论相比，某些缥缈虚幻的诗行更能打动人的心灵。可我如何能通过辩论来证实这一点呢？这种辩论又有何意义？时光能对人的感知进行提炼和升华，可我却热衷于政治运动，疏远了时光这位艺术家唯一的朋友。

十五

当时帕奈尔分子办了一份名为《爱尔兰联合报》的报纸，读者们可以通过这份报纸了解由重要演说引发的争论，我写的文章也可以在该报上刊发。当时这份报纸的编辑是一个生性活泼懒散的男士，曾编写过一本童话故事书。他把报刊管理的大权交给约翰·麦克格雷。当时麦克格雷二十有五，曾写过一篇有名的文章对反帕奈尔分子进行批驳，并指责他们害死了帕奈尔。为了表示对我的支持，他在报纸上刊登了一条足以引起热议的论题——都柏林是否是爱尔兰民族的理性之都？他认为此次讨论不能仅局限于"爱尔兰最有才能的人是否选择在都柏林定居"这类话题，而是要使之成为一个道德范畴的问题。他把这个论题扩展为："爱尔兰人是否应该把都柏林看作理性之都，并接受来自都柏林的领导？这是否是每一个爱尔兰人的责任所在？"

当时我们获得了所有爱尔兰民族主义报刊的支持。这些报刊告诉读者"一个全新的爱尔兰已经诞生，曾经孕育了迈克·达维德和戴维斯的爱尔兰已经回归"。在一次演说上，海德博士讨论了在爱尔兰实行去英国化的必要性，而民族文学社的一个从属组织也随之诞生。后来这一组织渐渐被文学社漠视和遗忘，最终从总会中分离出来，成为后来的"盖尔人联盟"。现在回想起来，这件事就像往化学溶液中投入一颗水晶，这杯化学溶液不仅没能凝聚成一颗体积更大的水晶，反而失去了形成晶体的能力。

爱尔兰文学会伦敦分会中没有像海德博士那样举足轻重的人物，不过倒是有许多年轻的记者通过英国和美国的报刊为我们的事业摇旗呐喊。我们的信心高度膨胀。文学会成立了几个月后，关于我们伟大事业的《发展史》便开始分卷出版。有一次我前往伦敦时，文学会打算印发传单进行宣传。传单上有这么一句话："爱尔兰不乏戏剧天才，可是却从没出现过莎士比亚那样的戏剧大家。现在爱尔兰文学会分会已经成立，历史即将改写，而伟大的爱尔兰剧作家即将诞生！"为了让他们把这句牛皮哄哄的大话删去，我着实费了一番口舌。

我从一开始就很清楚茉德将会在这场运动中扮演何种角色。她打算在爱尔兰各地建立文学会分支机构。她不仅人长得美，能说会道，还有足够的钱四处旅行。想想看，在那些如同死水一般的穷乡僻壤，茉德的影响力简直无可限量。我对她说："为这场推动民智的社会运动出一把力吧。"

后来一个在律师事务所工作的年轻人——亨利·迪克森（说不定迪克森的儿孙正好看到了我写的这本书，并在书中发现了自己祖辈的名字）曾帮我制定了一个非常好的计划，并允许我将这一计划据为己有。根据这一计划，任何有意成立文学会分支机构的人都能收到我们寄出的爱尔兰文学书籍。这些书籍大多来自朋友们的馈赠，还包含价值几英镑的新书。作为回报，接收书籍的人应组织一场公开演讲，并将门票收入的一半缴纳给文学会总会。如此一来，我们的文学会便可部分实现自给自足，而各地的分支机构也将成为推销书籍的中心。我还计划在将来组织一个剧团到各个分支机构所在地去进行巡演,为此我准备动笔写一部以罗伯特·艾梅特一生经历为内容的戏剧。

这是我一生中唯一一次成为备受欢迎的大人物。我的名字为广大民众所知晓,一些有识之士也记得我,并对我赞赏有加。斯坦迪什·奥格拉迪①曾写过一本名为《爱尔兰历史:英雄年代》的历史著作,我们中不少人正是受到这本书的激励而走上了眼前这条道路。他当时正在写一本新书,其中有一段是在斯里弗-弗瓦德山脚下的沉思。他把这一段指给我看。里面提到了一个年轻人,他之前不过是个无足轻重之人,后来却变得如此强大,不仅足以成为中流砥柱,还能给敌人一记重拳。奥格拉迪说这个年轻人就是我的映射。有一次我前往阿尔斯特建立一个文学会分会,有人建议我去拜访一位女士。她是一个工人的妻子,曾在一份儿童报刊上刊发过一些爱国故事。我依言上门拜访,只见她带着四个孩子来迎接我,所有人都穿上最体面的衣服。她让我讲了几句,之后她对她的孩子说:"当你们长大有了孩子,一定要记得告诉他们你们曾有幸见过这个人。"

十六

这项事业的发展超出了我的想象。我投身于这项事业时心中洋溢着爱国热情,不过其中更多的是对一个美貌女子的爱情。与此同时,茉德却找到了更为刺激的工作。在此前的爱尔兰土地改革运动中,一些佃农与地主进行抗争,最后他们被地主们赶了出

---

① 斯坦迪什·奥格拉迪(1846—1928):爱尔兰作家、记者、历史学家。

来，土地和房产也被没收了。在帕奈尔去世之后，爱尔兰的政治运动已经变成了帕奈尔派和反帕奈尔派之间的大论战，从政人士的精力和来自美国的资金都浪费在这类口水战上头。而这群佃农仿佛已经被他们曾经的领导人遗忘抛弃了。茉德曾为这些政客做过说客，劝说一些佃农与地主抗争。她觉得自己对这群人负有责任，于是便开始在法国进行演讲，试图为他们争取利益。此前几个爱尔兰人曾因在某栋建筑中策划一起爆炸而入狱，茉德在演说中也提到了这些人。她大谈特谈爱尔兰遭受的不公待遇，为受压迫者们发声。其中一些因爆炸案入狱的人已经身陷囹圄多年，身体状况很不好。据说其中七个人——或是十七个——已经开始出现发疯的迹象。没有一个爱尔兰政党愿意为这些人说话，他们害怕如此一来就不得不与英国选民进行妥协，使爱尔兰地区自治运动受到阻碍。茉德觉得她在法国进行演讲不仅能为失去土地的佃农筹钱，还能借此对英国政府施压。或许英国政府为了保全自己在法国人之中的好名声，会释放一部分爆炸案囚徒。

开始时茉德在巴黎进行演讲，之后又去到法国外省，取得了重大的成功。迈克·达维德也写了几封信为她摇旗呐喊，而弗朗西斯·麦格纳德[①]手下的《费加罗报》也供她驱策。此外，老一辈和新一辈的新闻记者们都纷纷谈论英国政府的残暴之举，而英国外交机构也开始表现出不安。茉德的成功让我深受触动。我记得一篇报道如是写道："她（茉德）的神秘美目中蕴含着阴影，预示着斗争即将到来。"我读到这篇文章时心里十分高兴。我也曾见识过这双神色飘忽的"神秘美目"，也曾思索这眼神背后的含义。如果把茉德的美貌视为一种象征，那么它象征的究竟是智慧，还是思想的匮乏？现在回想起来，有一点我可以肯定：茉德具有一种

---

① 弗朗西斯·麦格纳德（1837—1894）：时任《费加罗报》总编。——原注

左右公众情绪的本事。英国议院的政治家们经过九年的争吵，早就把这本领忘得一干二净，可现在这一本领却为茉德所掌握。

我知道有许多人曾对茉德伸出援手，为她准备演讲稿。虽然我不知道他们姓甚名谁，可这些人却引发了我的嫉妒。我记得茉德曾提起过一个"法国朋友"，他在茉德郁郁寡欢之时提议她进行演讲——这也是茉德在法国一系列演讲的发端。茉德花费了如此大的力气，可我觉得她所取得的进展远远不够。不错，有几个佃农拿回了自己的土地，还有几个爆炸案犯获得了释放。可我所梦想的是有识之士与政客携手共进，完成这项大业。茉德的演说十分情绪化，不仅能使她自己深受感染，也能触发一些不可控因素。可我如何能与不可控的人物事物齐心协力携手共进呢？我原本对领导地位不屑一顾，现在却开始极力争取。海德博士亦是如此，不过他做得比我好。

都柏林圈子里的人对这一系列事件更加看不透。奥利里认为茉德不过是一个"追求刺激的美貌女子"，而女画家莎拉·珀泽小姐则用她特有的形象语言对我说："看，茉德就是这样——到什么山唱什么歌。她和你谈文学，去到巴黎就大谈政治，如果是在跑马场看到她，她肯定会聊起赛马。"我总是极力为她辩护，可我心中也颇为不安。我经常说："你们都未能领略她的人格魅力。"

茉德不时前往爱尔兰，她最常去的是西部地区。经过她的一番努力，所有经由她劝说参加土改的佃农们都拿回了自己的土地和房产。当她来到都柏林时，我们总是待在一起。她为我搜集书籍，丰富发给文学会分支机构的赠书。当时文学会有七个分支机构，其中三个就是茉德建立的。不过我们的成就也就止步于此了。我发现茉德不可能成为我们事业"激情澎湃的推动者"。如果她能抛下所有政治议题和政治计划，那她就是我理想的爱人了。她的生活还是和以前一样，任由鸟和狗环绕四周。我发现她做了不少好事。年老失业的人经常向她求助,而她对鸟兽表现出的耐心也让我望尘莫及。我可以和鸟兽玩上半天,可于我而言,它们毕竟是冥顽不灵的动物,我对它们实在没什么耐心。

十七

茉德仿佛能理解我作品中的玄妙之处,对我所秉持的精神哲学也有所了解,有时她甚至会说正是我将她从绝望中拯救出来。其时我尚未摆脱威廉·布莱克的影响。我们俩一起制作秘符,在此过程中茉德总能很快陷入半催眠状态,清楚地看到所有启示。我希望能通过这些秘符使她的心智和灵魂紧密结合,使她的灵魂恢复安宁平和。她所看到的两个幻象使我大吃一惊,我认为那预示着某种尚未在她人生中显形的精神状态。我告诉她在我们一生中的某些时刻,我们可以踏入天国的某一层,而那里正是我们永生之年的栖息地。我召唤出一个天使之灵,让茉德问那个天使她能达到天国的第几层次。茉德回答说:"他说我将堕入地狱,不过之后我能去到天国的第三层,但现在还不行。"接着茉德说天使向她展示了这三层天国的景象:第一层是一个花园——这里代表着即将实现的夙愿;第二层是一片树林,里面有一棵倒下的树——这里代表着安宁的永生,不过对所有人而言,我们在此处逗留的时间十分短暂;第三层有一座山,一条弯弯曲曲的小路通往山上,山上还有一个十字架——这里代表着"为神圣之爱不停劳作"。

几个月之后,茉德再次来到都柏林。我发现自从上次一别之后,她几乎把之前所看到的启示全都忘了,她甚至连自己曾见过的天国境界数目都忘得一干二净。这一次那个天使之灵让她看到了地狱。据她描述，第一层是一片暗黑的大海，海中挤满了即将溺死之人，他们的手臂不停伸出水面——我猜测这是布莱克某幅画作在她脑海中的映射，而这一层或许代表着无法满足的愿望；第二层是一道断崖，一群巨龙徒劳地朝崖顶攀爬——不断向上爬又不断跌落的巨龙代表着无法实现的野心；第三层是一片无边无际的虚空，凋零的玫瑰花瓣纷纷落下——这一层代表着报复与复仇。我翻出之前的笔记，找到与她所见幻象相关的段落。我指出她两次所见的幻象实际上是相互联系的。之前她所见的花园一层代表着已满足的夙愿，与后来所见的暗黑大海相对；树林一层代表着"安宁的永生"，而巨龙攀崖之境代表着"无法实现的野心"，两者正好相对；而凋零花瓣飘落的虚空代表着复仇，与"为神圣之爱不断劳作"相对。

在那段时间里，之前一直困扰茉德的灰衣女幽灵变得更为邪恶，不过茉德认为那不过是忧伤的化身。茉德有一个朋友，有一次茉德陷入半昏睡状态时这位夫人也在场。灰衣女幽灵对这位夫人说自己手上沾满孩童的鲜血。后来这位虔诚的夫人再次拜访。我使用秘符使茉德陷入昏睡状态，我记得当时我所用的秘符与天使长和天使之名相关。在犹太神秘哲学卡巴拉体系①中，这一秘符属于生命之树的最高层级。在此过程中，这位夫人突然大叫起来，说自己正身处地狱的熊熊火焰中。接下来的几天里，这位夫人说她总是闻到一股硫磺的气味。她说当她早上起床时，她发现自己所用的毛巾都散发出这种味道。她对茉德很好，绝不会疑心我们是在施行巫术。她想起自己并未加入天主教，因而认为这些异象是对自己的警示。几年之后这位女士去世了，在去世之前她

---

① 卡巴拉体系包括十原质、四世界、三支柱和二十二路径，也被称为卡巴拉生命之树。

果真成为了天主教徒。现在回想起来,我认为茉德的潜意识坚信自己的灵魂已经迷失,而这种潜意识暗示极为强烈。茉德的潜意识排斥所有与之相关的符号和象征,不过与她关系密切之人如果心境正好与她相合,便可看到这些异象。或许有两派非人灵物正在争夺她的心灵,其中一派距离上帝较近,在它们的映衬下,敌对的一派则显现出恶魔的形象。

我经常听到有关茉德的传言,其中最不堪入耳的丑闻皆被我抛诸脑后。其中有一条传言经久不衰,挥之不去。每当我听到这条传言,我总是对自己说:"这肯定不是真的,如果这是真的。她一定会亲口告诉我。"此时我们俩的心灵无比紧密地结合在一起,不过娶她为妻的希望却愈发渺茫了。我认为这是由我不够成熟且一事无成造成的。在我看来,茉德是完满无缺的,而我却正好相反。

一天晚上我即将睡去时看到了一个异象。我看到一根管状物,随之而来的还有一团无形的白色。这一幻象让我迷惑不解。第二天当我经过一间烟草店的时候,我看到了一根尚未完工的海泡石烟斗。

十八

我开始痛恨茉德的政治事业,我觉得那是唯一看得见的情敌。有一次有人从多尼哥给她送来一只鹰,她把一整天的时光都浪费在逗鹰玩上,甚至还因此错过了一次政治会议。对此我却窃喜不已。后来她所支持的竞选人以六票之差落选,可茉德却对我说:"看在你的份上,他一定会东山再起的。"可我认为人生苦短,我们不应为了某个爱尔兰政客而浪费这宝贵的时光。我认为假以时日,我所组织起来的力量和其他一些社会力量一定能为我们带来想要的结果,我们所要做的只是等待。为此我和茉德吵了起来。之后茉德前往法国,当她回来之后,我发现我们两人之间有所疏远。其时我认为爱尔兰开发民智的运动已经岌岌可危。茉德对我所从事的事业看得很淡,让我深有感触。在她看来,我和她之间的争吵更算不上什么。于她而言,这不过是朋友间的口角罢了,她可以轻而易举地处理好类似问题。

后来查尔斯·格文·杜菲爵士也加入了我们的队伍。我原本以为他在各方面与我相当,能助我一臂之力。可后来我却发现他是一个冥顽不化之人,无甚文化修养可言。他主张出版的书籍都是他年轻时未能付梓的"巨著",其作者是某个早已不在人世的好友或政治盟友。经过一番斗争之后,我终于说服海德博士和罗列斯顿指派几个编辑在格文·杜菲爵士手下工作,而他们就相当于我们这两个文学团体的代表。之后我又成功说服伦敦分会成立一个咨询委员会,而我自己也恰好是其中一员。通过这些编辑和咨询委员会,我们可以就书籍出版给出多条建议。多亏了这种运作机制,海德的《盖尔人文学史》、斯坦迪什的《沼泽与星星》以及关于斯威夫特和戈尔德史密斯生平的书籍才得以挤进出版丛书名单。这套丛书在几年后销声匿迹,其没落应归咎于主编所选的那些"历史巨著"。如果这套丛书能免遭此种厄运,那么我们就能通过这套书教化更多的民众。

杜菲爵士执意要出版一部"尚未面世的历史巨著"。这部书的作者是托马斯·戴维斯,其"精妙之处"在于它是某个文人社团会议的全记录。这部书不可谓不成功。在读者还未来得及翻开扉页之前,我们就售出了近一万本。不幸的是,当读者们开始阅读此书,他们很快就下定决心不再与我们这个圈子有任何瓜葛,也不再阅读我们出版的书了。

除了就书籍出版提出建议，我还要做一样不讨好的工作：极力阻止杜菲爵士出版那些他看中的作品。西格森大夫和约翰·F. 泰勒站在杜菲爵士一边与我作对，我们的组织就此分裂为两大阵营。所有年轻人都站在我这一边。或许对西格森、泰勒和杜菲来说，爱尔兰不过是某场论战中的某一阵营而已。对于我自己的信念，我只希望自己能像沃尔特·惠特曼①所写的那样——"如同熟睡的孩童般对这一切深信不疑"。要做到这一点并不难，况且爱尔兰难道不应变得更强硬，更难对付吗？一位老人在暮年返回故土，重新投身于年轻时所从事的爱国事业，这一切进一步激发了泰勒那充满骑士主义色彩的想象。而当时的我不过是一个毫无耐性的年轻人，对此不为所动。我开始攻击爱尔兰青年运动成员的文学作品，把他们所写的诗歌批得体无完肤。在委员会召开会议的时候，我们时常为了一些"小事"展开辩论，反而耽误了我们的正事。例如，有一回我们为了《民族精神》一书又吵了起来。这是一本政治诗集，当时已经出版到第五卷了。在这种场合中，敌对双方通常是我和泰勒，而奥利里经常站在我这一边。我们吵得面红耳赤，一些闲人被争吵声所吸引，走进会议室观战。有的人对某一派观点表示赞同，有的纯粹是为了看热闹。我们圈子里的其他人也被这番争论所吸引，竟没有人想到要将这些无关人等赶出去。

与我敌对一派中也不乏聪明有教养的人。尽管他们也觉得爱尔兰青年运动成员所写的诗歌差强人意，可他们却坚持说这就是爱尔兰的全部所有。如果承认了其中的瑕疵，那么英格兰就会乘虚而入。听到他们这一番话，我怒不可遏。英格兰只是缚住了爱

---

① 沃尔特·惠特曼（1819—1892）：美国诗人，其代表作品为诗集《草叶集》。

尔兰的手脚，而这群人却想蒙蔽爱尔兰的心智。还有一些人认为《民族精神》是伟大的诗篇——当然，当时有成千上万人都是这么认为的。他们认为我之所以说这部书不好是因为我受到了英格兰的影响，而这种影响或许源自英格兰的腐朽诗人。我反驳说他们这种终其一生争论是非黑白的人才是受到英格兰左右的人，即使是在睡梦中他们也无法摆脱英格兰的影响。

我希望能把这段往事诉诸笔端，使其成为我的人生经验。当时我一脸严肃地与人争论，郑重其事地表达自己的观点。现在我为人更加宽容，回想起这段往事时仍不禁莞尔而笑。这让我想起学校里的一次辩论，当时我也是自信满满，言之凿凿，自认为柏拉图和苏格拉底都站在我这一边。或许对于西格森和泰勒来说，我不过是一个自以为是的年轻人。他们认为自己所做的一切是对一个职业生涯即将落幕的老政治家表达敬意，而我却跳出来捣乱。后来，为各地分支机构搜罗书籍的下级委员会中也出现了类似的争端。不时有一大群人挤在茉德住所的客厅里，没完没了地开会。长期无果的求爱使我神经紧张。于我而言，所有围绕在茉德周围的人都引起了我的嫉妒，点燃了我的怒火。

十九

我认为在对峙和争吵中，我和泰勒都将自己不尽如人意的一面现于人前。与泰勒相比我年纪更轻，极少受到条条框框的束缚。这无疑使我在他人眼里显得更为不堪。我发现泰勒的臭脾气反而使他的心志更加坚定。而我的观点通常不以逻辑推理为基础，而是建立在一系列微妙的感觉上，因此我在争辩时经常陷入一系列前后矛盾之中。有时我又夸大其词,反而使自己的论点发生动摇。奥利里高尚人格中有一半要归功于他自身的傲气。他向来认为二流文学作品对他的事业毫无帮助,用不着在意那些错漏百出的评论,也无须郑重其事地自我辩护。不过在一些细节问题上奥利里却时常站在我的对立面。在那段时间里,我经常感到痛苦和不安。我发现如果众人指责某人虚荣、无知或矫揉造作,那么这个人对自我的感想也会因此发生改变。一种难以觉察的自我憎恶随之产生,一个难以磨灭的自我形象就此成形,而灵魂若是想摆脱这些负面影响却是难之又难。

我和茉德大吵了一架。在那前后到底发生了什么事?我已经记不清了。不过其中的几幕倒是十分清晰。我发觉茉德所选的住处对我们两人而言甚为不祥。两个颇为邋遢的老妇照看那处居所,当茉德到来之时,她们一脸谄媚,把茉德领进一间房里。房间里挂着厚厚的窗帘,桌上铺着边角悬垂、颜色黯淡的桌布。我只记得当时她看上去很美,还记得我开始时和她谈起我刚刚和泰勒又吵了一架,而我表现得很恶劣。引发争吵的是一个老话题:泰勒为各地区分支机构搜罗了不少爱尔兰雄辩家的书籍,可是我对他的选择并不赞同。当着泰勒的面,我言辞激烈地对华而不实的文字进行批判。或许我所攻击的恰好是泰勒的擅长之处,或许在他看来我所说的话处处针对他。在那段时间里,我经常对泰勒进行挑衅。我之所以这样做并非由于我以为他是茉德的追求者,而是因为他对茉德的心智造成了影响。可我认为影响茉德是我独有的特权,为此我妒火中烧。茉德听了我的话之后责备了我,我对她的责备表示接受,之后还自我责备一番。

几天之后茉德患上了感冒,不久后她的病情发生恶化,竟发展成了肺充血。在那段时间里我经常和西格森大夫就关于格文·杜菲爵士的问题发生争执。西格森大夫来为茉德看病,还禁止我前去探望。茉德以前行善时曾帮助过一个女子。那个女人面如土色，眼神飘忽不定，双手和双眼总是湿漉漉的，看上去病恹恹的。有一天，帮茉德照料居所的两个老妇懒得应门，把大门开得大大的。那面如土色的女人趁机钻了进来，爬上楼梯，走进茉德的卧室，主动担起了看护妇的责任。西格森大夫正好需要一个帮手，就让她留下来了。我每天晚上都到附近的一个公园去与这个看护妇碰面，她会告诉我关于茉德的最新消息。后来她带来的消息越来越耸人听闻。她说茉德爱上了别人——而且还不止一个。尽管现在茉德重病缠身，可她仍打算跑回法国去，阻止这两个情敌的决斗。看护妇说茉德还曾下过一条禁令，让这两个男人保证绝不会在她返回法国之前进行决斗，而决斗的地点也只能是茉德居所的客厅。看护妇说茉德之前一直找茬和我吵架，而我不应对茉德念念不忘，还有一次她甚至说我再也见不到茉德了。

　　后来茉德的堂姐妹——梅·冈恩来到都柏林照顾她，而我总算能听到一些略为靠谱的消息了。不过茉德的确要离开了。她病得很重，只得让人用担架把她抬上火车。对此她的主治医生写信表示强烈反对。开始时我还被蒙在鼓里，不久之后我听说那个曾接受过茉德救助的看护妇说了我不少坏话，而后来的事实证明这并非空穴来风。或许这个女人觉得我待她不够友好，因此便编造了一些关于我的谣言。此后我还得罪了不少茉德救助的可怜人，只不过她是第一个而已。与她传给我的消息相比，有关我的流言并没有那么耸人听闻，因此许多人也信以为真。后来一则耸人听闻的流言在肆意传播。她说我是茉德的情人，还说茉德曾接受了一次非法手术，而当时我也在场。这个心怀恶意的女人属于那种找不到刺激就活不下去的人，她可以随心所欲地选定给她带来刺激的引子。后来茉德告诉我一件事。她说有一次她在半夜里醒来，看到上方不远处有一双眼睛死死地盯着她。原来是那个女人正弯腰低头看着她。茉德让这个女人离她远点,到房间的一角待着,可这个女人却说:"不,我不走。西格森大夫说你随时会死掉,我正等着死神降临的一刻。"

在茉德生病期间,一个曾参与起义的老爱国者前去探望她。他看到茉德居所的大门洞开,便径自上了楼,走进茉德的卧室。当时茉德正躺在沙发上,他便在沙发旁坐下,絮絮叨叨地诉说自己的哀伤之情,还顺便替茉德拟了一份葬礼吊唁人名单。

二十

我回到斯莱戈,希望能通过写作来寻回勇气。我写下了《晨光》一诗:"衰退的爱情在流言之火中化为灰烬,可露珠却兀自闪烁。"

我早些时候从斯莱戈回来后,奥利里曾对我说:"我之前劝你离那些年轻人远一点。现在他们开始嫉妒你了,我说的话也应验了,你原本就该照我说的做。"以前父亲总是提起约翰·穆勒和沃尔特·惠特曼的事迹,并下意识地把他们当成榜样。而我深受父亲民主观念的影响,把自己当成了年轻人中的一员,与他们形影不离。那些投身政治的年轻人没使什么坏,最终我也赢得了他们的支持。可是那群动笔杆子的小伙子们却开始反对我了。他们倒是赞成我对爱尔兰青年运动成员创作的文学作品进行批判,他们自己也坚持说我们需要新文学。当时他们尚未与杜菲爵士联手,不过他们已经开始批评我了。有一次我和茉德搜罗了一批书,打算发放给各个乡村的分会。可他们却说这些书在乡下分会又能派上什么用场?最后他们通过投票来否决我的提议,这批书最终留在了总会这里。泰勒总是不停地骂我无知，而这群人也经常引用他的"评语"来批判我。诚然，我对泰勒喜爱的作家——洛克、斯威夫特、格莱敦——不甚了解，对泰勒感兴趣的历史也知之甚少。而对我熟悉的布莱克、济慈、雪莱和浪漫主义流派，泰勒或是一无所知，或是深恶痛绝。

有一回，我和一群投身政治的年轻人到酒吧去，可最终我什么都没喝。他们别无所求，只是在自己一腔爱国热情的驱使下，耗费大量时力全心全意地支持我。尽管如此，他们粗鲁的言语还是让我闻之色变。他们当着酒吧女侍的面也毫无忌惮，其中最有才华的家伙说起话来更是放肆。他从不换洗衣服，也不刮脸，而粗言滥语仿佛也是他身上浑然天成的一部分。

当时我和艾里斯编辑翻译的威廉·布莱克著作刚刚出版。在一次民族文学社的聚会上，我带去了刚出版的三卷书，想着这能为喝茶时的闲聊平添几分文艺气息。我颇为自豪，我终于出版了一部实实在在的书！或许借着这几本书我还能装装博学之士。西格森大夫拿起第三卷浏览了一下，这一卷恰好包含了《预言书》。翻了几页之后西格森对在场的人说这本书里出现了不少裸体形象，不过这完全是"纯粹的艺术性再现"。

后来里欧内尔·约翰逊也来到了爱尔兰，我带他到同代人俱乐部去——我返回爱尔兰之前曾告诉他这个俱乐部是一个聊天演讲的好去处。去到那里之后，里欧内尔却拒绝发表任何演讲，他说里里外外所有人都对他言语不恭。自从我离开伦敦之后，他喝酒喝得更猛了。里欧内尔在爱尔兰期间住在我家。后来他养成了一种习惯：每天晚上叫上约翰·麦克格雷以及与我同住的房客，再邀上其他五六个人，一群人坐在桌边大谈政治和宗教，一直谈到凌晨四五点钟。一天凌晨四点多的时候我准备睡觉去了，此时里欧内尔和其他人一样谈锋正健。其他人已经醺醺欲醉，东倒西歪,而里欧内尔依然挺直身子坐着。当我走出房间的时候,我听到他说:"除了罗马天主教会,我什么都不信。"

一天凌晨将近一点的时候,我去到同代人俱乐部。我发现酩酊大醉的里欧内尔正对着一群从政人士激动地手舞足蹈。他问这群人:"你们谁能告诉我为什么十八世纪之后再也没有优秀的英文散文作品出现?"实际上他的听众只会读报,对散文这种东西简直一无所知。

二十一

我有一块水晶,我经常借助这块水晶邀请一些人来进行神秘主义实验。我依照在秘术团体中学到的方法,引导他们看向水晶深处。许多人都陷入催眠状态,看到我所召唤出来的幻象。他们所见之物如此生动,仿佛是他们亲眼看到似的。现在回想起来,当时他们所看到的幻象大多是我自己思绪的映射。其中一些参与实验的女士看见了一场婚礼,新娘是个貌美如花的女子。不过我自己进行占卜时就没有这么幸运了,我翻开的塔罗牌总是预示着灾难将至。

一个年轻博士参与了我的实验,他所看到的幻象虽然模糊不清,却预示着未来几年我的命运。后来我与这个博士合租一套房,他要我保证不再在他眼前召唤幻象,也不要听任他陷入幻象之中。当时正值茉德病重期间,我每天要去到公园与那个神经兮兮的看护妇会面。一天晚上,我正在为另一个人召唤幻象,这个年轻博士求我让他看一眼。我拒绝了他的要求。几天之后,我在他面前施行秘术,却发现他已经陷入了催眠状态。我问他看到了什么，他说他看到了一座小小的希腊神庙，一个女子从神庙中向他走来——或许她是一个祭司吧。她把他领进一扇大门，走进另一栋建筑中。他发现自己正站在一间空旷的大房间里，四周一片雪白。房间中央放着一张空空如也的宝座，房间深处有一扇不住晃动的门——看来刚刚有人走进这扇门。我对他说："跟进去吧。"他依言走了进去，来到另一间房里。这间房与方才那间房大体相仿，角落里也有一扇半开半合的门。他推门进去，来到第三间雪白的房间，又发现一扇晃动不止的房门。他突然陷入一片黑暗之中。我赶紧召唤光之神灵，这时他看到了一个敞开的墓穴，墓穴里空无一物，刻有铭文的墓碑靠在一旁的墙上。我让他去看看墓碑上的铭文，可正当他想看清的时候，他发现自己突然回到了第一间房里。他看到宝座被掀翻在地，旁边横七竖八的放着几张椅子，四周一片狼藉。他醒来之后，我问他看到了什么，他说："我什么都不记得了，只记得一个女人从一座神庙里走出来，给我端来了一杯酒。"我向他复述了刚才他所说的一切，告诉他刚才他并没有提到酒。我问他："你觉得这个幻象意味着什么？""或许这意味着某个大权在握的君主即将离世吧。"他回答。或许他指的是维多利亚女王，不过对我而言却另有深意。这一切到底意味着什么？直到现在我依然没能理出一个头绪。敞开的墓穴和刻有铭文的墓碑究竟意味着什么？或许这意味着我苦苦追寻的是人世之外的东西？

二十二

维持生计愈发艰难了。我每周的花销还不足一英镑，即便如此，我还是入不敷出，我为此感到很焦心。资金的缺乏也影响到了我的工作，我连前往伦敦的旅费都出不起，只得听任伦敦分会做一些我曾极力反对之事。帕奈尔去世之后，爱尔兰的政党四分五裂。爱尔兰报刊增长了一倍，而每份报刊的发行量却减少了一半。这些报刊再也出不起钱来刊载诗文，有的连评论文章的稿费都拿不出来。

当时与我合租一屋的年轻博士是一个马由人。某次旅行回来之后，我发现一个马由小伙子住了进来。年轻博士待他很好——看来在他心目中这个新来的小伙子已经取代了我的位置。我仅有的财产只是一些书报，收拾归置一番之后，我搬了出来，搬回伦敦贝德福德公园与家人住了一段。在这段时间里，我总是和妹妹拌嘴吵架。

二十三

多年以来，我一直饱受性欲的折磨。我暗暗下决心，总有一日要将这种感受诉诸笔端。如此一来某些与我有类似经历的青年才俊或许不会将其视为个人独有的耻辱。在我十五岁那年，这种折磨拉开了序幕。当时我正待在斯莱戈的罗塞斯角。一天我在海边玩耍，我泡完海水之后，在沙滩上晒日光浴。我把自己埋在沙子里。沉重的沙子压在我身上，性器官受到沙子的刺激，一种逐渐高涨的奇妙感觉席卷而来。开始时我并不知道是怎么回事，当高潮来临时我才想起在外祖父的百科全书中读过的某些段落，还想起了一些男孩的只言片语。好几天之后我才发现了重现这种美妙体验的方法，不过在这种体验过后我总是精疲力竭。从那时起,我不断克制自己,想要压抑这种欲望。正常性行为对我的影响大概也和其他人差不多。对我来说,这种男女之事并不是很频繁,可每回的体验都很糟糕。事后我心中总是充斥着一种自我憎恶之感。由于傲气在作祟,也因为我找不到合适的机会,我对爱情的向往让我决心选择一种颇为虚伪的独身生活。在我二十七岁那年,我回到伦敦,我觉得我的爱情已经无望,我的恋爱已是徒劳。据我所知,我的朋友们都有情妇。如果有需要的话,他们还会把妓女带回家过夜。汉尔里觉得这种生活没什么不好,事实上他对除此之外的生活方式皆嗤之以鼻。自孩提时代起,我从未亲吻过一个女子的双唇。有一次我在汉默史密斯见到一个妓女,当时她正在空空荡荡的火车站中踱步。我一时兴起,想要委身于她。不过那个挥之不去的念头又在我脑海中浮现:"不,不行,我的爱人必须是这个世上最美的女人。"

二十四

有一次我去参加一个文学晚餐会,当时在场的有五六十个客人。在我对面有一个非常美貌的女子,她正坐在两位著名小说家之间。她有一头乌黑发亮的头发,她的五官具有典型的希腊人特征。不过和真正的希腊人比起来,她的肤色略黑一些。她胸前的花边看起来很老旧,但整个人的衣着打扮却很别致。我一直对伊娃·戈尔-布斯①满怀敬仰之情。伊娃身上散发出一种超凡脱俗的感性美,而我在对面这位女士身上也发现了类似的美。看起来她

---

① 伊娃·戈尔-布斯(1870—1926):爱尔兰女性诗人、戏剧家,终其一生为争取妇女投票权而奋斗。

年龄与我相仿,在我看来她在人群中脱颖而出,犹如鹤立鸡群。当时没有人为我引见,不过我知道她是诗人俱乐部某位成员的亲戚,还曾向旁人打听我的名字。

我开始创作一出戏剧——《心灵的欲望之田》。创作这出戏剧不仅是为了给一位朋友(佛罗伦斯·法尔小姐)的外甥女分配一个角色,让她得以登台演出,也是为了抒发我自己的绝望之情。为什么茉德要疏远我、拒绝我呢?或许她也不清楚自己想要什么,或许她和我剧中的女主人公一样,向往某种刺激而虚妄的生活。戏剧还没完成我就出发去巴黎。我在巴黎逗留期间和马克格雷格·马萨斯住在一起,其时他已经和哲学家伯格森的姐妹结婚了。当时马克格雷格尚未堕入颓丧之中,不过我已经发现了某种危险的倾向——他总是沉迷于召唤术。他和他的妻子每周都要施行一次法术。他们关起门来,妄图施法影响现实世界中的政治事务。我猜测马克格雷格是根据自己漫无边际的幻想,重组全世界各个民族和国家。有一天我发现马克格雷格咳血了。他收入微薄,秘术团体中的一名成员每年给他三四百英镑。此外,还有一些所谓的"兄弟姐妹"和他住在一起,他还要负担他们的花销。

我最关心的当然还是茉德·冈恩。这回她在法国待了很久,而我听说她又病倒了。我前去探望她。我发现虽说我们两人之间还算得上友好,不过之前那种亲密无间的感觉已经不复存在了。我记得在那段时间里,我和她一起去拜访某位朋友。我注意到茉德在上楼梯时走得很慢,似乎很吃力。她不再参加秘术团体的活动,最后完全退出了。她觉得我们这群人沉迷于邪恶的秘符中,让她心生厌恶。不管怎么说,马克格雷格依然是她忠实的仰慕者。

对于那段往事,我的记忆已经模糊不清了。我记得有一次我在房间里踱来踱去,吟诵戏剧中的某段台词。伯格森上门拜访,他衣冠楚楚，彬彬有礼。当时他只是一个籍籍无名的教授，马克格雷格对他很不耐烦。"我对他施展了所有法术，可他依然无动于衷。"马克格雷格对他如是评价。有时我在夜里和马萨斯夫妇下棋。这种棋的下法颇为奇特，需要四个玩家参与其中。大多数时候我与马萨斯夫人搭档，而马克格雷格总是宣称自己的搭档是一个精灵。在马克格雷格帮自己的"搭档"挪动棋子之前，他或是用双手蒙住双眼，或是盯着棋盘对面的空椅子若有所思。我发现马克格雷格是一个性情活泼、易于相处的人。在他精通的领域他可谓博学，可他算不上是一个合格的学者。他下来吃早餐时手里经常拿着一本书，有时是一本贺拉斯[1]的著作，有时又换成詹姆斯·马克弗森[2]的《奥森之歌》。如果有人对《奥森之歌》的真实性提出质疑，他定会大为光火。

二十五

我从法国回来之后，我的剧作《心灵的欲望之田》被搬上了舞台，其公演的时间持续了将近七周。多亏了好心的佛罗伦斯·法尔小姐管理有方，这出戏剧也算是取得成功了。

不久之后诗人俱乐部的一名成员为我引见了上回见到的那个美妇人。我就此与她结为好友，我希望能终生拥有她的友情。在

---

[1] 贺拉斯（公元前65年—公元前8年）：古罗马诗人。
[2] 詹姆斯·马克弗森（1736—1796）：苏格兰诗人、文学家、政治家。1761年马克弗森宣称他发现了一部前人所写的史诗，其作者是一个名为奥森的人，其作品《奥森之歌》便由此而来。

这本书中我不便透露她的真名，姑且就称她为戴安娜·弗农[①]吧。这个名字听起来很悦耳，也很适合她。我前去拜访她，她对我说："某某不愿介绍我们俩认识。看了你的戏剧之后，我下定决心，如果没有其他的法子结识你，我就给你写信。"她学识渊博，对法国文学、英国文学和意大利文学均有所了解。她性情温和，喜好思考，任何时候都很悠闲。她只喜欢和朋友们聊聊天，过悠闲自在的生活。我只见过她丈夫一次，印象中他是一位颇为臃肿的男士，比她老得多，看上去了无生气。当时我并不知道他们夫妇之间已经形同陌路。我向她倾诉自己痛苦的恋情。事实上，这段苦恋已经成了无法摆脱的负担，日夜不停地折磨着我。

二十六

我还是未能解决生计问题。我回到斯莱戈，去到桑希尔，在乔治·波莱克斯芬舅舅家住了半年。我认为自己在此次拜访初期曾帮了舅舅一把，而这件事也让我对神秘力量的信心有所增加。当时传言在桑希尔山区一带天花再次肆虐，而乔治舅舅对涉及自身健康的问题总是十分紧张，因此他决定再次接种天花疫苗。我并不相信这一传言，即使这传言是真的我也毫不在乎。不过出于好奇，我和舅舅一道接种了天花疫苗。

后来证实天花肆虐的传言其实是不实之词，不过那次接种疫苗的体验实在是十分糟糕。接种疫苗后我浑身不适，不过后来慢

[①] 叶芝提到的这位女士是奥莉薇亚·莎士比亚夫人，闺名为奥莉薇·塔克，是里欧内尔·约翰逊的表亲。其夫霍普·莎士比亚是一名律师。她曾出版过几本小说，于1938年去世。戴安娜·弗农是司各特小说《罗布·罗伊》中女主角的名字。——原注

慢恢复了，并没有什么严重的后遗症。可是舅舅却因此染上了败血症，不久之后便不省人事。家庭医生只得请来其他主治医生进行会诊。一天晚上，舅舅的病情严重到无以复加。晚上十一点的时候，我走进舅舅的卧室，坐在他的床边。他发着高烧，神志不清，嘴里嘟嘟囔囔地说着胡话。我问他看到了什么，他说他看到了"红色的影子在跳来跳去"。我使用代表水的秘符进行施法，施法过程中还用到了卡巴拉系统中与月亮相关的神灵之名。当时我并没有告诉舅舅我究竟在做什么。不久之后舅舅说他看到一条河从房间中央流过，那些正在舞动着的红色影子被河水席卷而去。此时我才告诉他自己所做之事，之后我一直陪着他，直到后来他说他觉得自己"可以好好睡上一觉"我才离开。我在离开前告诉他如果那些红色的影子卷土重来，可以呼唤报喜天使加百利的名字来把它们赶走。加百利是主掌月亮的天使，对水这一元素也具有掌控力。尽管舅舅已经加入了那个秘术团体，不过他的等级依然很低，因此我不能告诉他我施法时所召唤的神灵。第二天早上家庭医生前来查看舅舅的病情。舅舅告诉他自己睡了一个好觉，还说我传授给他一句"密咒"，后来那些红色影子卷土重来时他借助我教给他的"密咒"把它们赶跑了。家庭医生和我提起这事，他说："我想这或许是一种催眠术吧？"

在舅舅病倒之前，有三个客人时常在晚饭后上门拜访。当舅舅的身体渐渐恢复，这三个人也不时来探望他。这三人包括我的表亲露西·米德尔顿和一个年轻的银行职员，除此之外还有一个颇为粗野的年轻人——据说他是某个工厂车间里的职员。我经常施行法术，让他们看到幻象。银行职员曾经看到伊甸园，他看到的景象与魔法典籍中所描绘的如出一辙。可在那之后他不愿再重温此类体验了。他说："这会毁了我的一生。生意人有时不得不做一些非同寻常的事，可是如果他当真相信这类东西，他绝不会再做了。"我说:"可是你是个基督徒啊,难道你还担心自己的信仰问题吗?""没错,"他回答,"可是对我来说基督教不过是一种象征罢了。"像他这样的人在爱尔兰并不少见。他拥有非常纯粹的想象力,其情感也经过凝练和升华。他清醒的时候连秘符究竟为何物都说不上来。当他看到幻象时,他的守护精灵也来到他身边。此外他心中未经雕琢的理性和讲求常理的意识也让他免受影响。

在工厂车间工作的那个年轻人无甚可称道之处,他倒是很容易就能见到幻象,不过他所见到的大多没什么意义。我在为银行职员召唤幻象时所用的秘符较为高深,而在对露西施法时所用的秘符则相对浅显。露西具有一种洞察力,对一些可以验证的现实事物更具掌控力。她首要的灵力是偶尔显现的预见力。古老的魔法认为即使斩断了某个名号与相关之物之间的联系,那个名号仍具有一定的魔力。至少对于那些显而易见、为人熟知的名号而言,名号与关联物脱离后其魔力丝毫未减。在露西身上我得以验证了这一观点。有一次,我召唤"乔治·波莱克斯芬的前世",在场的人都以为将会看到一个不晚于十八世纪的魂灵。露西看到的是一个特征鲜明的英印混血儿。乔治舅舅想起还有另一个乔治·波莱克斯芬,这个人已经退休了,他身上的确融汇了英国和印度两种血统。另一个乔治·波莱克斯芬属于斯莱戈波莱克斯芬家族的一个旁支,早在一个世纪以前就分离出去了。露西从没听说过这个人,就连乔治舅舅也从没见过这一旁系家族中的任何一人。

我发现自己已经被当成巫师来看待了,种种关于我的传言在当地乡民中流传。他们说我能在眨眼之间飞到五英里之外,还说有一次我在一瞬间把露西表妹从家中送到罗塞斯角的一块岩礁上。露西的确有过这样的体验,不过那是我让她沉溺于幻象时发生的事。她以为自己前一刻还端坐家中,后一刻她就飞到罗塞斯海边的一块礁石上了。后来又发生了一件怪事,不过我已经记不清是在那段时间发生的还是后来晚些时候发生的。一天晚上我在召唤水之神灵,一个仆人在自己家中竟然也感受到了。当天晚上她早早就上床睡觉去了,我施法的时间是在她就寝之后。夜里她看到一个美人鱼,那美人鱼正把她整个人泡到海水里。我还记得有一次我施行了召唤术之后,我走上楼梯时听到舅舅家那个具有预知能力的老仆人玛丽·巴特尔在睡梦中呻吟,仿佛正身处一个可怕的噩梦中。看来我们的思绪对周围敏感的心灵都会产生影响,或许除了思绪之外,还有其他东西影响到周围其他人,谁知道呢?

《心灵的欲望之田》的上演让我积累了些许舞台经验,于是我决定改写《凯丝琳女伯爵》。我打算对死亡一幕进行加工。现在爱尔兰的神话传说极大地影响了我的想象力,我计划在这一幕中添加几分神话色彩。乔治舅舅一直觉得我富有才华,但母亲家族的亲戚大多持有不同观点。或许他们之前一直认为我是在浪掷光阴,虚耗人生。如今这边的亲戚只剩下寥寥数人,不过他们开始改变对我的看法了。

在这段时间内,我前往利萨德尔去拜访戈尔-布斯一家,亨利·戈尔-布斯爵士夫妇就住在那儿,和他们一起居住的还有一个儿子和两个女儿。在我的童年时代,天气晴朗的时候我爬上外祖父母房屋后头的小山极目远眺,坐落在树林深处的利萨德尔便映入我的眼帘。当我们驱车前往本布尔山,或是爬上罗塞斯角附近芳草萋萋的山坡,也能看到利萨德尔的灰色石墙在绿树丛中半隐半显。在镇上外祖父母一家属于商人家族,无论我们多么富有,无论我们的磨坊和船只在一年内能给我们带来多少收益,我们永远也无法融入本地乡民中,况且我们也不想和这些本地人打成一片。当地有好几户名门望族,绿树环绕的利萨德尔,古树长林簇拥着马克瑞家的城堡,海泽尔伍德家的宅邸坐落在湖畔……在诸

187

如陪审团会议之类的场合中,我们家族的人也能与这些家族碰碰面。我们背地里从不说他们的坏话,而他们对我们也是以礼相待。不过爱尔兰人长期以来形成的一些习惯在我们和他们之间筑起了一堵无形之墙。有些商人或许也能偶尔踏入这些人的社交圈中。例如,据我所知,镇上的一个商人不时挤进这群人之中,不过我们都很看不起这个人。他的宅邸是此处唯一一栋经过翻新的房屋,看上去一团喜气,华而不实。他加筑了几处浮华的阳台,与面向湖泊的窗户格格不入。虽说我也前往利萨德尔拜访戈尔-布斯一家,可我觉得自己与这个商人绝非一路。我以写作为职业,与自己喜爱的书的作者进行交谈难道不是很自然的事吗?况且我认为自己已经脱离了外祖父家族,我不再像其他家族成员一样,满嘴里说的都是"我们习惯如此思考,我们习惯如此行事"。

我第一次遇见两位戈尔-布斯小姐是何等情形?他们又是如何邀我上门的?我已经记不清了。在我的少年时代,康斯坦丝·戈尔-布斯①对我而言一直是一个充满浪漫色彩的人物。我经常看着她家那灰色的围墙和房顶,心里默诵弥尔顿的诗句:"绿树繁茂,林木森森,有美一人,少年凝眸……"

有时我见到她骑马从我身边经过——或许她正要去打猎,或许她正在打猎归来途中。她是十里八乡公认的美人。我听说她骑马时横冲直撞,偶尔还能听到她的淘气之举。尽管如此,她终归还是众人敬重仰慕的对象。乡民们都叫她"戈尔小姐",他们祖辈所遵从侍奉的只是戈尔家族。他们不屑于提起这个姓氏中"布斯"一词,或许于他们而言这一词意味着某个英国商人混进了戈尔家族,扰乱了这个家族的血脉。我初次见到康斯坦丝·戈尔-布

---

① 康斯坦丝·戈尔-布斯(1868—1927),1898 年曾前往巴黎学习绘画,并在那儿遇见了画家卡西米尔·德·马基雅维茨伯爵并与他成婚。1916 年她曾在都柏林复活节运动中指挥一支革命力量,占据了圣斯蒂芬绿地。——原注

斯小姐时着实吓了一跳。她的外貌和茉德颇有几分相似之处，不过她比茉德矮了几分，身形更为娇小。她的嗓音与茉德尤为相像。后来康斯坦丝小姐的声音变得又尖又细，不过那时她的嗓音却是温柔低沉。或许，她第一次从我口中得知一个叫茉德的女子和她有几分相像。或许，她便因此模仿茉德·冈恩，导致她现在不得不在狱中度过余生①。

不久之后，我与她的妹妹伊娃变得更为熟络。伊娃外表纤细小巧，仿佛一只美丽的瞪羚。她的外貌与她那细密如丝、与众不同的心灵正好相配。我们度过了愉快的几周，成为了亲密无间的好朋友。我向她倾诉自己在爱情上的种种挫折。我们之间如此亲密，我甚至想引用威廉·布莱克对凯瑟琳·布歇所说的话："你怜惜我、同情我，我因此而爱你。"不过我毕竟没有将此话说出口。我心想："戈尔-布斯一家绝不会接受一个身无分文的求婚者。"况且，此时我正深爱着另一个人，不久前我还为这个人写下诗句："所有一切已经残缺破碎"。我用塔罗牌进行占卜。我翻开一张牌，牌面是意味着徒劳无功的"愚者"。过后我把这件事抛诸脑后，可我依然渴望能摆脱这压在心灵上的重担。我觉得这段感情开始蚕食我的心灵，影响我的健康。

这半年来，我和舅舅的关系变得更为亲近，不过我觉得他依然把我当成小孩子看待。而且不客气地说，他就是一个十分自私的单身汉，时常满腹牢骚，抱怨自己身体不好。如果早餐桌上的熏肉中只有一只腰子，他定会毫不客气地据为己有——现在回想起这事我还有些恼火。虽然乔治舅舅有不少缺点，我认为他的性格本来如此，对此也不是十分在意。渐渐的，我开始把乔治舅舅

---

① 马基雅维茨伯爵夫人（即成婚后的康斯坦丝·戈尔-布斯）于1916年4月30日遭到逮捕，于1916年5月被判处无期徒刑，不过在1917年6月18日被提前释放。——原注

的家当成真正的家。从某种意义上说,斯莱戈一直是我的家。

二十七

我离开斯莱戈,返回伦敦。我回到伦敦时奥斯卡·王尔德的案子尚未尘埃落定。我刚到家父亲就说我应该去探望王尔德一家,并问问他们是否有需要我帮忙之处。父亲对我说:"王尔德对你很好,或许他想让你给他作证什么的。"

第二天我便前往奥克利街拜访王尔德。我还带上了乔治·鲁塞尔等人写给我的信,他们在信中表达了对王尔德的同情。当时该案的第一次庭审已经结束,王尔德在庭审中表现出的勇气使我对他的钦佩之情又增添了几分。英格兰人对他的"罪行"深恶痛绝,不过我所熟识的人对这种事早已见怪不怪,对王尔德的"劣迹"也不大在意。相反,王尔德在此次事件中表现出的勇气和沉着才是大家津津乐道的话题。关于王尔德的传言第一次传入我耳中的时候,我正身处斯莱戈某处峡谷深处和科卡伦斯老头喝酒——他的红葡萄酒当真不错!我记得当时我说了一句:"他会证明自己是条汉子的。"我一直能感受到王尔德的男子汉气概。相形之下,他的智慧则沦为与人争执时的唇枪舌剑。

当我去到坐落在奥克利街的王尔德家中,一个一脸凝重的仆人把我领进门。我只见到了王尔德的兄弟——威利·王尔德。我把信件交给他,希望他能将这些信转交给奥斯卡·王尔德。他说:"在我把这些信转交给他之前,你必须告诉我其中的内容。你是否在信中建议他逃跑?他的朋友都建议他离开此地避避风头,可我们觉得他应该面对这一切,如果事出无奈,那么他也只好进监狱一趟了。"我回答说:"没有,我绝对没有让他逃跑的意思。"泪水打湿了威利的脸庞,我疑心他已经神志不清了。他继续讲下去:"没错,他可以逃跑的。在泰晤士河上有一条小艇正等着他,不然交 5000 镑的保释金也可以让他免遭牢狱之灾。就算小艇不能帮他逃脱,如果有必要的话,我还可以在后院弄个热气球让他逃走。可是他已经决定像耶稣基督一样直面这一切,他认为自己对妻儿负有责任。尽管希望渺茫,他还是要尽力一试。如果最终判决他无罪,他打算离开英国到国外过一段。之后他再回到英国,重新召集自己的朋友们。如果被判有罪的话,他将要洗刷自己的罪孽。"

我并没有见到奥斯卡·王尔德,他当时正在利文森夫人家中。利文森夫人是一个幽默风趣的犹太女子,曾为《笨拙画报》供稿。她身边经常聚集着一群文人和艺术家。不久之后威利·王尔德的妻子走了进来,她刚刚去探望了奥斯卡·王尔德。她坐下来,如释重负地说:"现在一切都安排妥当了。他说如果实在没法子,坐牢就坐牢吧。"

我的来访让威利·王尔德感激涕零,他那模样实在可怜。他说我带来的信都出自王尔德同胞之手,这定能帮他鼓起勇气。他说:"我不用多说你也明白,我和他的关系并不好。可是他来投奔我,他那模样仿佛一头受伤的麋鹿。我能怎么样呢?只好让他留下来了。"后来威利又告诉我当反对昆士伯里爵士的运动接近尾声时,所有旅店酒店都将奥斯卡拒之门外。他毫不掩饰地说奥斯卡·王尔德是罪有应得:"这都是他的虚荣心在作祟,让他鬼迷心窍。"我起身告辞,威利把我送到门边。他还说他所供职的《每日电讯报》可以刊发我的文章。后来我又搜罗到一沓支持王尔德的信件,并把这些信件送交法庭。可从那以后,我再也没见过奥斯卡·王尔德了。

二十八

  汉尔里的小女儿是在那段时间离世的吗？我已经记不清了。汉尔里和他妻子之间的关系不大好，而这个女儿是维系他们的纽带。汉尔里放荡的青年时代让他染上了恶疾，正是这种病害死了他的女儿。汉尔里整个人都被击垮了。他对我说："如果她能活下去，她一定会长成一个才貌双全的女子。"

  一天晚上，我们几个人在汉尔里位于莫特雷克的宅邸中小聚。汉尔里有个一事无成的兄弟，当时他也在场。据说这家伙当时的工作是为别人装裱画作，他刚入行不久，后来照例又以失败告终。汉尔里的这个兄弟是家族里的道学先生，喜好教训别人。我记得当时汉尔里说："在我年轻的时候，在夜深人静时，我最恐惧的就是梅毒。"他的兄弟立马接过话茬："说的没错，理应如此。"我们一群人围着一张方桌坐下。汉尔里的兄弟又说："你听说了吗？叶芝居然相信魔法！真是荒唐可笑！"汉尔里回答说："这没什么可笑的，黑魔法现在在巴黎可是很流行的。"之后他又问我："那不过是一种游戏，对吧？"我在汉尔里面前总有些怯场，况且我也不想和他们继续谈论这个话题。我敷衍地回答："如果一个人曾经见到了幻象，他就希望能看到更多的幻象。"片刻之后，汉尔里说："我想知道如何能见到我的女儿。一天晚上我就坐在这儿，我看到她走进来，在房间里四处游荡玩耍。后来我发现房门一直是关着的，我才意识到自己看到的是幻象。"听了他的话，所有人默不作声，一言不发。

二十九

一天我在河滨路上的某个咖啡馆中碰到了罗列斯顿，当时我们之间的关系较为疏远。我曾经提议让他占据议会中属于马由郡的一个席位，如此一来帕奈尔派在议会中的势力就更为稳固了。我的一个朋友是一位来自马由郡的年轻博士，他在该郡颇有势力。可是罗列斯顿拒绝了我的提议。罗列斯顿希望能通过格文·杜菲爵士的影响力，通过政党之间的联合重返国会。当时爱尔兰的党争正处于白热化阶段，对立的两派恨不能将对方置于死地。现在我对罗列斯顿已经不抱希望了。他没有一星半点激情，对各种生机和活力全然不觉。后来我还发现他背叛了我。当我离开伦敦前去建立民族文学社时，我曾与一位名为费雪·厄文的出版商达成一项协议，而厄文先生的客户爱德华·加奈则是我们的中间人。我和厄文先生约定：如果我与格文·杜菲爵士的谈判破裂，那么他将帮我出版一系列爱尔兰图书。当时在伦敦分会中，罗列斯顿和我并肩作战，我把此事告诉了他。可后来他却从中插了一脚，趁我回到爱尔兰的时候把格文·杜菲引见给出版商厄文先生。这一消息的确出乎我的意料。我千辛万苦凑齐了出版费用，赶往伦敦，却发现杜菲已经先我一步，和厄文先生达成了协议。中间人加奈先生说他还以为这全是我的主意。罗列斯顿毫无激情，对他人全不信任。在他看来，或许一个功成名就之人比任何许诺都更加实在。之前我曾如此信任罗列斯顿，可经过此事之后，我还是选择相信他。或许他那极具古典美的面容和彬彬有礼的态度又一次赢得了我的信任。

罗列斯顿和我讲起了所谓的"新运动"。那是一个秘密社团,其建立的初衷是为了高举芬尼亚主义的大旗,推进议会运动。罗列斯顿邀请我加入。我担心芬尼亚主义会卷土重来。只要建制派政党表现出弱势,芬尼亚分子便趁机发展壮大。英格兰人用"钟摆运动"一词形容政坛风向的变化,而现在我们也可用这个词来描绘爱尔兰的政治现状。只不过英格兰政坛的"钟摆运动"只是在保守主义和自由主义之间摇摆不定,而爱尔兰的"钟摆运动"给我们带来的却是失败、死亡和长时间的沮丧消沉。我曾借着这个"钟摆"的东风建立了自己的组织,我希望能借此振兴爱尔兰青年政治运动。我对其中的危险性并非一无所知,不过我还是希望他们能在绝望的深渊边缘悬崖勒马。我想起戴维斯也曾抱有类似危险而虚妄的期盼,我和他又有什么两样?我的尝试最终以失败告终,究其原因,我认为一是因为一群老手联合起来与我作对,二是由于茉德醉心于自己的政治事业,并没有给予我支持。

当时我接受了罗列斯顿的提议,暂时把茉德抛诸脑后。我也需要刺激,需要忘却。我记得当时我清楚地认识到他所描绘的这场运动会被无知的人们引入歧途,并让我们深陷某种可怕的阴谋罗网中,不过我已经做好了牺牲的准备。罗列斯顿为我引见了马克·莱恩博士。莱恩博士是伦敦的一名医生,也是这个新社团的领袖。来自美国的资金不再流入国会议员手中,转而交由莱恩博士来掌管。莱恩博士后来为我引见了另一位医生,不过他的姓名我却记不清了。我只记得那位医生的小诊所位于托特纳姆法院路附近。我们去到的时候刚好见到一个工人模样的人走出去。这位医生向我们解释说:"刚出去的这个人想要开张证明,证明自己并没有醉酒。他和妻子从音乐厅出来之后,他与某个警察发生了口角,结果被警察当成醉汉抓了起来。他希望能找个医生来证明自己没有喝醉。"莱恩博士问道:"那他喝醉了吗?""当然没醉。"

"那你给他开了证明了吗？"那个医生回答："没有，那个警察可是我最好的朋友。"我认为此人并非能长期共事的人，不过我在莱恩博士身上却发现了让人为之感动的仁慈之心。他并不是一个很有能力的人，不过他的影响力却不小。在他漫长的一生中，他与多名爱尔兰人为友。他资助他们，帮助他们开创自己的事业。当时与我最要好的朋友是里欧内尔·约翰逊，他和我一起登门拜访了莱恩博士。约翰逊为他的人格魅力所折服——莱恩博士对愚蠢之人颇为宽容，或许他天生就是一个大度之人。对于受过一些教育的人，莱恩博士总是抱有一种天真的信任，让人见之动容。后来一个疯狂且工于心计的恶棍对他施加了影响，不过当时他还未经历这一变化。在这个新成立的秘密社团中，莱恩博士的朋友大多是医生、农民和准农民，并没有什么具有真才实学的人物。在爱尔兰这片土地上，只有这类人才能理解我的政治理念，不过我的支持者大多属于更年轻的一代。我、罗列斯顿和约翰逊或许找到了实现政治理念的正确途径。

我加入了这个社团，不过并没有举行什么很正式的仪式。可是在我加入社团几周之后，罗列斯顿却退出了。据说一位芳名为爱丽丝·密里根的年轻女诗人某天晚上做了一个梦，梦见罗列斯顿有被逮捕的危险。毫无疑问，罗列斯顿英俊的脸庞让她浮想联翩，所以才做了这样一个梦。罗列斯顿本来对预言梦这种东西将信将疑，不过很明显，他对自己所从事的事业更无信心可言。他向我索回所有他写的信件和字条。这些信件和字条不过是一些轻松欢快的文字，并无任何违碍之语。可他还是担心自己的文字落入政府手中，成为不利于他的罪证。

在爱尔兰文学会的辩论中，我发表了一些颇为激进的演说。爱尔兰文学会原本是一个非政治性社团。都柏林分会如果不谈政治就会变成死水一潭，不过我认为伦敦分会或许可以成为爱尔兰人在异乡土地上的一处聚会场所。这条"不谈政治"的规矩只是为了适应当时的政治氛围。在演讲中,我并没有打破这条规矩,不过我说的每句话都蕴含着政治色彩。为此我不仅和一些较为年长的人吵了起来,我对爱尔兰统一党也产生了一种盲目的愤恨。爱尔兰统一党向来仗着人多势众,用冷漠来打击阻挠我们的运动。他们通过文字和口头的方式,对爱尔兰文学的精华大肆批判。他们攻击的目标是用英语写就的爱尔兰古老歌谣和盖尔人的英雄传说,"爱尔兰新文学"(包括乔治·鲁塞尔、里欧内尔·约翰逊、斯坦迪什·奥格拉迪以及我本人的作品)也成为了他们批评的对象。他们认为这些东西既粗俗又土气。对此我不停地进行反驳。我说他们并非真心喜欢莎士比亚和弥尔顿这些英格兰一流作家的作品,他们所喜欢的不过是英格兰的三流小说。他们的阅读范围仅限于此,因而他们也不可避免地受到这些三流小说家的影响。文学界发生的事在整个爱尔兰历史中又一次重演。现在他们所做的不过是模仿外国人的秉性和风度,将他人的想法当成自己的观点。而且他们所模仿的还算不上其中的精华部分。如此一来,本民族的民族性自然难以成形。我将这种模仿的推广称为"利诱机制"。只有通过模仿才有可能获得官职,取得成功,而本民族的生机活力却随之渐渐干涸。

我发现自己很不受人待见。我认为一个人心目中的自我形象是这个人立足于世的唯一心理支柱。可是如果许多人都对你做出负面评价,你对自己的看法也会不知不觉地发生改变。那种感觉仿佛是通过一双充满敌意的眼睛来审视自己。我记得某个法官在听了我的演讲之后便辞去了我们社团委员会的职务。要对付仇恨交织而成的罗网,不能使蛮力生拉硬拽,这样是不会有好结果的。你所能做的只是用灵巧的手指慢慢解开仇恨的死结,可是当时我并没有认识到这一点。再加上我崇尚浪漫主义,迷信激情,这种特质给我招来了更多麻烦。我记得那次演讲中我提到了斯威夫特在批判伍德作品时曾援引了一些不实数据。我说既然神志清明之人不能睁眼说瞎话，上帝就让这些人疯狂，如此一来就能顺理成章地胡说八道了。我把这类人称为"魔鬼附身的疯子"，不过这些人的疯狂中却蕴含着真理。这些谎言是"理智的谎言"，而这些疯子造就了各个民族。听完我的演讲之后，那位法官便退出了我们的组织。

当我与人闲谈时谈到政治，我很容易大发脾气。如果谈到的恰好是与我们社团相关的政治话题，我更是一点就炸。谈话过后我总要难受几个小时。不过社团委员会召开的会议却让我有时间深思熟虑，仔细推敲。在这个小集团中，我有很大的影响力，甚至算得上是一个核心人物。有一次我让里欧内尔·约翰逊对我在这一社团中的行为点评几句，他说："你只有一个缺点，那就是过于温和了。"

三十

我在斯莱戈的那段时间里曾收到戴安娜·弗农寄给我的多封来信，信中亲切的话语在我心中激起一种朦朦胧胧的兴奋。我记得她曾在一封信中提到她拜托一个乡下女人用茶叶为我占卜。我实在摸不透这话到底是什么意思，我为自己未能领悟她的暗示而颇感失望。乔治舅舅家那个名叫玛丽·巴特尔的仆人拥有预知能力，或许她能解开这个谜团。我本想向她打探一下，可不巧她当时又病倒了。后来玛丽·巴特尔告诉我这些信件实际上都是一些情书，只不过写信人自己或许都没有意识到。我听了她的话后大为惊诧。我从斯莱戈回来之后曾与戴安娜促膝长谈，这次谈话影响了我的一生，不过谈话的具体时间我却记不清了。我先是找到介绍我们相识的那个诗人俱乐部成员，当时他喝得醉醺醺的，说了些莫名其妙的话，做了些莫名其妙的手势。后来我和戴安娜单独聊天时，我又想起了这个人。戴安娜谈起自己离经叛道的生活方式，她说话的语气让我相信她有许多情人，我对此深恶痛绝。我想起了她的表亲，我在他和戴安娜的身上都发现了相似的弱点。他们两人的灵魂与众不同，喜好思考，或许在他们看来，现实世界太过空洞无趣了。这类人或是从神圣的宗教中寻求慰藉，或是从脉脉温情中获得满足，或是在放荡中自甘堕落。某位伊丽莎白一世时期的文人曾说过："寻欢作乐是最好的慰藉。"她肤色黝黑，容颜秀美，气定神闲，自有一种失败者高贵不凡的气度。如何能让我不为她心痛呢？我花了整整两个星期来考虑下一步该怎么做。

当时我很穷，如果让她和我一起私奔必定会碰上重重困难。如果我当真这么做，或许也只是将自身的悲剧转嫁到她身上，最终她可能会重新陷入堕落的生活中。然而，既然我无法得到我爱的人，暂时把心借给另一个女人或许能带来些许安慰。或许我心头的兴奋之情也影响了我的决定，可是当时我并未留意。两周之后我请求她离开家，和我一起出走。她为此开心了好几天。当时我亲吻了她，几天之后她说我那一吻完全是兄长式的，不过她却对此赞不绝口。现在回想起来，当时我的确有些忘形了。我实在不知该如何亲吻，难道还有更好的方式吗？我和她开始了首趟火车之旅，一起到克佑去玩了一天。她给了我充满爱意与激情的长长一吻，让我大吃一惊，手足无措。

后来我把自己在那两周的一些想法告诉了她。得知我当时对她的印象，她或是茫然若失，或是羞愧难当。那些放荡的行为只存在于她的想象中，而我则是她的初恋。我们决定在她离家之前，我们之间继续维持着朋友关系。她母亲年事已高，她决定等到母亲离世之后再实施我们的计划。我们决定各找一名女性友人做我们的见证人兼保证人，督促我们遵守这一约定。在接下来的一年里，我们不时见见面，会面的地点选在火车车厢里或是艺术馆中，偶尔我也会上她家去见她。我发现她也崇尚裴特尔流派。在达利奇美术馆，她教会我欣赏华托的画作；在国家艺术馆，她向我介绍了曼特尼亚的画作，并引起了我的兴趣。她说曼特尼亚是她最中意的画家。在那段时间里，我为她写下了几首颇为矫揉造作的诗歌，其中之一是《马群幻影》。我发觉自己再次坠入爱河，我感觉她仿佛我戏剧中那些温柔可人的女主角，已经成为了我的一部分。

我初次见到她的时候觉得她谈吐不凡，不过现在我发现她的言谈不似以前那么出色了。她时常心事重重，不过她举手投足间都散发出一种出人意料的青春气息，仿佛回到了二十多岁的年纪。

当时我和亚瑟·塞姆斯在坦博尔租了一套公寓，合住了几个月。塞姆斯隐约知道我有这样一位特殊的女性朋友，也知道我打算与她私奔，不过他并不知道她姓甚名谁。有一次塞姆斯在某个社交聚会上碰到了戴安娜·弗农。当时塞姆斯问能否上门拜访她，回来之后他对戴安娜更是赞不绝口。

有一次戴安娜和一位女性友人要来我家喝茶——这位女性友人正是知悉我们约定的保证人。我记得当时我并没有邀请塞姆斯。我自己一个人上街买蛋糕充当茶点，我拿着包裹好的蛋糕，在回家的路上我一直想着茉德·冈恩。直到我来到自家门前发现大门紧锁，我对茉德的思念才被打断。我发现自己忘带钥匙了，这件小事却让我方寸大乱。我本想找个锁匠来开门，不过最后也只是叫个人爬上屋顶，从阁楼的窗户钻进去帮我打开门。

塞姆斯直到当晚十二点才回到家。我拉着他："我有没有跟你讲过我和茉德·冈恩之间的故事？"我开始倾诉我和茉德之间的恋情，一直谈到凌晨两三点。塞姆斯是最好的听众，他像女性一样善于倾听。如果是一般的男人，他必定会对某个想法提出反驳，可塞姆斯却不会这么做。他会接过你的话茬，对你所说的话稍做补充，使其听上去更为饱满，更加顺耳。

茉德当时正在都柏林。几天之后我接到茉德寄来的一封信，这封信凌乱潦草，前言不搭后语。她在信中问我："你是不是生病了？是不是发生了什么事故？"她说有一天她正在旅店的房间里招待客人，却看见我走了进来。开始时她认为我是特地来看她的，可后来却发现其他客人根本没看到我，她才意识到她所见到的并不是实实在在的人，而是一个魂灵。她告诉这个魂灵在夜里十二点时再过来，它便消失了。夜里十二点的时候，茉德又看到我站在她床边，身上穿着奇怪的服装，打扮得像个牧师一样。这个"我"把她的魂灵带走了。我和她的魂灵旧地重游，来到几年前我们曾去过的霍斯，在悬崖边上游荡。我清楚地记得她信中的一句话："在霍斯的悬崖边，海鸟已经睡去，四周一片荒凉。"她所说的这天正好是我准备招待客人却又忘了带钥匙的那一天。茉德的来信让我心中的旧爱死灰复燃，开始与眼前这段新恋情作对。

后来，戴安娜的"保证人"邀我上门，她对我们离家出走的计划极不赞同，并对此大加批驳。她讲了一大堆理由，我在此无法一一罗列，因为如此一来就有可能会透露戴安娜的真实姓名。后来我的"保证人"也来找我，她也觉得我们的计划很不妥当，她给出的理由与我之前所听到的大同小异。这两位世故的保证人都建议我们干脆同居算了。戴安娜认为她丈夫对她的情感只剩下厌恶和冷漠，她想和他分居。她说："自从结婚以后，他不再以礼待我了。"此时她丈夫正陷入深深的忧郁中,身体健康也出了问题。戴安娜为此犹豫了,她说:"或许让他蒙在鼓里才是更为仁慈的做法。"

我和戴安娜各怀心事。有时我们也会谈到分手,不过我们总是说这是绝无可能发生的。我从坦博尔的公寓搬出来,搬进了沃本公寓。我为布置新居所花的钱非常少,如此一来等我的境况有所改观时,我就可以毫不心痛地把旧家当统统扔掉。我去买每一件家具戴安娜都陪着我。我还记得在托特纳姆法院路附近的一家店里,我和她当着店里伙计的面谈论床的大小,还谈到床面每增加一英寸,费用都要相应增加。现在回想起来,这实在是令人汗颜。

在我三十岁那年的一月份,戴安娜终于对我以身相许。当时我既紧张又兴奋,结果还是没能让她真正地成为我的女人。第二天我和她在大英博物馆约会,我们两人一起欣赏研究艺术品。我惊奇地发现我和她之间的关系似乎没有发生变化。一周之后她再次投入我的怀抱。那种紧张兴奋的感觉再次袭来,我还是什么都没干成。最后我们只是一起喝喝茶,聊聊天。我只是在她即将离开时吻了她。如果换作另一个女子,在经过此番经历之后,她对我的喜爱或许就变成了厌憎。不过戴安娜与她不同,她能理解我,也为我的烦恼而忧心。后来,那种紧张的感觉不再重现,我和她过了几天神仙眷侣的日子。她如此之美,可我却无法给予她与之相配的深情,对此我深以为憾。她无比贴近我的灵魂,她滋润着我的心田,与我的内心无比合契。正如达芬奇所说:"人们穷尽一生追求所爱之物。他以为自己是上天揽月,殊不知他只是在追求死亡。当他的所爱化作一个美貌女子出现在他面前,他便可为她抛弃所有。他亲吻她的双唇,可那不过是与死亡接吻。"

我和戴安娜之间的恋情只持续了一年,期间戴安娜去了一趟意大利，而我则去了一趟巴黎。我忙于维持生计，当时我的生活愈发艰难。她来的时候我总是魂不守舍，为别的一些事情操心。后来茉德给我写了一封信，她说她到伦敦来了，问我能否和她共进晚餐。我和茉德吃了一顿饭，而我的烦恼又增加了。茉德当然没有意识到自己闯的祸。当时我每天早上都读一些情诗，借此调节自己的心情。但是某天上午我并没有读诗，而是开始写信。戴安娜发现我的心情与她迥然相异，她哭着说："你心里有别人了。"我和她分手了，我们的关系中断了好几年。

三十一

在我搬进沃本公寓一年之前，当时我和塞姆斯合租一套房，还经常和戴安娜·弗农在达利奇美术馆和火车上约会。《萨伏伊》杂志就是在此时创建的。奥斯卡·王尔德的有罪判决对文学和艺术运动造成了毁灭性的冲击，不过诗人俱乐部并没有受到太大影响。我们的作品只在知识分子的小圈子中流传，并没有受到公众情绪的波及。对于我们的作品，那些从来不读的人自然看不上眼。而且我们还要竭力避开两种人：其一是打算参军的年轻人，其二是那些没有受过全面教育的人。尽管如此，我们出版的新书还是售出了三百多册。

不过我们这群人中还是有几个小说家、散文家和艺术家引起了公众的注意。他们为《黄册》①杂志供稿，或是写一些胆大妄为的文章，或是以简单粗暴的机智和幽默对维多利亚时期的传统发

---

① 《黄册》杂志：1894年到1897年间在伦敦出版的一份文学季刊。

出挑战，而他们的读者渐渐地站到了他们的对立面。在我们这个圈子里，当我们谈起这群人，就仿佛现在的年轻诗人和散文家谈起那些富有才干的继任者。当公众开始严肃地审视他们的作品，他们又重新为公众所接受。

两个长期在《黄册》杂志供职的年轻人激起了我们的钦佩之情——这两人就是奥布雷·比尔兹雷和麦克斯·比尔伯姆。公众对奥布雷·比尔兹雷尤为憎恶，反对他的情绪一再高涨。他原本是《黄册》杂志的艺术编辑，后来编辑部将他开除了。这一事件让我们怒火中烧。关于奥布雷·比尔兹雷被开除一事，埃德蒙·高斯曾提起这样一件事：汉弗雷·沃德夫人[①]曾给《黄册》杂志的出版商约翰·雷恩写了一封信，要求将奥布雷·比尔兹雷扫地出门。在寄出之前沃德夫人让高斯看了这封信，高斯说英国公众认为比尔兹雷的艺术是堕落的，可这一事实还不足以成为采取这种措施的充分理由。他说如果杂志的编辑部当真将他开除，那么公众就会认为他是罪有应得，可事实并非如此。沃德夫人辩解说是诗人威廉·华生授意她写这封信的——她所说的这位诗人不时发发疯，这也足以说明他为何指使沃德夫人写这封信了。最后沃德夫人说："我在英国公众心目中的地位使我不得不拿起笔写这封信。"高斯认为自己最后说服了她，她并没有寄出这封信。不过另一个人对此却持不同看法。比尔兹雷有一个姐妹，我在她行将离世之前经常去看她。她坚持说沃德夫人最后还是寄出了那封信。

沃德夫人究竟有没有寄出那封信实在不好说，不过威廉·华生的确寄出了一封攻击比尔兹雷的信，而这封信最终导致他被《黄册》杂志编辑部解雇。尽管比尔兹雷很少和王尔德说话，也不喜欢他，但他也和王尔德一样声名扫地。比尔兹雷总是生活在

[①] 汉弗雷·沃德夫人（1851—1920）：原名玛丽·奥古斯塔·沃德，英国小说家，"汉弗雷·沃德夫人"是她的笔名。

众人的目光中，他说："当我还是一个孩子的时候，我被称为'音乐神童'。我一走进门，房间里所有人都看着我。我还是想做一个众人瞩目的人啊！"他的姐妹告诉我如果没有外界的刺激他就无法工作。后来他渐渐消沉，走上了颓废放荡的道路，这种生活方式最终导致了他的死亡。

一天上午，臭名远扬的出版商里昂纳德·史密瑟斯来到方廷街找亚瑟·塞姆斯。史密瑟斯打算创办一份杂志，想让塞姆斯做杂志的编辑。史密瑟斯说他想借此提升自己的地位，即使有所损失也在所不惜——当然，这损失也不能太大。塞姆斯提出了两个条件：其一是史密瑟斯以后不要再偷偷摸摸地出版那些色情书籍；其二是史密瑟斯要聘请比尔兹雷做这份杂志的艺术编辑。话说回来，我认为当时塞姆斯尚未与比尔兹雷谋面。史密瑟斯接受了这两个条件。当时所有人都站在我们的对立面，我们与英国公众针锋相对。我们的出版商史密瑟斯声名狼藉，这对我们极为不利。不过对于所有异类而言，无论他们是因为道德上的问题还是实际罪行引起众怒，他们最终会发现除了抱团取暖外别无选择。塞姆斯想让我帮忙，我也对他提出了一个条件。我说在庆祝创刊号出版的庆功宴上我不得不与史密瑟斯碰面，但在那之后我不想再见到他，也不想上他家去。塞姆斯跑去找比尔兹雷，想把这个消息告诉他。他发现比尔兹雷躺在沙发上咯血，看上去病得很重。不过当他得知有工作可做，他又恢复了些许生气。

我去参加创刊号庆功晚宴时身上带着两封言辞激烈的信，写信之人都强烈反对我为这样一份杂志工作。其中一封是 AE[①] 写的，他把这份杂志称为"群魔的喉舌"。另一封信则是罗列斯顿写的。在晚宴上，塞姆斯向我讨来这两封信，故意当着史密瑟斯的

---

① 即乔治·鲁塞尔。

面朗读信中内容。他的意思是想让我们的出版商难堪，让他下不来台。当他宣读罗列斯顿的信件时，史密瑟斯大喊："把信给我！我要控告写信的人！"塞姆斯后退几步，把信藏到口袋里，接着开始朗读 AE 的信。这封信的语气更为激烈，在场的人渐渐安静下来。不久之后，比尔兹雷对我说："你听了我的话定会大吃一惊，但我还是要说，我觉得你朋友说的没错。"他接着说道："我一直被某些精神世界的东西所困扰。当我还是个孩子的时候，我曾在家里看到流血的基督出现在壁炉上方。但无论如何，我认为一个人即使心在别处，他也必须完成自己的工作。我认为这事关一个人的道德。"

晚宴结束后我本想离开，塞姆斯对我说："不，你还不能走。我们要到史密瑟斯家坐坐，否则他会不高兴的。再说了，以后你也不用去了。"史密瑟斯和比尔兹雷先行一步。等我们去到史密瑟斯的家，只见房间中央摆着两张椅子，比尔兹雷正躺在椅子上，而史密瑟斯正在鼓捣他的手摇风琴，直弄得汗流浃背。平时这台手摇风琴是用电的，不过当时停电了，或许是因为史密瑟斯没有交电费的缘故吧。为了能让我们听听音乐，史密瑟斯只得不停地摇动风琴的手柄。比尔兹雷不时跑到卫生间去咯血，不过他倒是对那优美的旋律夸赞了几句，还说这种演奏手法无与伦比。史密瑟斯听了好话不禁有些飘飘然，继续满头大汗地摇动风琴的手柄。

我在比尔兹雷身上发现一种非凡的勇气。这种勇气无论出现在男人身上还是女人身上，都体现了人类最伟大的品质。比尔兹雷的勇气不仅体现在他的一言一行和逻辑清晰的演说中，在他那些线条简洁的画作中也时有流露。他所患的痨疾经常让他看到一些放荡淫乱的幻象，而他则把其中蕴含的恐惧和狂野融入自己的画作中，最终使自己成为英国艺术界的头号讽刺大师。有一次我对他说:"比尔兹雷,你知道吗?昨晚我为你的作品辩护,我说各种丑恶之事点燃了你心中的怒火,而你正是在这种怒火的煽动下创造出那些画的。说实在的,除此之外,我实在想不出其他说辞了。"比尔兹雷说:"即使真是疾恶如仇的怒火驱使我挥毫作画,我画出的东西估计也不会和目前的画作有太大差别。"他总是实话实说,并以此为豪。在我所提到的这个时期,我在他身上并没有看到怒火,只看到了一种追求现实的激情,只不过这种激情已经冷如寒冰。

比尔兹雷有一个漂亮的情妇。我记得某天早上他来到我们租住的公寓,还带来了一个浓妆艳抹的女人——我猜想他刚刚与这个女人共度一夜。疾病使他的性欲难以餍足,据说他死前经常手淫,这也加速了死亡的降临。显而易见,他是一个生性放荡不羁的人,我从他身上感受到一股十分强大的力量。而在与他同龄的年轻人身上,我却从未发现如此强势的力量。我认为无论比尔兹雷从事什么行业,他都会成为那一行中的佼佼者。

欧内斯特·道尔森偶尔也会过来,不过大多数时候他都待在法国的迪耶普和附近的诺曼底乡村。他偶尔为《萨伏伊》杂志写写诗歌,或是为史密瑟斯做点翻译。大家对他的状况也是一知半解,据说他和另外两三个人与史密瑟斯时有联系,但他们并未真正担负任何职责。他做着这份毫无吸引力的工作,每周领取两英镑。道尔森这个人喜欢随波逐流,难以捉摸。在道尔森身上我看到了软弱——一种与谦恭有礼、待人和蔼这类美德相伴相生的软弱。我实在想象不出道尔森能在哪个领域取得成功。当时某个店主的女儿激起了他心底的激情,他不幸沉溺其中。对他而言,最好的结局莫过于摆脱这段感情,改掉酗酒的恶习,从颓丧堕落的泥潭中爬出来。他可以找一个容身之所,糊糊涂涂地活下去,过一种于己无害、与世无争的生活。不过后来酗酒和颓废堕落的生活方式还是要了他的命。他眼窝深陷，干枯得像具骷髅，可他却能用极为玄妙优美的词句写就诗歌，为那些"愤世嫉俗而欢天喜地的汉子们"叫好助威，而且他也当仁不让地把自己视为这些"汉子"中的一员。

有一次道尔森写了一篇颇为大胆直白的文章，塞姆斯打算刊发这篇文章，并给它寄去了校样。我记得此事发生时我还住在方廷街上的公寓中。道尔森写信来表示反对，不愿刊发这篇文章。他在信中说："我只想在一个诺曼底小村庄里过一种勤勤恳恳、与世无争的生活。"不过在这封信寄到之前，一封后发的电报却先行一步，来到塞姆斯手中。这封电报也是道尔森发的，他在电报中写道："已被拘捕，卖掉戒指，快寄钱来。"道尔森曾留下一个戒指给塞姆斯，让他在情况紧急之时换钱救人。后来我们弄清了整件事的真相：原来道尔森喝醉了，和村里的糕点师傅打了一架。不过给他寄钱也是多此一举。当治安官要拘捕他的时候，当地一些心怀同情的村民说他是一个"有名的英国诗人"。听了这话治安官说："好吧，那我就逮捕糕点师傅好了。"

我和道尔森并不熟，是通过塞姆斯才认识他的。在某些场所道尔森可谓是声名鹊起，不过我一般都避免涉足这类场所。塞姆斯说如果道尔森没有喝醉酒，他对女人正眼都不瞧一下。"他难道不是钟情于那个店主的女儿吗？"我问道。"不错，不过如果道尔森喝醉了，无论是干净还是邋遢的女人都能满足他的要求。"塞姆斯回答说。道尔森花了三便士在一栋普通公寓中租了一个床位，他只有一半时间在那里落脚。道尔森之所以选择这样的住处并不是因为囊中羞涩，而是因为他根本不在乎。那间公寓里的饮食颇为粗劣，不过道尔森却能泰然处之。对他来说，只要一杯酒下肚，所有一切都仿佛脱胎换骨了！

有一次塞姆斯来到迪耶普，在经过某个饭店门口时碰到了道尔森。他扯着塞姆斯的大衣,指着和他一起喝酒的妓女说:"你知道吗?她还会写诗!我们两人就像白朗宁先生和白朗宁太太!"在我搬到方廷街之前,道尔森在某天晚上曾带来一个女人。塞姆斯说这个女人是"一分姿色,两分打扮",后来他就把这个女人叫作"一分姿色"。当时正好碰到两三个文学青年上门拜访,他们正围坐在炉火前。为了能更好地烤火,那个妓女脱掉身上所有衣物。她开始讲述自己的故事,她说她曾想拔掉第一根阴毛,并从中第一次感受到性的萌动;她谈起自己如何被诱骗失身;讲起她所碰到的男人;她说有一个老头要看到她拧断两只鸽子的脖子才能达到高潮,因此他来找她时总是带着一个篮子,篮子里装着几只鸽子……当天晚上她不时和某个文学青年走进卧室,她的故事也就此中断。在场的人中只有塞姆斯对她嗤之以鼻。塞姆斯对女人很挑剔,女人们很难取悦他,对此他也引以为豪。每当我想到道尔森漫无目的,无论碰到什么样的生活都照样能过下去,当晚的这一幕便会在我脑海中浮现。道尔森任由摇摆不定的情绪拨弄,他创造的作品没有浮华的辞藻,没有鲜明的观点,也没有自我的表达,只是最纯粹的音乐。

我从里欧内尔·约翰逊那儿也能听到关于道尔森的消息。和塞姆斯比起来,约翰逊和道尔森更为熟络。约翰逊可以原谅一个罪人,但绝不能容忍一个异教徒;而塞姆斯则用激情四溢的优美诗句为性欲大唱赞歌,可约翰逊对他所歌颂的性欲却一无所知。因此这两人都看对方不顺眼。有一次塞姆斯对我说:"据说约翰逊认为他自己能帮助道尔森。想想看,他们俩在一起会是什么情景啊!他们两人摇摇晃晃地沿着牛津街漫步,不然就坐在格雷旅店约翰逊的住所中。约翰逊大谈特谈教会和神职人员什么的,道尔森听得不耐烦了,他站起来说,'我要到东区花十便士找个妓女解解闷。'约翰逊轻轻地按按他的肩膀,让他坐下来,'别去了,喝一杯就好了。'"

我和约翰逊也日渐疏远了。有时他会来找我,如果我不给他喝酒,他就一脸阴郁,一言不发;如果我给他喝酒,他很快就酩酊大醉。我每次和他见面都能看到他醉醺醺的丑态。我觉得自己有责任管束他,还曾经想让他报名参加某个苏格兰戒酒机构,可他却拒绝了。"我根本不想改掉喝酒这个习惯。"他说。约翰逊原本在我们这些爱尔兰团体中颇具名望。他说着冠冕堂皇的英语,音节中特有的抑扬顿挫仿佛把听众带回了十八世纪。听众们不由得想起了格莱敦,想起了爱尔兰议会。开始时约翰逊并不喜欢茉德·冈恩,不过在一次公共晚宴上他正好坐在茉德身边,对她的看法也有所改观。晚宴结束之后他对我说:"我开始以为她做这些工作是为了出名出风头,但现在我发现并非如此。她做这些事都是出于一种责任感。她演讲时并没有乐在其中,她的手不停颤抖,看得出她是逼迫自己进行演讲的。"约翰逊的生活犹如一潭死水。我曾带他出席了一些会议、演讲和公共晚宴,或许于他而言这就是"积极生活"的全部。他抛弃了整个世界,只愿沉溺于书籍之中。他说:"叶芝应该在图书馆里埋头苦读二十年,而我则应该投身荒野二十年。"

约翰逊的写作风格让我想起了裴特尔作品《文艺复兴研究史》中的序言以及《享乐者马里厄斯》中《纤弱的灵魂》一章,只不过约翰逊把裴特尔的论点和文风发展到极致,我感觉太过文绉绉了。对他来说,最完美的文学表达形式皆源自他最钟爱的书籍。他经常一觉睡到日落时分,在夜深人静之时工作阅读。他发现我们的生活充满了偶然,所有人都无法摆脱这个世界的混沌无序。约翰逊正如诗人马拉美所言"读遍天下书籍",在这之后又有什么事能激起他的兴趣呢?或许在他看来,生活中的"头等大事"就只剩下贪杯滥饮了。只有酒后的迷醉之感能为他的生活带来些许变化。

约翰逊经常说他与某位名人聊天，并就此编造出多段谈话，可事实上他与谈话的对象却素未谋面。他过着离群索居的生活，或许编造子虚乌有的谈话是为了满足他自己的某种需求，为这种沉闷的生活添加一抹色彩。他总是言之凿凿，到最后就连他自己都相信确有其事了。在约翰逊上大学期间他就开始想象自己与格拉德斯通对话。我刚认识他的时候，他总是提起他与曼宁主教之间的一段对话，当时我们对此居然深信不疑。他说："当我初次见到曼宁主教的时候，他问我是否打算投身宗教。我回答说我打算做个文人，曼宁主教说：'我一直认为文人身份不过是宗教生涯的入门阶段。'"约翰逊编造的这段"曼宁主教名言"渐渐广为人知。当曼宁主教去世时，一本名为《十九世纪》的杂志甚至还想请约翰逊写一篇纪念曼宁主教的文章。当这段有名的"私人谈话"被公之于众，约翰逊颇为恼怒，让我有些摸不着头脑。我坚信约翰逊和曼宁主教从未谋面。不过即使曼宁主教已经离世，约翰逊还是不想改变当初自己的那套说辞。

到了后来，约翰逊只要提到一个稍有名望的人都要说："我和他很熟。"接着他又回忆起关于这个名人的往事，他所说的故事听起来颇合情理，还能让人有所感悟。他对公开私人谈话这种行为颇为抵触，或许这种情绪中也有几分真实。他对一切与个人私生活有关的事物都漠然置之。裴特尔在其作品《想象的肖像》中塑造了一个名为塞巴斯蒂安·凡·斯托克的文学形象，这个年轻人拒绝他人为他画肖像画。我觉得约翰逊和这个书中的年轻人十分相像。在约翰逊十六七岁之后，他再也不愿让人为他画肖像画了。他那颗小小的脑袋颇为独特，与大英博物馆中某些古希腊风格的头像颇为相似。他知道有些画家一直盼着能把他这颗与众不同的脑袋画下来，不过后来他沉溺于酒精之中，与沉醉如影随形的颓丧将他淹没，使他完全脱离了自己的同类，画肖像一事自然也无从谈起了。

从理论上来说，我认为约翰逊是一个极端的禁欲主义者。在我与约翰逊相识初期，有一次我和他一起去到一间廉价的小馆子吃饭。很快一道道菜肴就摆上桌了，我觉得这里的吃食比我们在贝德福德公园吃到的肘子和布丁强多了。我发现约翰逊每灌下一杯酒，他的说教就迈上一个新台阶。最后约翰逊提到了圣徒杰罗姆，他说圣杰罗姆为了不受尘世所扰而阉割了自己，他还为这位圣徒大唱赞歌。还有一次他给我念了一篇他写的小说——一篇从未发表的小说。小说的主角是一位学者，他总是对死亡之门背后的世界满怀渴望，最后自杀了。故事的细节我已经记不清了，我只记得主角的遗言是拉丁文，极尽煽情之能事，对所谓的"荣光"和"辉煌"大加赞颂。

我从约翰逊那儿学到了一种高尚威严的风范。他最喜欢"神圣"一词，在他的影响下，我学会欣赏生活中一切"神圣之物"。他似乎认为人的灵魂可以获得永生和不朽。当他陷于宗教情绪之中时，他便进入一种欣喜若狂的忘我境界。从约翰逊身上可以看到发生在这一代人身上的悲剧：当一个人脱离了现实世界，沉溺于空想之中，他的灵魂从世界这部大机器中剥离出来，只能自生自灭，最后成为一种难以承受的负担；如果这缕精魂未能融入宗教信仰中，它便会在自然与超自然之间的虚空中游荡。与其说约翰逊无法活下去，不如说他根本不愿活下去。后来约翰逊在酗酒后猝死，在解剖其尸体时人们发现虽然他的大脑是成年人的大脑，可他身上的其他器官却没有发育完全。换言之，这是一个成人的大脑长在一个孩子的身躯上。

我在方廷街和沃本公寓居住的那段时间里，塞姆斯是我最亲密的朋友。他凡事都与我商量，而他本人也成了我的咨询顾问。

我觉得只有塞姆斯这样的人才担得起"颓废派文人"这一称号。所谓的"颓废派文人"不过是当时流行的说法,并没有什么实际的意义。他做任何事情都不会太过分。裴特尔推崇一种"平和而有节制的生活",不过我们这个圈子里大多数人都难以保持心平气和。我认为在我们所有人之中,只有塞姆斯有可能拥有这种平和节制的生活。我还记得我和塞姆斯曾讨论过这一问题,我们俩还疑心问题出在我们身上,或许我们缺乏某种品质。这次讨论的确让人心灰意冷。后来我们决定测试自己是否节制过头了——我们打算每天晚上十二点时先灌下两瓶威士忌,看看是否还想喝第三瓶。坚持了两个星期之后,我们终于放弃了。一天晚上我们坐在桌旁,按照以前的习惯在每个人面前摆上一玻璃杯温水。我半开玩笑地说:"塞姆斯,如果我们能放纵自我,说不定有望成为更加优秀的诗人。"

我常对塞姆斯说:"没错,你是一个讲道德的君子,只不过你遵从的道德都是一些不合时宜的老古董。"塞姆斯总有一个情妇陪伴在他身侧。他拿出为杂志社选稿的认真劲,精挑细选,最终选中了一个芭蕾舞女做他的情妇。不知道这个情妇是否对塞姆斯施加了不好的影响?这个问题经常让我们头痛不已。塞姆斯总是渴望与有趣有名的人攀谈,而且他这种欲望过于显山露水了。有一次我和他去看了一场杂耍,过后他对我说:"叶芝,我想起自己还从未和一个耍蛇人谈过恋爱呢。"

塞姆斯在二十几岁时来到伦敦。在这十年间,女人们在他的生活中来来往往,不过他却从未动过真情。他为不期而至的情愫所左右,而存在于自我意识中的自制力让他珍惜这种情感。他曾遭遇了一段虚无缥缈的恋情,这让他大吃一惊,大受震撼。在这段恋情中,塞姆斯仿佛变成了一个为情所苦的女子。他心仪的对象是演唱团的一个女歌手,之前他从未和她说过话。塞姆斯每天晚上都跑去看她的演出，渴望能和她见上一面，可惜这一切最终还是徒劳。整个合唱团都知道塞姆斯对这个女歌手的感情，可她最后还是拒绝了。她是一个私生女，某个专教女孩子跳舞的老妇人把她抚养成人。她认为对于她这种人而言，要想在这个社会上立足，不仅需要一段合法婚姻，还要生下许许多多的婚生子女。可是合唱团的其他女孩曾对她说："如果你跟了塞姆斯，你不可能生下许多孩子的。"后来塞姆斯当真和她见了面，可她不过是和塞姆斯同乘一辆双轮马车走了一段，除此之外再无其他了。

之后塞姆斯真心喜欢上了一个芭蕾舞女。这个女孩非常钟意他，给他做了几年情妇。一天晚上塞姆斯来找我。他无精打采，一脸沮丧，说某个有钱人向他的情妇求婚，而她则让他决定两人的未来。塞姆斯的一个朋友来找我，他希望我能运用自己对塞姆斯的影响力，让他趁此机会和这个芭蕾舞女结婚。我不想担这个责任，再说了，我并不了解这个女孩。关于这个女孩我只了解到一鳞半爪的信息，不过这些信息足以让我对她产生正面的印象。最后，塞姆斯终于放手了，这个芭蕾舞女现在已经成了某位乡绅的太太。

有一次我和塞姆斯发生了争执。与塞姆斯分手后我对他曾向我倾吐的"爱之不幸"进行了总结，并以标题的形式粗略地记录下来。后来他打算在凌晨三四点时乘火车离开，我前去送他，并把这份东西交给他。塞姆斯跑到一个小山村里，写了一首名为《爱的牺牲者》的诗歌，把我的"总结"也融入了这篇作品之中。在此次争执（又或是另一次争执？）之后我们两人和好了，他对我说："叶芝，她心肠很好。你知道，她总要找个人伴她终生。她知道我会心生嫉妒，于是就找了一个女人。"

在我认识的人中，塞姆斯是最聪明、最富有同情心的。他的评论看起来总是有根有据，只不过这些"根据"都源自朋友间的谈话。他每去一次法国回来后总会把"龚古尔如是说……"挂在嘴边,后来又换成"马拉美如是说……"。有一次他写了一篇关于比尔兹雷的文章,我发现其中的某段文字源于我曾参与的某次谈话。后来塞姆斯结了婚,远离了婚前那个圈子,他作品中的好奇心和活力也渐渐消失了。只有当他作为学识渊博的行家进行评论或抒发情感的时候,他才有可能写出美妙动人的诗句。我觉得日常生活并不能深深地打动他。在我们这个圈子里,如果塞姆斯走上毁灭之路,那肯定不是由于激情驱使,而应归咎于他的漫不经心。

三十二

　　王尔德出狱了,关于他的消息不时传来。他在法国和意大利四处游荡,并传话给他所有的朋友:"我会好好活着,洗刷我的名声。"可惜后来他的身体垮了,他也不再为此努力奋斗了。道尔森说他曾在迪耶普碰见王尔德,并试图让他洗心革面。他想帮助王尔德培养"正常的口味",于是便打算带他到妓院走一遭。不过当时他们两人身上的钱只够一个人逛妓院,最后这个机会还是给了王尔德。王尔德果真到妓院里走了一遭。道尔森陪着他走过大街小巷,周围还有一群闲人大呼小叫。道尔森和这群闲人就站在妓院门外等着王尔德。王尔德出来之后说道:"这是我十年来头一次逛妓院,不过也是最后一次了。那种感觉就像在啃一块冷冰冰的羊排。无论如何,你可以把这一消息在英国大肆宣扬一下,这对恢复我的名誉有好处。"

（注：接下来写艾尔希·盖尔斯①。）

三十三

在《萨伏伊》杂志付印出版期间，我和塞姆斯一起前往爱尔兰一游。在此次旅行之前，我对戴安娜·弗农施了催眠术，并问了她一些问题。戴安娜对时下流行的神秘主义知之甚少，不过我发现我所使用的秘符对她产生了极大的作用。在施法过程中，我感觉到她贴近了某些知识之源，而这些知识之源与我参与的秘术团体所提出的理论显然是一脉相承的。我第一次发现戴安娜拥有灵力是因为她提到了几个希腊词汇。我记得她用"euceladon"一词来形容太阳神阿波罗，她解释说这个词的意思是"公正的"。后来我查阅了希腊词典，发现这个词的意思并非"公正的"，而是"和谐的"。我所参与的秘术团体很少使用希腊词汇，不过我们经常用"公正"一词来形容某个古埃及的太阳神。

当时我在写作方面碰到了一些困难。我写了《炼金术的玫瑰》等几首诗，这些诗歌节奏很慢，其语言颇为精巧，只是我在写作《凯丝琳女伯爵》和早期一些诗歌时体会到的那种乡土情愫已经不复存在了。我觉得自己写作的目标就是提升爱尔兰人的想象力，可我最新的作品对此却毫无帮助。我实在不知该如何是好。或许我最终会写一些精雕细琢的神秘主义作品，而这种东西犹如无源之水、无本之木。现在的我敢于纵身跃下思想的深渊，

---

① 艾尔希·盖尔斯（1868—1949）：书籍设计师和诗人，是道尔森和塞姆斯的朋友，后来成为史密瑟斯的情妇。在接下来的部分，叶芝并没有写到艾尔希·盖尔斯。——原注

可当时的我并没有这么做。一些模模糊糊的念头在我脑海中初现端倪，以某种富有寓意的鸟兽形象在我梦中出现。我把这些梦的碎片提取出来，想看看其他拥有灵力的人如何解读，并打算把这种解读当成解开谜题的辅助手段。我让戴安娜进行解读，她说："太阳对做梦者施加了过多的影响，他应该居住在水边，不过要远离太阳影响力集中的树林。"或许戴安娜自己对这段话的意思也不甚了然。

我和塞姆斯去了斯莱戈，在本布尔山上住了几天。之后我们在爱尔兰长住了一段时间，期间我们曾前往阿伦群岛游玩，同行的还有来自图里拉堡的爱德华·马丁。他是一位新朋友，是塞姆斯的朋友乔治·摩尔介绍我们认识的。我一直记着戴安娜所说的那段话，于是便和塞姆斯一起前往图里拉堡。图里拉堡的主人爱德华·马丁看上去粗粗笨笨的，那模样仿佛一个其貌不扬的教区神甫，一望便知他母亲是农民出身。看着眼前这个人，你怎能想到他的居所竟然是如此宏伟的一座城堡？在前往图里拉堡的火车上，我对塞姆斯说我认为马丁的家是一栋简陋的两层小楼，一些能干和气的仆人光着脚丫，为我们忙进忙出。去到之后我才知道马丁是一座城堡的主人。尽管一些当代的哥特元素为这栋建筑添了几处败笔，可整栋宅邸仍不失宽敞气派。城堡的墙上有许多鸦巢，方形的古塔巍然耸立。城堡里还有一片宽阔的操场，可以想见，中世纪的士兵曾在这操场上习武操练。眼前的一切足以激起我们心底的浪漫主义情愫。后来马丁带我们去看两间客房，并让我和塞姆斯选择自己的卧室。我提议说用抛硬币来决定，塞姆斯为此教训了我一顿，说我这样实在很失礼。或许在他看来这栋建筑庄严肃穆，是不能随随便便开玩笑的。

在图里拉堡逗留期间我决定召唤月之灵力，我认为那是我灵感的主要源泉。我一连九个晚上施法召唤，不过却没有太大的收获。在最后一个晚上，我准备就寝时看到一团炫目的光芒，一个半人马和一个美丽的裸女身处其中。那个裸女正对着天空中的某颗星星射箭。她看起来就像安放在台座上的一尊雕像，她肌肤的色泽如此曼妙，任何凡人的肤色在她面前顿显黯淡无光[①]。塞姆斯对我所看到的幻象一无所知，不过在第二天早餐时分，他给我念了他写的一首诗。这是他写的第一首梦境诗，他提到了梦里一个美艳的女子前来找他，他把她称为"所有诗人的灵感之源"什么的。不过和我所见到的有所不同，塞姆斯梦里见到的这个美女是穿着衣服的。我所见到的幻象让我无比兴奋，我再也无法守住这个秘密了。当时还有一位名为弗洛里蒙德·德·巴斯滕洛特的法国老伯爵住在图里拉堡里，他是一个虔诚的天主教徒，在海边拥有几片田地。后来德·巴斯滕洛特伯爵说起几天前他做的一个梦，他梦见了海神波塞冬。这个梦太过真实了，吓得他赶紧跳下床把房门锁紧。他提起这事时一脸严肃，看得出他是认真的。或许锁上房门就能抵挡的梦境几乎与现实无异吧。

不过马丁却颇为恼火，我不得不承认正是自己的所作所为惹恼了他。有一次我跑到城堡的塔楼去找个空房间施法，而这间房正好位于城堡小教堂的上方。之前我并不知道教堂上方的房间一定要空置，而在这样的房间里施法召唤会妨碍祈祷之声上达天听。在其他人上床就寝之后，马丁还要花上几个小时来阅读《圣克里索斯托姆》。我觉得我和马丁有许多共同之处，而他禁止我提起"施法"、"召唤"这类话题也让我深感遗憾。我觉得召唤也是一种祈祷，只不过这种祈祷有明确的目的，其中融入了热切的渴望，是有意识地发掘人类潜能的一种方式。

几天之后一位新朋友前来登门拜访。来者是格雷高利夫人，

[①] 在1896年8月，叶芝曾给下文提到的威廉·夏普写了一封信，信中提到这个幻象。——原注

她邀请我到科里庄园小住一段。据说她在我来到此地之前就已经为我搜罗了不少神怪传说。人们无法评判那些冥冥中的未知力量,不过我还是认为格雷高利夫人的到来是对我之前某次召唤的回应。我对此真的确信无疑吗?还是将信将疑?一般人及其心智会受到月亮的影响,而且格雷高利夫人的宅邸恰好就位于湖边。不过为什么附近会有一片树林呢?戴安娜的"预言"不是警告我要远离树林吗?况且之前我只召唤了月亮之灵和水之灵呀?

不过在格雷高利夫人家中我找到了我一直追寻的东西——一种有条不紊的生活和劳作。在这种生活中,所有外界的事物皆是内心世界的反映。在外祖母家度过的岁月让我对气派的大宅子、花园和树林产生了喜爱之情。我时常想起利萨德尔那些灰色的村居和海泽尔伍德家的宅邸,还有马克瑞家半隐半现的塔楼。于我而言,这一切代表着一种充满自然美的生活。在这种生活中,劳动者和仆人们的一举一动如同鸟兽树木一般同属自然的一部分。对我来说,那些形单影只的城镇住房——那些无法感受到鸟兽植物四季变化的房屋都不能称之为"房屋",充其量不过是"牧人的帐篷"。外祖母家的宅邸年代并不久远,当时曾外祖父初到斯莱戈,用一艘帆船把家当搬到此地。只可惜这艘船还未到达目的地就沉没了,与那艘船一起沉入海底的还有他的宝剑和一座大钟。外祖父说那钟非常名贵,是举世无双的宝贝。尽管曾外祖父未能将祖传的家当搬到斯莱戈,在历经几代有文化的子孙之后,在宅邸中的家具上、雕像上、画像上以及周围林地边缘和田地里都留下了几代人日常劳作的印记。我觉得自己天生是一个终日劳作的仆人,而非无所事事的主人。所有与劳作相关的形象都让我倍感亲切。世上有些事物需要我们为之劳作,可人类却运用自己的分析能力将这些事物分解得支离破碎。看到这我不禁悲从中来。

我对格雷高利夫人了解不深,我曾听马丁老夫人说女人们都很怕她。毫无疑问，格雷高利夫人是一位既能干又和蔼的女士，可她的善良和能力能达到何种程度？我去到格雷高利夫人家之后，她带我参观她家的藏书室。从十八世纪三十年代以来，她丈夫的先辈们便开始收藏书籍。在这里我看到了许多装帧精美的经典名著，书的封面是用小牛皮制成的；此外还有一些关于农业和植树的书籍和近八十年来最受英国人欢迎的书籍。我走进藏书室才几分钟格雷高利夫人就问我能否给她安排一些工作，让她为我们的文化运动也出一份力。她半开玩笑地说我除了让她阅读我们这些人的作品之外也没能给她找到什么工作。我记得当时我对她说："如果您看了我们的书，再看看我们这群人正在做些什么，您很快就会知道自己该做什么了。"

我在格雷高利夫人家小住期间并没能写出什么东西。后来我又去了她家一次，情况也是如此。当时我身体状况欠佳，而格雷高利夫人又热衷于带我去拜访居住在茅屋里的当地乡民。后来我得知当格雷高利夫人发现我没能写出什么东西，她对此颇感失望。

塞姆斯返回伦敦之后看到了一篇小说。这篇名为《弓箭手》的小说是威廉·夏普[①]写的，并被收入他的作品集中。不过当时我们都以为这是一个名为菲奥娜·麦克里奥德的人写的。这篇小说

---

① 威廉·夏普（1855—1905）：苏格兰作家，擅长写诗歌和传记，从1894年起开始使用"菲奥娜·麦克里奥德"这一笔名进行写作。叶芝提到的《弓箭手》中有这样一段："……他诧异地瞩目凝视，只见一个背着一张大弓的阴影飘过——那应该是一个身材高挑的女子。她停下脚步，拿起弓，射了一箭……那支箭射中了一头小鹿。负伤的小鹿跳着跑开了，其哀鸣在夜色中消散。那支箭正好射中了小鹿的心脏，穿透小鹿的躯干，继续飞驰。最终带着鹿心的箭射入一棵白桦的树干中……莫名的思绪一直萦绕在我心间，我明白这不过是我看到的幻象。我明白小鹿代表着受难的耶稣基督，而那个暗影弓箭手正是在夜空中射猎星星的猎人。这一夜过去之后，在晨光熹微的黎明，我正身处科诺纳赫里奇，我看到一名女子对着星空不停地射箭。"（出自《悲剧罗曼史》，格迪斯出版社，1897年出版。）——原注

219

中的"我"看到了一个幻象：一个女子对着夜空射箭，而另一名弓箭手则对着一只小鹿射了一箭，那支箭刺穿了小鹿的心脏，带着鹿心继续飞驰，没入树干之中。当时夏普不可能得知我所看到的幻象，而且他所写的还有部分是我没有见到的景象。后来我前去拜访研究卡巴拉体系的学者怀恩·韦斯科特，询问他这些符号到底有何意义。韦斯科特打开一个抽屉，从中取出两幅画，其中之一画的是一个正对着星星射箭的女人，另一幅则是一个半人马。这两个符号也是卡巴拉体系中某种神秘的意象，不过我当时尚未修炼到这两个秘符所属的境界。之后韦斯科特让我仔细看画中的星星，那颗星星仿佛一颗正在燃烧的心脏。他说这颗心脏代表着卡巴拉生命之树的中心提费勒斯，也可被看作是耶稣之心。女射手是卡巴拉体系中的高级神祇，而半人马是低级神怪，他们守在萨米克小径旁。这条小径连接着日月，连接着代表"基石"的伊索德和代表"美"的提费勒斯。后来我想起神秘莫测的小鹿也是耶稣基督的象征。

　　后来秘密社团的一个女性成员告诉我她的孩子曾对她说："啊，妈妈，我看到一个女人正对着天空射箭，我好怕她会射中上帝啊！"我想借助戴安娜·弗农的灵力，于是就此事询问她。她说："一共有四个人看到了，那个孩子会死掉，他们会获得比蛇更古老的智慧。"那个孩子死了吗？我实在无从得知。我当时的确是心不在焉，竟然连那位母亲的名字都忘记了。或许，那个死去的孩子不过是一个符号，或许他代表着经常以孩童形象出现的酒神伊阿修斯？其余三个人究竟指的是谁呢？当时我觉得蛇的寓意很明显，不过后来某个卡巴拉主义者向我解释之后我才真正了解这一意象的含义。萨米克小径是一条笔直的道路，巴尔扎克在其作品《塞拉菲达》①中曾称之为"人类的印记"和"精神意志之路"。而戴安娜提到的蛇应该是卡巴拉之蛇,代表着循环不息的自然。或许,重重阴影通过幻象接纳了我,使我成为其痛苦纽带中的一环。亨利·摩尔②曾说过神灵也会"钓鱼",他们以梦为饵,漫无目的地抛出手中的钓线。对于我们这些凡人来说,我们别无选择,只能朝"鱼饵"飞扑过去。从表面上看,这一切是自我的一部分在某种超自然力的影响下,在每日川流不息的思绪之河中塑造了一个静止不动的意念,而这一意念与日常思绪迥然相异。可我深知事实并非如此简单。我宁愿相信,这种意象于我不过是一种尚未明了的思绪,是肉体与灵魂之间的紧密联系。冥冥中有某样东西在徒劳地劝我停止这永不停息的漂泊,劝阻我的不是心灵,也不是意志,而是一个居住在我内心深处的精灵。

三十四

我去了向往已久的巴黎。我在卢森堡附近的考尼耶饭店落脚,住了一段时间。在那里,我第一次见到了约翰·希恩③。我喜欢希恩,他的真诚和学识打动了我,不过我并不认为他是一个真正的天才。我记得是某个不速之客介绍我们认识的,他告诉我还有一个爱尔兰人住在饭店顶层。当时希恩研究法国文学,主要以拉辛为研究对象。他打算写一些关于拉辛的文章发表在英国报刊

---

① 《塞拉菲达》:巴尔扎克的一篇小说,塞拉菲达是一个雌雄同体的大天使。
② 亨利·摩尔(1614—1687):英国哲学家。
③ 约翰·希恩:全名为埃德蒙·约翰·米灵顿·希恩(1871—1909),爱尔兰剧作家、诗人和民谣收集者。

上,还希望能借此维持生计。我说要说到写评论文章,塞姆斯总是胜人一筹。我告诉他我刚去过爱尔兰的阿伦群岛,既然他通晓爱尔兰语,不妨到那些地方去走走。他可以发掘不为人知的生活方式,用文字描绘这种生活,使其为世人所知晓。后来希恩说:"新素材使人感到震撼,而这恰是风格诞生的源泉。"

不久之后我在马克格雷格家中住了一段。英国人把我们的运动称为"凯尔特运动",而马克格雷格·马萨斯在这场运动的影响下,将自己的姓"马萨斯"略去不提,只留下"马克格雷格"这个名字。因此大家都称他和他的家人为"马克格雷格一家"。在那段时间里,我经常见到茉德·冈恩,我对这段恋情的希望又死灰复燃。我想向她证明我对她的深情不是可以随随便便抛诸脑后的。我要怎么向她证明呢?当着她的面把手放到火中,即使被烧伤也满不在乎吗?随着我与她见面次数增多,这个念头一直萦绕不去,不过我最终并没有付诸实施。之所以没有这么做并不是因为我怕痛,而是出于对疯狂的恐惧。当时我甚至怀疑自己是不是真的疯了。一天早上我喃喃自语,给自己讲述了一个全然不同的故事。故事的内容我已经记不清了,我只记得我想象自己的手受了伤——不,不是烧伤,而是骨折。我想象自己的手臂安上夹板,用吊带吊在胸前。在早餐之前我去取报纸,回来的时候在门口碰见了马克格雷格夫妇。马克格雷格夫人问我:"你的手怎么了?"我回答:"没事,只不过我的手骨说要给它上夹板。"或许我当时精神过于集中,由此产生了一种幻觉。

我记不清上述事件发生的准确时间。我去过巴黎很多次,我也记不清哪件事是在哪趟巴黎之旅期间发生的。一天早上吃早餐的时候马克格雷格对我说:"昨天夜里我看到一个男人站在拱廊里,他穿着苏格兰传统的短褶裙,披着格子花呢布,他的短裙上还写着'麦克里奥德'几个字。"当天下午我开始不寒而栗,不时袭来的寒颤持续了好几个小时。每打一个寒战我都会想起威廉·夏普和菲奥娜·麦克里奥德。我把这事告诉马克格雷格，而他则开始显示出自己的超感能力。他说夏普急需帮助，还说："我知道这很疯狂，不过这是一种神圣的疯狂。"我们两人都想起了菲奥娜的神话传说——想起那个居住在遥远小岛上的女人，她总是美艳万方，灵感四溢。接着马克格雷格说："让我太太来处理这件事。"之后我跟着马克格雷格夫人走进内室，走进门时我说："真奇怪！刚才我的一颗心一直为夏普和菲奥娜所占据，可现在似乎整颗心都空了。"马克格雷格夫人说："我对你施了法，把你的灵魂送走了。"回想起来，当时我真是傻得可以，竟然为了这件事给威廉·夏普写了一封信。后来我收到了一封不可思议的回信，信是夏普从一家海滨旅馆寄来的，满纸写的都是"我和美丽的菲奥娜"。夏普说他当时病得很重，某种精神疾病让他饱受折磨。我突然出现在他面前，为他治病。他说我化身为一只巨大的白鸟前去帮助他，后来他告诉菲奥娜自己的病已经好了。几年之后，我从夏普夫人口中得知，当时威廉·夏普的确是独自一人待在海边，其时他已经发疯了，他去那儿是为了和自己的疯狂做斗争。

而马克格雷格本人也生活在一个鬼影憧憧的世界中。他说自己有时在人多热闹之处碰到某个陌生人，他会没来由地感觉心头一紧——这种感觉让他知道他所见到的并不是活人。他还说这些鬼魂是他的导师。我问他："你怎么知道你所看到的不是幻象？"他指着从自家花园通往大街的小径对我说："有天晚上一个陌生人和我沿着这条小路走了一段，后来我们撞到了送牛奶的男孩。那男孩说：'真糟糕！我居然撞到你们两个！'"此时马克格雷格的精神开始分裂，后来他还为此被我所参与的秘术团体驱逐出会。与此同时，凯尔特运动和华尔特·司各特的作品渐渐消磨他的斗志。尽管他从未到过苏格兰，而他所谓的苏格兰祖先不过是……①可后来他竟养成了穿着苏格兰服饰的习惯。不仅如此，他用"伙计"一词来称呼所有男性，还大杯大杯地灌白兰地。或许在他眼中，白兰地等同于英籍苏格兰诗人诗中所写的威士忌。他希望自己能扮演罗布·罗伊②之类的角色，妄想着在某个苏格兰高地王国复辟斯图尔特王朝。那个时代的预言家们都预言会发生一场世界大战，马克格雷格也不例外。他让他的妻子学会紧急救护技术，如此一来他们就可以在战争爆发时加入流动医疗队了。有一次他让我看他手腕上的刀伤，他说这是他和他的妻子参加一场学生运动时留下的。他希望这场运动是点燃"全球大战"的导火索。

为了配合茉德的工作，我提议在巴黎建立一个"青年爱尔兰协会"，并为此付出了努力。开始时我把希恩拉入这个团体，不过不久之后他就退出了。茉德使这个团体成为一个具有芬尼亚主义色彩的组织。我记得希恩说："只有当爱尔兰感觉到安全时英格兰才算是没有亏待爱尔兰。"除了这句话之外，我从没听到希恩说过任何一句与政治相关的评论。

三十五

几年来茉德一直投身到一场政治运动中，其目的是为了让爱尔兰政治犯获得赦免。这些人大多被判了无期徒刑，在波特兰和达特摩尔服刑。这些犯人使得茉德焕发出母性的光辉，虽说她并没有成为"头戴星星王冠的爱尔兰母亲"，不过却获得了 27 名特

---

① 叶芝的手稿在此处缺失几个字。——原注
② 华尔特·司各特作品《罗布·罗伊》中的主人公。

赦犯的爱戴。在她身上，我不仅发现日渐增长的朴实纯真，也发现了对自我的屈服。她恨英格兰，不过那并不是刻骨铭心的仇恨。相形之下，她的善良比她的仇恨更为强烈，对任何囚徒的探视都会使她深有感触。

有一次，茉德的怜悯之心赋予她一种非常准确的预见能力。后来她把这件事告诉我，过后我重新推敲其中的细节，只可惜当时我并没有把这件事记录下来。这件事的始末是这样的：茉德前往波特兰监狱探望多个囚犯，面见了三四个囚犯之后，她见到了一个囚徒。这个人的一只眼睛已经瞎了，另一只也快要看不见了。当时茉德身处一个类似牢笼的空间里，而那个囚徒则站在两三英尺外的另一个牢笼里，一个狱卒站在两个笼子之间。当时与茉德同行的还有一个英格兰画家，她认为这个画家与某份报刊有关联。狱卒不能打断外来探视者之间的谈话，为此茉德带上这个画家与她一同前往。如此一来她既可以向囚徒传达信息，又不用担心被问及一些禁止回答的敏感问题。那个囚徒看上去痛苦万分，他试图告诉茉德他的眼睛是如何瞎掉的。狱卒禁止他谈论这个问题，还威胁说如果他继续说下去，就马上把他扔回牢房去。可这个人还是紧紧抓住牢笼的铁栅栏，不管不顾地讲起自己的故事——大意是监狱管理不善以及某些方面的疏忽导致他失明。这时茉德突然开口了："别说了，我知道你的眼睛是如何瞎掉的。别着急，六个月后你就能出狱了。"茉德说当时她并不知道自己为什么要说这番话。后来这个囚徒被带了下去，接着又有其他几个囚徒接受探视。茉德对所有囚徒说他们即将获得自由，还明确地说出他们出狱的时间。在此期间茉德浑浑噩噩，仿佛身处梦中，过后她才明白到底发生了什么事。当探视结束后，两人走出监狱。这时英格兰画家对茉德说："你和所有囚徒说他们即将获得自由，可你也知道他们都被判处了无期徒刑。我知道你这么做是出于好意,不过这样也实在太残忍了。"茉德说:"我几乎什么都不记得了,不过我肯定我所说的话最后都会变成现实。"那位画家告诉茉德她刚才还预言了每个人获释的准确时间——一年后、两年后或是半年后。茉德告诉我后来她的"预言"都分毫不差地应验了。当然,茉德为此付出的努力是这些"预言"实现的主要原因。莫利①并没有信守诺言,他也为此失去了国会议席。茉德推出一个工党候选人与莫利抗衡,并使工党候选人在爱尔兰地区的投票中占尽优势。最后茉德还使自由党主体成员发生了分裂。我记得她说那段时间她很忙,每天写信回信就要花上近八个小时。

三十六

我和茉德一起投身于一项事业——一项我认为是虚耗光阴的事业。茉德说有人提议在都柏林建造一尊沃尔夫·透恩②的雕像,为此她打算到美国去筹集钱款。她需要都柏林社团的授权,可是在这一过程中她却碰到了一些说不清道不明的阻碍。我们在我的住所召开了一次会议,新运动的主要成员都出席了会议。我提议给茉德授权,最后我的提议得以通过,而茉德也如愿以偿。我的这项工作总算是完满结束了,不过在此过程中有一件事引起了我的兴趣。这段时间以来我一直对这场新运动不闻不问,我发现参与者中只有一个接受过完全教育的人能听懂我说的话。这个人引

---

① 约翰·莫利(1838—1923):爱尔兰政治家,1892—1895年间任爱尔兰秘书长,于1895年失去国会议席。他曾许诺支持爱尔兰政治犯获得特赦,然而在1894年10月29日,莫利在接见为此事而来的都柏林代表团时却拒绝为此采取任何行动。——原注

② 沃尔夫·透恩(1763—1798):爱尔兰革命家。

起了我的关注,我记得他的名字似乎是塞勒斯。他是报春花团的成员,这个团体是一个统一派的极端团体,不过却又虚情假意地与芬尼亚派携手。当时美籍爱尔兰革命者分裂为两个不共戴天的派系,其中一派被称为"泰兰格派",另一派被称为"德沃伊派"。这两个派系之所以发生争端是由于德沃伊派指责泰兰格派杀害了库鲁宁博士。都柏林委员会是站在德沃伊派这一边的,而我的朋友们都支持所谓的"谋杀者"——泰兰格派,而塞勒斯也属于泰兰格派。起初我对这些派系斗争缺乏了解,直到塞勒斯不再出席我们的会议时我才知晓整件事的始末。库鲁宁博士被杀事件已经过去了好几年,法庭也宣判这起案件的嫌疑人沙利文无罪[1]。现在我们也不可能横跨大洋去重审这起案件。当时我想如果我能当上委员会的主席,我就能使这场运动免于分裂。后来我真的当上了主席[2],却发现这项任务的确是任重道远。

我像写小说一样制定了一个宏伟的计划,可我并未考虑到那些即将与我共事的人。都柏林委员会是一个拥有两三百成员的大团体,我们一步接一步地采取行动,开始为散布在英格兰和苏格兰的各个团体发声,因而也获得了向这些团体派遣代表的特权。不久之后一个更大的组织开始给予我们支持。在沃尔夫·透恩雕像的奠基仪式即将举行之前,我听到有传言说将会有两万美籍爱尔兰人前来参加,他们还为此特地租赁了船只。美西战争已经爆发,不过这场战争当时还未能吸引人们的关注,他们也不会因此而改变计划。为什么不能把我们的委员会变成类似爱尔兰议会这样的团体呢?当时爱尔兰存在着四个派系:帕奈尔派、反帕奈尔

---

[1] 亚历山大·沙利文于1889年5月被捕,其罪名是谋杀帕特里克·库鲁宁博士。——原注

[2] 叶芝曾被选为百年纪念组织执行委员会(包括英国分部和法国分部)主席,马克·莱恩(Mark Ryan)担任财务部长,乔弗利·拉维尔(Geoffrey Lavelle)任书记。——原注

派、官方认可的爱尔兰统一党和新统一党。其中以卡斯尔顿爵士为首的新统一党希望能与英国谈判，建立更为公平的财政关系。能不能让这四个党派在奠基仪式上发表演说呢？帕奈尔派和反帕奈尔派是不敢拒绝这一邀请的；我们曾就此事询问过卡斯尔顿爵士，得到了一个模棱两可的承诺，我认为他也会来的；至于对统一党的邀请不过是走走形式而已。我认为如此一来我就能借机提出自己的设想——最好能提出类似英格兰沃尔夫·透恩协会那样的正式策略。对，就这么办！在此之后我们将建立正式严谨的选举制度，使我们的委员会长期占据主导地位。只有当与爱尔兰命运休戚相关的议题出现时，各党派才有可能派出代表参加威斯敏斯特议会，而且他们也只能作为我们的代表去参与其中。英国政党会出现两极分化趋势，而一些偶然进入决策团体的独立个人也会变成不可预见的强大阻碍。因此，这种方式能减少爱尔兰民族付出的代价。我们的委员会还要让所有人明白：只要能获得成功，不一定要拘泥于立宪立法这种形式。如此一来，我们就能把芬尼亚分子和建制派争取过来。我本应想到这一举措有可能产生十分可怕的反作用，可当时我却疏忽了。

　　那段时间的记忆已经成为碎片，零星的记忆开始在我脑海中浮现。当时发生的一件事显示了我的勇气只存在于想象之中。有一次我和一个疯狂的无赖①前往都柏林参加会议。在会上他胡搅蛮缠，实在是有失体统。我想站起来平息纷争，可是却被当时的会议主席奥利里制止了——当时他并不清楚我意欲何为。我们回去之后，那无赖向中央委员会进行了汇报。他的报告歪曲事实，颠三倒四，可当时我既没有解释，也没有辩驳，只是任由他胡说八

---

① 此处删掉"弗兰克·休·奥唐纳尔"几个字。弗兰克·休·奥唐纳尔（1848—1916）于1874年担任戈尔韦地区的议会代表，于1877年担任邓加文地区的议会代表，还曾担任大不列颠自治委员会副主席。——原注

道。我从没见过这样的人物。老实说，我被这个人吓到了。过后我竭力纠正他给大家造成的错误印象，不过我的努力也是收效甚微。

委员会每周举行一次例会，我注意到每次会议即将结束时都能看到一位老人走进来，和秘书说几句话之后就离开了。我打听这位老人是何人物，其他人告诉我说这位老人原来是一所学校的校长，他年轻时发誓不沾烟酒，把节省下来的钱都捐给爱尔兰革命事业。他每周捐献的 2.5 先令沉甸甸地压在我心头，让我觉得我们花起钱来实在是太大手大脚了。

我还记得当时委员会提议颁发一枚银质奖章，奖章的图案包含一些常见的符号：圆塔、狼狗、十字架和竖琴。我们委员会的成员不仅是政客，还是虔诚的天主教徒。尽管如此，鉴于帕奈尔失败事件刚过去不久，大家都觉得十字架这一符号对民族大业并无帮助，决定去掉奖章中的十字架图案。他们派了一个人去向设计奖章的艺术家说明情况，可是艺术家辩称说如果去掉了十字架，旁边的竖琴就显得无依无靠了。最后我们还是接受了他的建议，保留了十字架。

我记得在德比赛马日当天一个醉汉跑来向我们道歉。他说之前一些年轻人不知道我们的身份，对我们出言不逊，为此他特地来说声对不起。他看着我们一群人，突然犹豫起来，最后他说："不，这声道歉我说不出口。现在我什么都不在乎，只在乎维纳斯、阿多尼斯和天上的星星。"

我记得茉德为了激起公众的热情提出了一系列建议，这些建议都很不错，而我们也接受了其中的大部分。过后茉德对我说："今天早上我躺在床上，听到一个声音让我写下这些提议。我把它所说的一一记录下来。后来我发现这个声音开始说话时，房间里的钟却停了。"

我记得有一次我走进位于德奥利尔街上的都柏林委员会办公室。我发现大门、办公室门和柜门都敞开着，房间里空空荡荡，只有一个架子上搁着十八镑的金币。

我还记得发生在1897年女王登基六十周年的那次暴动，这段往事总能在我心中激起某种自我嘲讽之意。起初茉德·冈恩答应了詹姆斯·康纳利的请求，准备在一个社会主义派别的小型例会上讲话。当时詹姆斯·康纳利还是一个工党的小头目，后来他在1916年的暴动中被处以死刑。我和茉德前往都柏林参加委员会会议，我们发现满大街粘贴的告示说社会主义团体将在戴姆街举行集会，在主要发言人的名单中，茉德的名字赫然在列。茉德不是社会主义者，也从未在都柏林露天集会上发表演说。她写信回绝了这一邀请。康纳利为此事登门拜访，当时我也在场。他对茉德说如果她拒绝在集会上发表演说，那他本人就毁了，从今往后再也不会有人相信他的话了。茉德的态度很坚决，最后康纳利只得离开了。我看到他那一脸沮丧的样子，实在是于心不忍。经过我一番劝说之后，茉德心软了。她坐汽车前往康纳利的居所，回来后一脸同情地向我描绘康纳利的妻子、他的四个孩子和他们的住所。

第二天一大群人在戴姆街聚集。当茉德发表演说的时候，一个老妇人不停地在她面前挥舞一张小画像。据说这幅画像一直被当成传家宝，放在一个神龛里供着，上面画的是某次大暴动中牺牲的一名烈士。老妇人高声大喊："在她还没出生之前我就参加运动了！"茉德在演说中提到了这样一件事：前一天正好是一个周年纪念日，按照习惯，她要到烈士的墓地去扫墓；在圣米奇安墓地，守墓人以当时正值维多利亚女王登基六十周年为由禁止茉德进入墓地。茉德用低沉的声音缓缓说道:"难道因为女王要庆祝登基六十周年,我们就不能扫墓了吗?"听众们都听到了她的话,一时间群情激愤。

当天晚上我们在城市大厅召开会议,我们出来的时候看到民众们聚集在大厅周围等着我们。之后我们前往位于鲁特兰广场的民族俱乐部,民众们也跟着去了。在民族俱乐部门外放映着幻灯片,向大家展示爱尔兰民族在维多利亚女王统治期间有多少人死于饥饿,又有多少人被流放。茉德还策划了一个"葬礼",这一活动就在距离俱乐部不远处举行。只见一口棺材上印着"大英帝国"的字样,周围竖着几面黑旗,旗帜上密密麻麻地写满人名——这些人都是在维多利亚女王统治期间以叛国罪被判处死刑的。这一年是维多利亚女王登基六十周年,街边的一些窗户为此挂上了装饰品。不久之后有人开始打砸那些挂有装饰品的窗户。对此茉德一脸得瑟,看得出她的一颗心完全是向着这群人的。我知道她的原则,也知道她不会进行阻拦。当一群人开始做些违法之事,此时如果进行劝阻的话自然也有可能平息一场骚动,不过前提是要确保自己的人身安全,不能以身犯险。我试图说两句,可我的声音实在太过微弱了。在刚才的会议上,我在一场混乱的辩论中讲得太多了,嗓子早就哑了。不久之后我也放弃了,任由当时的兴奋将我淹没,我也尝到了权力的滋味和一种不负责任的快感。

在民族俱乐部里我和茉德吃过茶点,之后我趴在一张长桌上写东西。我经常坐在这张长桌旁,花上一整天时间写一些于政治无关的文字。突然,一个无比兴奋的人冲了进来,嘴里大喊着:"大事不好了!警察打人了!大事不好了!"茉德马上跳了起来,说她要出去看看。旁边一个人说她这样贸贸然跑出去会受伤的。我让其他人把大门锁起来,不让茉德出去。当时我的脑子似乎不大灵光了,我居然还为自己没能趁热喝茶而感到遗憾,现在也只能任由茶水慢慢冷去了。我对茉德说如果她不说清楚出去后的打算,我就不放她出去。为此茉德大发雷霆——现在回想起来这倒也合情合理。她说:"如果我不出去的话,我又怎么知道下一步我要干什么?"我说如果她保证不会趁我开门时冲出去,我可以先出去探探情况。我的嗓子已经嘶哑,说起话来和耳语无异,出去后又能做什么呢?对此茉德当然不答应。事后她说我害她做了一次逃兵,这可是她一生中唯一一次临阵脱逃!当天晚上我去到各个报社,宣称对此事负责。在我印象中,两百多人在此次事件中受伤住院,一位老太太被警察击伤后去世。

三十七

我记得我们在登基纪念日当天召开了一次会议。在两三百个代表中,原本支持我们的只有寥寥数人,不过茉德在反对派中成功地为我们赢得了许多支持者。我们的组织原本花销过大,而茉德也开始着手缩减每周的开支。当时群情激愤,秘密团体趁机暗中破坏。尽管如此,茉德还是赢得了许多人的赞同。她仪态万方,她的声音低沉甜美,友人和敌人都为她鼓掌叫好。暴动过去一年之后,我们举行了奠基仪式,还在都柏林举行了一次大游行。自奥康奈尔百年纪念游行算起,此次游行是二十多年来在都柏林举行的游行中声势最为浩大的一次。我认为这场游行的一个直接后果是使爱尔兰各党派重新团结在一起。在这次游行中,走在最前面的是都柏林委员会的多数派及其支持者,我和茉德乘坐一辆小马车紧随其后。在我们后面,爱尔兰各党派人士并肩而行。我听到约翰·雷德蒙德①对反帕奈尔派领袖约翰·狄龙说："刚才我走到队列最前方,一个司仪对我说:'雷德蒙德先生,您的位置在后头。'我对他说:'我就待在这里好了。'他回答说:'这样的话我就得带您回到原来的位置上。'"在奠基仪式上我提到此次游行是民众对爱尔兰公共政治纷争的无声抗议,我说:"正是人民大众掀起了这场运动。"人群中响起一个声音:"不,是茉德·冈恩掀起的这场运动。"

经过这一系列事件后,我得出了自己的结论:我并没有鄙视那些争论不休的党派。尽管他们在纷争中表现出阴险刁滑、不择手段的一面,可我还是认为这种争论自有其价值。我真正鄙视的是这些人不知从哪儿学来的所谓"政治"。现在我知道自己的宏伟计划是不可能成功的,都柏林委员会也绝无可能成为爱尔兰议会。

三十八

我请求都柏林的一家报刊专门为这场新运动开辟一个周刊专栏,报社的人也同意了。在回家的路上我把这件事告诉了之前曾与我一同出席会议的无赖先生。关于这个人我实在说不出什么好话,我只能称之为"疯狂的恶棍"。几天之后,我还未来得及将此事上报给委员会,那个专栏中就出现了一篇报道。这篇文章颇具浪漫主义色彩,很能吸引人们的眼球,其内容是某个不为人知的

---

① 约翰·雷德蒙德(1856—1918):爱尔兰议会中的民族主义代表,在爱尔兰党重新联合后于1900年担任爱尔兰党主席。——原注

秘密组织所进行的种种活动。这篇报道中所提到的事与新运动毫无关联，其真实性也未能证实。后来那位无赖先生的公寓发生了煤气爆炸，他本人也因此住进了医院。我被派去探望他。当时我和他说了几句话，随后我发现自己所说的话出现在另一篇报道中。这篇报道说这些话源自一个名为"香农廷"的分支机构。事实上，这根本就是一个子虚乌有的组织。"香农廷"之类的秘密社团给读者们留下了深刻的印象，而无赖先生也借此成功把持这个专栏几个月之久。后来他与我为敌，指责我带有一种反天主教的偏见。我的这一恶名直到现在仍未能洗刷干净。

几个月之前，我在伦敦逗留期间见到了一份传单。传单中满是毁谤中伤之词，对迈克·达维德进行了恶毒的攻击。如果我没有记错的话，其中还牵涉到达维德的母亲或某位近亲。我发现这份传单的署名为新运动某位官员的专用笔名。之后我前往巴黎，把这份传单也带了去。我发现茉德已经看过了传单，她也表示此事无法接受。我们两人都做出声明：如果相关人士不撤回这份传单并就此事公开道歉，我们绝不会参加新运动的任何一次会议。我们正在为此事忙个不停，第二份传单又出现了。这份传单所署的也是笔名，看样子是都柏林方面的人士。这份传单错误地断定第一份传单的始作俑者是伦敦某个医生，并对他进行了恶毒攻击，还牵扯上他的母亲或近亲。伦敦方面的朋友说他们对此束手无策。我怒火中烧，写了一篇檄文，指责这两份传单的作者都是无耻之徒。后来奥利里对都柏林方面施压，而茉德则想方设法劝说伦敦方面。最后伦敦方面正式接受了我们的条件。他们所做出的承诺是印发一份正式声明，并在此前那两份传单可能传播到的区域进行散发。至于他们是否真的能散发到各处消除影响，我们也没有细究。看到这两个秘密团体不仅要在声明上签字，推翻之前自己所说的一切,还要自掏腰包印刷散发这样一份声明,我们也就心满意足了。我一直保留着那份声明,并将其视为一份战利品。

当此事接近尾声时,我们发现其中一份传单的作者正是那位"无赖先生。"他是一个阴险狡诈之徒,如果他的心没有被邪恶的激情点燃,他倒是一个很能干的人。看到他我想起了传统观念中所说的"堕落的灵魂"。在我看来,他本人正是这一概念的绝佳体现,在这一方面简直无人能及。他曾经风光一时,可后来却被帕奈尔抢尽风头。我实在不清楚他和达维德之间到底有什么新仇旧怨。与其说他是一个人,不如说他是一架机器。他身上的每个齿轮都无比精确地转动着,而仇恨和嫉妒则为他提供动力。不久之后他开始朝我倾泻复仇的怒火。这位无赖先生后来因挪用公款而被起诉。在布尔战争①期间,布尔共和国为支持爱尔兰革命运动而捐助了两千英镑。而"无赖先生"却把这笔钱视为自己的政治影响力所带来的回报,将其收入囊中。另一事件则与一位法国官员有关。当时法国作战部与法国外交部的策略并不完全一致,法国作战部派了一位"官员"(其真实身份是间谍)与我们进行谈判。可无赖先生却向德尔卡斯先生②告密,出卖了这位官员。后来他又印发了一系列传单,对茉德发起恶毒攻击。无赖先生曾想在爱尔兰党中获取一席之地,如此一来他就会成为更加危险的造谣分子。我不想让他的阴谋得逞,于是便去找约翰·狄龙,向他展示了相关事件的一些证据。尽管狄龙和我不熟,可他却是个光明磊

---

① 布尔战争:此处指的是第二次布尔战争,也被称为南非战争。1899—1902 英国政府和布尔人建立的德兰士瓦共和国和奥兰治自由邦为了争夺南非的领土和资源而掀起了一场战争,最后英国政府迫于舆论压力和战争造成的巨大损失,和布尔人签订和约。

② 泰奥菲尔·德尔卡斯(1852—1923)曾在 1898 至 1908 年间和 1914 至 1915 年间任法国外交部长。—原注

落之人。无赖先生曾从布尔共和国捐款中抽取一百英镑，作为入党费交给爱尔兰党。后来爱尔兰党将这笔钱还给我们了。

三十九

　　1897年和1898年夏天我在格雷高利夫人家中小住，往后每年夏天皆是如此。有时我从格雷高利夫人家出发前去开会，会议结束后又回到科里庄园。我依稀记得在1897年某天我来到德·巴斯滕洛特伯爵的住所，和他一起度过了一个下午。他是爱尔兰统一派成员，之前我们在图里拉见过面，我觉得他并不喜欢我，不过后来我们却成为好朋友。德·巴斯滕洛特伯爵在每年初夏时分来到此地，他的住所是海边的一栋两层小楼，距离科里庄园八九英里。他刚到的时候，他住所的门前还聚集着一大群鸡鸭鹅，不过等到初秋他离开此地前往罗马的时候，那些家禽一只也见不着了。他年轻时纵欲过度，腰部以下已经瘫痪了。现在他把自己的暮年时光花费在宗教事务和做礼拜上。在此次拜访中，我提到自己曾计划建造一座剧院，可后来还是放弃了。在爱尔兰，到哪儿能筹到钱呢？不过我倒希望能在伦敦筹钱建一所小剧院。如果我的剧本写得好，我的作品迟早会传到爱尔兰的。我认为格雷高利夫人是德·巴斯滕洛特伯爵最好的爱尔兰朋友。之前她曾写了一份传单，反对格拉德斯通的自治法案。不过我觉得格雷高利夫人本质上还是支持统一派的。尽管如此，她知道我的计划之后还是提出要为我们的首场演出募捐。

　　此时我们碰到了法律上的阻碍，我们的计划只能在对某些法律条文进行修改后方可实施①,如此一来又耽搁了一年。最后首演的剧目定为爱德华·马丁的《石楠园》和我的《凯丝琳女伯爵》。贝蒂·贝尔福女士也帮了我们一把,她打算在秘书长的住所排演《凯丝琳女伯爵》中的某一幕。她问我能否参加,我解释说我不能随意出入一位官员的宅邸。此时托马斯·威廉·罗列斯顿刚来爱尔兰定居不久,贝尔福女士又问我是否认为罗列斯顿和某位民族主义文物研究者②能演好剧中魔鬼这一角色。我回答说他们俩的外形都不错,于是贝尔福女士就把他们也请来了。他们两人知道我一直生活在充斥着暴力的环境中,明白什么是安全的,什么是危险的。既然我已经首肯了,那么参与演出应该不会带来某种政治上的危险。不过几个月后,这两人都接受了官方授予的职位③。那位文物学家当上了一家博物馆的馆长,没人指责他违反原则——本来他在政治方面就缺乏热情。可是却没有人愿意为罗列斯顿说话。之前罗列斯顿印发了一份传单,敦促都柏林方面以更加热情的姿态接受维多利亚女王的统治,他正是凭借这份传单获得了这个职位。我觉得罗列斯顿本人并没有意识到此举不过是在讨价还价,不过或许持这种看法的只有我一个人而已。罗列斯顿发现了真正属于他自己的"政治",对他而言,他所秉持的民族主义信条不过是孩童的玩具,听到用餐铃响起后马上抛到一边。想想看,当初他还能写出"在宁静的水乡,在玫瑰盛开的地方"这样的好诗句!此前我还以为他能成为爱尔兰民族的领袖人物呢。

---

① 1898年7月11日,一项针对爱尔兰地方政府法案的修正案得以通过。该修正案提出如果都柏林国民委员会提出申请,爱尔兰总督有权不定期颁发戏剧上演的许可证,在任何经过许可的建筑内上演戏剧。——原注

② 此处所说的民族主义文物研究者为著名考古学家乔治·科菲(1857—1916)。——原注

③ 叶芝对科菲的指责并无根据,早在1897年6月科菲就开始担任国家科学艺术品博物馆馆长兼馆内爱尔兰皇家学会藏品及爱尔兰文物管理员。——原注

我经常去找乔治·摩尔,现在他在戏剧方面的知识可派上大用场了。他与爱德华·马丁关系很好。马丁之前的好友是一位迷人滥情的斯滕伯格爵士,不久前刚死于酗酒。乔治·摩尔顶了这位爵士的缺,成为了马丁的密友。我发现这样一个现象:某些非同一般的有德之士可以杜绝某些人性的弱点,不过他们却会与具有这种弱点的人结交,并与之成为好友。马丁和摩尔也是如此。马丁是一位有识之士,脾气温和,通情达理。不过他对生活缺乏热情,而这一特质也使得他的聪明才智黯淡无光。他在宗教问题上的小心谨慎使得他一直在现实世界边缘徘徊。在感情上,他保持一种半心半意的"贞洁",而这种"贞洁"也在他所谓的"纯洁的肉体关系"中得以体现。他对女人毫无兴趣,摩尔曾说他对同性怀有一种无处伸张的激情。有一次摩尔对马丁说:"我想你认为两个男性之间的性关系比两个女性之间的性关系更为自然吧。"马丁说:"无论如何,至少没那么恶心。"这件事是摩尔告诉我听的,我怀疑马丁的回答是他捏造出来的。

乔治·摩尔在思想上很容易屈服。他总是屈从于自己新冒出来的想法,如果有人认为他的新想法无足轻重,他就要和别人理论一番。在他一生之中,他总是不遗余力地唾骂其他的想法——包括他自己之前的想法,那情形仿佛一个女人在咒骂抛弃自己的爱人。在他眼中,法律、尊严、社会规则、科学、宗教……以及他自己的过往都是他的敌人。除了他当时的想法之外,余者皆不值一提。

摩尔和马丁不会对彼此抱有什么不切实际的幻想。他们都是无比聪明的人,都能深刻透彻地了解对方。有一回我提到摩尔又想出了什么好点子,听到这话马丁对我说:"叶芝,我认识摩尔的时间比你长,他这个人是不可能想得出什么好点子的。"就在同一个星期,摩尔对我说:"马丁是极端自私的人,这世上没有比他更自私的人了。他认为我要完蛋了，可他对此却毫不在意。"尽管如此，这两人总是一起吃饭，还一起到欧洲大陆去旅行。

后来又发生了一件事，我们整个计划眼看就要泡汤了。当时有传言说《凯丝琳女伯爵》离经叛道，一个神甫宣称该剧为异端邪说。马丁当时正打算支付演出的前期费用，听到这一消息他退缩了——不过最后他还是支付了全部款项。我去见了乔治·摩尔几次，我和格雷高利夫人都马上意识到他正身处险境之中。我又去找了摩尔一次，逼他许诺这段时间不再与马丁见面，他写给马丁的信也都要交由格雷高利夫人过目。现在除了两个神甫之外没有人为我们说话。我们的戏剧必须经过投票表决，大多数人认定这出戏合乎正统才能上演，如此一来又要耽搁好几天。我收到了耶稣会的芬莱神父和著名作家巴瑞神父的来信，并将这些信件转寄给当时身处爱尔兰的马丁。不久之后马丁写信来说一切顺利。随后我前去拜访摩尔，可他却没来由地脸色一沉。他说："啊，叶芝，我错过了多好的一个机会呀！我正在为《十九世纪》杂志写一篇文章，就要完工了。我将其命名为《爱德华·马丁的灵魂》，这篇文章肯定能在全欧洲引起轰动！从没有人试图用这种方法来写自己的好朋友！想想看，多好的机会呀！"

佛罗伦斯·法尔被选为剧院经理，我和她在当天晚上前往都柏林，预定了古典音乐厅。第二天我和她在纳苏街上的旅店里吃早餐——茉德以前也曾在这里住过。爱德华·马丁突然闯了进来，再次声称他不干了。他的额头布满大滴大滴的汗珠，他不时从口袋里掏出一块手绢擦擦额头。他说摩尔将自己写的文章寄给他，让他萌生退意。我们大肆贬低了摩尔一番，最终说服马丁不要退出。这事就这样过去了。

而那位无赖先生却抓住这个机会发起攻击。他原本希望能通过新运动重返政治舞台，可现在他却完全倒向教会一边。几个月后，他又通过一本言辞最为激烈的爱尔兰反宗教小册子来攻击教会，不过这都是后话了。对他而言，在此时攻击《凯丝琳女伯爵》既可发泄怒火，又能为自己攫取利益，何乐而不为呢？为此他写了一本题为《出卖灵魂》的小册子，把剧中魔鬼商人的台词看作我的肺腑之言。剧中有一幕是一群妇女以自己的灵魂为筹码，和魔鬼讨价还价。无赖先生说我这是在攻击爱尔兰女性。我实在是不明白，他这是习惯睁眼说瞎话呢，还是出尔反尔、前后矛盾的说辞已经让他精神错乱了？或许在他看来，所有理论观点的前提基础只有一个。这怎么可能呢？任何现存的真理都有各自不同的源头，正如可从所有活着的人身上追溯到无数个祖先。无赖先生的这本小册子被投放到都柏林每家每户的信箱中，一份报刊还为此刊登了气势汹汹的长篇社论。

此事还惊动了洛格枢机主教。他是一个虔诚古板的老者，还特地为此事写了一封天真幼稚的信。他在信中说尽管他从没读过这出戏剧的剧本，不过如果真如《出卖灵魂》所言，那么任何天主教徒都不应该去观看这出剧。对此马丁倒是无动于衷。马丁认为既然洛格枢机主教尚未读过剧本就敢信口开河，那么他的观点也不会因他是神职人员而具有权威性。至于群众和报刊的意见如何，马丁根本不在乎。可是其他信仰天主教的朋友们却开始退缩了，对此我们简直无计可施，为此事写信到报纸媒体进行澄清解释只会越描越黑，引发更多的误解。试想想，即使我们回答了所有质疑，真有人会耐心看这些答复吗？加之有人恶意夸大，一些观念上的分歧使得戏剧上演的前景愈发黯淡。此前我曾说过符号会让我们对看不见的事物产生焦虑，我也曾说过圣母玛利亚也不过是符号而已。在我的戏剧中，为了表现某个角色的邪恶，我设计让他一脚把神龛踩碎。于我而言，画室和书斋就是这个世界的全部。对我来说某些东西不过是装饰和布景而已，可对于那些停留在中世纪的信徒而言却绝非如此。我万没想到对于许多单纯的天主教徒来说，这种渎神的场景无论其表现动机如何都是令人不齿的，那种耻辱感几乎等同于赤身露体。

我要求警方为我提供保护。在首场演出当晚，我发现剧院中有二十来个警察，其中领头的警官对我说除非我对他们发出指令采取行动，否则他们不能擅自动手。我的朋友——那位来自马由郡的年轻博士——当晚也在我身边。我对他说："你得帮帮我，我在这方面缺乏经验。"这时我发现那二十来个警察的脸上浮现出一抹意味深长的微笑。我想起当时有传言说正是我发起了女王登基大庆年的那场暴动，为此我还特地从伦敦带来了两百英镑充当活动经费。或许他们是在笑我言不由衷吧。无论如何，当天晚上这些警察并没有派上用场。尽管剧场中喧哗嘈杂，开演之后并没有人试图阻挠演出。不过后来上演《花花公子》时就没有那么幸运了。当晚的观众人数并不多，其中大部分完全站在我们这一边；和我们做对的人也没有吵嚷捣乱，或许他们觉得如果捣乱的话就无法听清剧中的"违碍之语"了。一群反教会分子从码头方向赶来观剧，他们是某个革命人士派来的，而他们得到的指示是"听到惹恼教会的语言就大声鼓掌叫好"。至于那些真正的死对头，他们大多在家里待着呢。不过在每幕剧中，某些比较新颖的话题都会引发一些反对之声。在剧中有这样一幕：魔鬼让凯丝琳女伯爵在一份契约上签字，出卖自己的灵魂。他递给她一支羽毛笔，还说这支笔非同小可——耶稣曾预言在鸡叫之前，彼得三次不认耶稣，而这支笔所用的羽毛正是从当时打鸣的那只公鸡身上拔下来的。看到这台下嘘声一片，或许在观众们看来这也是对天主教会的攻击吧？一位天主教朋友对我说："这有点揪住过去揭人短的意思了。想象一下，如果你碰到一个富有的商人——一个市政府成员，甚至是市长本人，然后你对他说：'我还记得以前你为了两个小钱跟在马车后头忙个不停呢！！'这一幕给人的感觉正是如此。"

实在很难说《凯丝琳女伯爵》这出戏剧是否成功，人们关注的是其中亵渎上帝之处。而马丁的戏剧《石楠地》无疑是成功的。我们开始把他当成天才看待。之后大家又开始为第二轮演出做准备，定下了一个剧院，而马丁的新剧也即将上演。当时没有人看过他的新剧本，不过大家都对他抱有极大的信心。剧本送来的时候我正待在格雷高利夫人的科里庄园，这个新剧本的言辞激烈粗鲁，看上去仿佛出自一个孩子之手，而且还是个不怎么聪明的孩子。这样的剧作当然不能搬上舞台。我们还在想下一步该怎么做，这时摩尔给我们写信，恳求我们手下留情，不要把这出剧批得体无完肤。他还保证说会让马丁对这一剧本进行修改的。不久之后摩尔来到图里拉，从图里拉返回之后他又宣称马丁正在创作的剧作可谓是一部杰作，其中一段可算是当代戏剧中最具感染力的对话。摩尔来来去去说的都是老一套。按照他的说法，为了这一幕无与伦比的戏剧，付出任何努力都是值得的。后来摩尔又来了一趟，不过此次他看上去甚为沮丧，还说要和我单独见上一面。他说是他本人而非马丁在创造那"无与伦比的一幕戏"。摩尔对这出戏剧过于投入了，马丁对此有所察觉，于是便让他别树一帜，写自己的剧本。"马丁根本写不了剧本，"摩尔说，"不过他倒是能找到好的主题，这方面我的确不擅长，可他绝无可能写出好东西。你知道吗？《石楠地》是我为他构思的。我打算为他写许许多多的剧本，可我绝不会透露此事。你来劝劝他吧，让他回心转意，否则他真的要玩完了。"

我试图劝说马丁，可是坦诚之心却让他惴惴不安——让摩尔捉刀代笔真的好吗？摩尔本人对这出戏剧的信心也是时有时无，忽高忽低。对于是否作为作者署上自己的大名，摩尔犹疑不决，不过最终他还是写上自己的名字。说实话，这出戏剧实在很糟糕。我也为这个剧本出了一份力。为了搜集一些与剧本内容相关的知识,我特地跑去图里拉。我们的工作经常被摩尔和马丁之间的争吵打断。摩尔经常谈起自己的"猎艳经历",而他所说的这些故事搞不好都是他自己臆想出来的。两人时常为此发生争执。此外,去教堂做弥撒这一问题也能引发两人的争吵。马丁知道虽说摩尔不得不去教堂做弥撒,可他心里老不大乐意,所以故意邀请他一同前往。如果真要到教堂去的话两人还得驱车前往一个距离很远的教堂。摩尔曾把本教区的神父写进一篇小说中,把那神父给得罪了。那神父发誓说只要再见到摩尔就要叫人把他按到水里教训一顿。摩尔想出种种办法来逃避这件苦差事:故意睡过头,故意忘了时间,甚至明白干脆地拒绝,可惜都毫无效果。有一次我听到摩尔说:"你看,叶芝也不用到教堂去。"马丁回答:"我管不了他,他是新教徒。不过摩尔你一定得去。"摩尔反驳说:"我也不是天主教徒。""你就是天主教徒,"马丁说。"老天,有什么办法可以脱离天主教会吗?"对此马丁回答:"有,做个新教徒就行。""那没有其他办法了吗?""没有!"类似的对话通过老管家之口传出,在方圆几英里的范围内广为流传。

  现在我们的剧院渐渐站稳了脚跟,可是我对此却毫不在意。后来我和摩尔合作创作的戏剧《达尔姆伊德和卡兰妮娅》即将搬上舞台,在彩排时一个想法突然钻进我的脑子里:"这一切实在是浪费生命呀!"此时旁边有一头山羊正等着在表现田园生活的某一幕中登台亮相。只见它不紧不慢,不慌不忙,当时我想:"在场的所有人都比不上这头山羊有智慧。"这时一个演员突然大喊:"看!那头山羊正在嚼做道具用的常青藤呢!"

四十

　　我某次前往拜访海德博士时见到了岩石堡。这座城堡矗立在凯伊海湾中的一座小岛上，坐落在茂林密布的崎岖海岸边，周围的风景美不胜收。城堡虽然荒废已久，但仍可住人。最后一个在此处居住过的人是海德博士的父亲，他年轻时曾在这里住了几个星期。我认为可以花很少的钱将这座城堡租下来，还幻想着把这里建成爱尔兰的艾留西斯①或萨莫色雷斯岛②。除了思念我的爱人之外，我脑子里还有一些纷繁的思绪挥之不去。我需要神秘主义的仪式，需要一套召唤和冥想的方法，如此一来方能使自己对精神、神圣和自然之美的感悟融为一体。我觉得我们不应将犹地阿③视为圣地，而应神圣化自己的祖国。而风景最美之处才是最为神圣的地方。现在，工商业使得整个世界丑陋不堪，异教徒对自然的崇拜也渐渐消亡，而凡人肉眼所见之美也渐渐丧失了原来那种不可亵渎的神圣感。我相信在那些美丽迷人却又与世隔绝的地方存在着看不见的精灵，人类可以和他们交流。我希望能让年轻人崇尚自然，崇尚那些不可见之物。如此一来，基督教的真理便可与古老世界的信仰融会贯通。我还希望岩石堡能成为人们偶尔远离尘嚣的休憩之所。

　　多年来这个想法一直浮现在我脑海之中，在我写作中也时有流露。我希望古老的神圣之地能在精神世界中得以重现。那些受

---

① 艾留西斯：古希腊的一座城市，位于雅典西北。
② 萨莫色雷斯岛：位于爱琴海东北部的一座希腊岛屿。
③ 犹地阿：古罗马治下的巴勒斯坦南部地区。

人崇拜的神圣之地，那些受人瞩目的高山……我希望能在想象之境中为它们找到一席之地。我想通过自己的作品和我们这一文学流派的作品与这些神秘之所建立一种隐秘的、象征性的联系。如此一来便可抛弃浮华辞藻和谴责说教，使灵魂之爱这一信条变得更为丰满，更具说服力。正如上帝存在于自己的世界之中，宗教也应蕴藏在艺术作品之中，而作为传达者的艺术家只能轻声细语地将其真谛告知世人。我不想像编写戏剧一样捏造出某种仪式。无形之手已经勾勒出草图，我不想改变它们。

我本人的预见能力不足，我认为我要和茉德一起完成这项工作。或许这正是我们相遇的原因。我知道，在混乱矛盾中亦可发现奇异的和谐。从表面上看，我是一个消极避世之人。如果不是为了茉德，我甚至不愿离开自己的书桌。可我心里明白，我的内在本质是充满激情的，甚至可说是狂野不羁的。而茉德则正好相反。她的精神世界是温柔而消极的，其中充满了迷人的幻想，仿佛只是用指尖轻轻触碰外面的真实世界。我初次见到茉德的时候就想着用一个死亡的象征来对她进行测试。我在脑海里勾勒出一个代表死亡的符号。为了不让茉德受到惊吓，我选择了狗的颅骨而非人类的骷髅头。我记得茉德当时说："我看到一个影子站在那儿，手里拿着什么东西……是一个骷髅头吗？啊，不，或许那只是手上的一处伤痕？……不，不是，我看还是像骷髅。"

我无法干预茉德的行动，不过却能主宰她的内心。我可以利用她的超感能力创造出我们两人内心深处浮现的形象，不过只有其中一人可以看到。如此一来便可摒弃那些过于个性化的幻象。换言之，那种体验仿佛一男一女的灵魂结合后形成了一种精神的产物。难以捉摸的尘世也会从我们整个种族的记忆中选取素材。如果按照我的方法去做，便可摒弃个人的好恶，实现自我，而秘符象征的神话传奇也将得以重现。我认为如此一来我们便可获得解脱。

　　茉德对此亦深有同感,我坚信在实施这一计划的过程中可以赢得她的芳心。政治不过是我与她会面的借口,而我所做之事能铸成我与茉德之间亲密无间的纽带。即使我们俩发生争执,那种亲密感也丝毫无损。我们在空闲时施法召唤,从幻象中看到许许多多的秘符。我们看到了与各个方位基点对应的多棵树木,还看到各种秘符交织成一匹织物。古时的神祇和英雄在这匹巨大的织物上各就其位,位于中央的是达南神族①的四种驱邪物:宝剑、石头、长矛和釜。在我心里,我认为这四种形象与塔罗牌存在着某种联系。乔治舅舅有时也加入我们的行列中。他当时年事已高,是一个极端的统一派分子。他和茉德只见过一次面,尽管两人政见不同,可他们却能使用对方的秘符。乔治舅舅在使用超感能力时经常碰上重重困难,其过程也是缓慢而冗长,不过他却能为我们增添一些秘符。我曾在乔治舅舅的宅邸中多次施法,意象开始连续不断地出现在我脑海中。有一次,AE来科里庄园小住时曾问我他在长廊里看到的那个白色小丑到底是谁,而白色小丑正是我用来代表神祇安格斯的秘符。

　　在那段时间里,我一直沉浸在极度紧张和极度哀伤之中。自从我的情人离开我之后,这七年间几乎没有一个女人进入我的生活。性欲和受挫的恋情折磨着我,我经常跑到科里庄园的小树林中大喊大叫,借此进行宣泄。如果我实在无法忍受性欲的折磨,我就通过自渎来缓解。无论我如何节制,事后我还是会觉得很难受。我从来没想过去找一个新的爱人。我经常反复念诵兰斯洛特骑士②的临终忏悔:"我曾爱过一个王后,爱意之深,持续时间之

---

　　① 达南神族:爱尔兰神话传说中的神族。
　　② 兰斯洛特骑士:传说中亚瑟王手下的圆桌骑士之一,他与亚瑟王的王后桂薇妮娅相恋,最终导致了圆桌骑士集团的分崩离析。

长,实在是无以言表。"这句话让我产生一种莫大的自豪。初次前往科里庄园之后的那几年是我最为痛苦的时光。我第一次在科里庄园小住期间感觉自己都要崩溃了,第二次去时亦是如此。每天早上梳洗穿衣都让我感到精疲力竭。有时格雷高利夫人过来看我,还给我带些汤水过来。

我根本无法写作。相反,我和格雷高利夫人一起搜集民间传说,现在这部故事集即将付梓印刷了。我一直生活在神秘的氛围之中,我感觉这里的乡民拥有一种古老的知识,他们似乎能与一些奇妙之物进行交流。如果我们能与这些奇妙之物直接对话,那该多好啊!有一次我和格雷高利夫人走进小树林,一个老人与我们擦肩而过。格雷高利夫人对我说:"这个人或许知道一些古老的秘密。"我的眼前开始出现幻象,也开始做梦,而这些幻象和梦充满了美与智慧。我后来的许多想法都建立在我在幻象和梦中听来的只言片语之上。我们搜集到的多个故事都提到某人最后"离开"了。一天晚上,我在即将步入梦乡时问自己:"关于某个人最终'离开'的故事究竟意味着什么?"这些故事的主角有男人,有女人,还有小孩子。故事的叙述者认为他们的肉体被带到仙灵的世界,留在这世上的只是一个替身,或是一堆被施过魔法的刨花变成他们的模样。当时我还没睡着,我知道自己正躺在床上,也知道自己身处熟悉的环境中。突然,我的嘴唇不由自主地动了起来,一个陌生的声音说:"我们给睡着的人塑像,那成品并非熟睡者本人,只是与他很相像的东西。我们把这尊塑像称为'伊曼纽尔'。"

一天下午,我跃过一条小溪时一种奇异的感觉攫住了我。尽管我的思想大多是异教徒式的,可当时那种转瞬即逝的感觉却是与神圣意志密不可分的。我心想:"或许基督徒的感觉正是如此吧。"当天晚上我躺在床上,在半梦半醒之间我听到一个声音说:

"对于每个灵魂而言,上帝之爱漫无涯际。每个灵魂都是独一无二的,其他灵魂无法满足上帝的同一要求。"在类似的过程中,我也曾发掘出一些支离破碎的诗句,其中一些是听到的,另一些则是看到的。有一次我梦见一个牧羊女,一群羊簇拥在她周围。一个路人提起某个小伙子的名字,显然这个牧羊女与路人提到的小伙子素未谋面。在我的梦中,我看到牧羊女站起来,叫着每一只羊的名字,和它们一一道别,之后便踏上旅途。我看着这一幕,隐约听到几句诗,不过现在我只记得其中一句:"她头一次听说他的名字,可感觉这个陌生人仿佛一直躺在她怀中。"

有时我迷迷糊糊、即将醒来的时候,仿佛看到自己面前摆着一本摊开的书,书页上还有精美的插图,图上画的是复杂精妙的秘符。我想看清其中的内容,可那书本却消失了,我只记得其中一两句:"这个世界的秘密如此简单,蘸着一颗草莓的果汁在一片草叶上便可写完。""伊甸园之河就存在于我们的河流之中。"有时我仰卧在床上,处于半梦半醒之间。那种感觉与做噩梦颇为相似,可其中自有一种惊奇愉悦之感。我看到一个个形象出现在我床边:这些形象有男有女,其中有一个自称为伊丹的美貌女子;有一次我见到一对青年男女,他们穿着一身橄榄绿,脸上的表情温柔而哀伤;有一次我看到我母亲,她手里端着一个杯子;还有一次我见到一个穿着伊丽莎白一世时期服饰的女人。

在那段时间里,我很少做春梦。我不会召唤自己的爱人进入这种梦境中,以前不会,将来也不会。我觉得我对她满怀敬畏之情。一天晚上,我平躺在床上,只听一个声音响起:"你将知悉一个秘密,一个生与死的秘密,可你绝对不能说出去。"房间仿佛变得明亮了,我朝床脚望去,看到床脚化为宝石,可那宝石看上去却那么熟悉。我想起小时见到的柠檬汁瓶,瓶身上雕刻着水果图案。眼前床脚所化成的那堆宝石与玻璃瓶上的水果浮雕何其相似!我原以为梦中见到的光亮与性毫无关联,可后来当我突然陷入黑暗中,我感觉自己遗精了。

有一次我梦见自己身处一间圆形的大房子中,躺在一个巨大的石槽里。我感觉风从自己脚边吹来,我心里明白某种幻象即将拉开序幕。看不见的形体环绕在我周围,我的双眼和身上的其他部分也有所感应。我感到阵阵痛楚,此时一个声音响起:"我们之所以这样做,是想看看到底值不值得。"我知道自己正在接受考验,看我是否有资格获得感悟。另一天晚上,我感觉自己的灵魂脱离了这具皮囊,进入一片光明之中,而最纯粹的幸福便蕴藏其中。一个声音说我即将见到灵魂进入肉体的过程,只见各种神秘元素有条不紊地聚集在我的灵魂周围,这景象何其美妙啊!不过当我醒来之后,其中的细节却记不清了。我只记得自己在梦中自言自语时曾说过一句:"美化为美丽之物,真理化为真实之物。"

我可以通过秘符找回梦境,不过其中最高深奥妙的部分肯定是寻不回了。后来我上床睡觉的时候会对着枕边的一枝苹果花①喃喃自语,刻意使用一些符号将自己的灵魂送到茉德身边。可现在那些秘符是什么我却记不清了,我只记得醒来之前我总能见到一阵宝石雨。有时在同一个晚上,远在巴黎的茉德也会有类似的梦中体验,不过似乎她能说出更多的细节。我认为我和她在精神世界中合二为一,这个世界因其完整性和纯粹性而成为永恒,而其象征物恰恰是宝石。肉欲和性欲不会出现在此类梦中,此外我还发现,一旦性器官的兴奋感开始消退,那个自称为伊丹的女性形象就会出现。

我试着向格雷高利夫人描述其中一些幻象。让我感到吃惊的是,我发现自己根本说不出来。开始时我觉得发声困难,不久后

---

① 叶芝将苹果花视为茉德·冈恩的象征,在其诗作中亦时有体现。——原注

思绪就变成一团乱麻。我不过想向她描绘幻象中的美景,可为什么会发生这样的事?我记得我曾在书中看到神秘之物是不可描绘、不可转述的。我想起这样一个故事:某位学者在讲授神秘主义时突然卡壳,连一个句子都讲不完。现在,我有时候也能毫不费力地把当时的体验讲出来,可大多数时候还是说不出。让我觉得讶异的是我却可以随心所欲地把这些事诉诸笔端。

四十一

威廉·夏普来到图里拉。我觉得我从没有正确地看待这个人,也没有给予他正确的评价。在夏普身上,你可以感觉到流动多变的世界变得汹涌澎湃,横扫一切。或许是受到旁人的感染,我总觉得这个人自带一种滑稽感,而我对他的真实看法却就此隐没在这种错觉之中。威廉·夏普身材健硕,脸庞通红,头颅长得不错,一丛浓密的乱发犹如猪鬃毛。他身上的活力不停涌动,可旁人对此却全然不觉。有一次我和他散步的时候,我在心里说:"等我们走到第三丛灌木旁边……假设有一个红色的精灵从里面蹦出来,那会怎样?"等我们走到第三丛灌木旁,夏普说:"有一个红通通的东西从灌木丛里跳出来了。"还有一次我把他带到有精灵出没的一处山寨围垣,开始施法召唤。我和他说话,却听不到回应。我发现夏普正抱着一棵巨大的榆树,整个人迷迷瞪瞪的。他醒来时说刚才他的灵魂融入这棵树的汁液中,在树干中走了一遭。当时我并没有猜到那个"美丽的菲奥娜"正是夏普的从属人格。夏普对此经常有意无意地故弄玄虚,而菲奥娜这一重人格也变得越来越清晰,其特征也越来越详尽。或许最初某位女性激发了夏普的这重人格。我在图里拉堡小住的时候也曾见过夏普,马丁曾一脸嘲讽地讲起一件事:前一天晚餐时分夏普和马提恩·莫里斯(这位先生现在已经成为吉连宁爵士了)讲起一些往事,当时马丁也在场。夏普说他在国外的时候曾见到菲奥娜化作一颗流星,进入一间房中,再次化身为一个美男子。而此时夏普明白自己在这个幻象中变成了女人。菲奥娜变成的美男子和夏普躺在一起,行男女之事。几天之后,夏普发觉自己的胸部鼓了起来,整个人的身形与女性相差无几。马丁说当时马提恩·莫里斯对夏普所说之事根本无动于衷,而他自己说起此事时也是含讥带讽。

四十二

AE(乔治·鲁塞尔)拥有另一种预见能力。我在科里庄园和图里拉小住的时候他也在那儿。对他而言,流动多变的尘世犹如一条大河,在他眼前流过,可他的内心却未受波及。他的心灵不为俗世所扰,也不受蒙蔽。之前我曾介绍他与贺拉斯·普朗科特爵士认识[①],后来鲁塞尔成为爱尔兰农业组织社中最具影响力的人物。他着手处理农业银行问题,在半年内就取得了十年来从未有过的成就。可是之前他还对我说:"我只看过文学书籍,其他的书我都没看过,我怎么可能做得好这项工作呢?"其时鲁塞尔在一间大商店里当会计。当初普朗科特爵士邀请他接受这份新工作,如果他接受的话他的收入就会增加两倍。可开始时他却拒绝了,理由是他的追随者们需要他。我代表他的追随者们对他说如果他一

---

① 贺拉斯·普朗科特爵士(1854—1932):曾于1892—1900年间任国会议员,后创建了爱尔兰农业组织社。——原注

直不肯离开,他们就会成为他的影子,如果他离开的话说不定他们还能找回真正的自我——这并不是我想出来的,而是那群追随者们的想法,这句话也是他们的原话。最后鲁塞尔终于答应了。

我在都柏林艺术学校念书时就和鲁塞尔成为朋友了。经过这些年,我们的友谊虽说没有破裂,可我们之间的关系却变得紧张。鲁塞尔在宗教方面拥有天赋,而这种天赋的核心就是人人皆平等这一理念。在他看来,女王和卖苹果的女贩子没什么两样,所有人都拥有不朽的灵魂。而我关注的是个人的能力,是人与人之间的不同之处。在鲁塞尔的眼中,我是一个狂妄自大之人,粗暴无礼,吹毛求疵。此外,鲁塞尔认为在各个艺术领域都应对门外汉加以鼓励。

近来发生的一些事情使得我们的关系更为紧张。鲁塞尔经常看到幻象,在幻象中他见到一个非同寻常的世界,他认为那是自然界精灵的化身。我希望能把他的幻象记录下来,并对他的超感能力进行测试,可他却认为此种行径是亵渎神灵。鲁塞尔觉得对自己所见的幻象进行理性分析会对他的才华有所妨害,为此他竟然大发脾气。他认为自己所见的即是真实之物,而我却坚持从符号角度进行分析,这使得他的怒火愈燃愈烈。等到他的怒气稍稍消歇,他开始向我详尽地描绘自己所看到的幻象。他说他看到一列飞升的自然精灵焕发出夺目的光芒,他还说这些精灵来自三界——水界、天界和神界。这和我所说的三个世界恰好相互吻合。他说因为我就在近旁,使他受到了干扰,他所见的幻象渐渐变成带有明显象征意义的形象——例如带翼天使什么的,他一点都不喜欢这类形象。我觉得鲁塞尔清醒时看到的幻象比我所见到的更为高深,或许我在梦中所见的幻象略胜他一筹?可是对于鲁塞尔的梦中幻象我却无从得知。鲁塞尔认为每天晚上灵魂都会回复到出生前的状态,它挂在十字架上,看着生命之河夹杂着哀伤缓缓流淌。灵魂对这条河流只是听之任之,它明白这才是应做之事。

在一次实验中,我证实了鲁塞尔清醒时看到的幻象比我所见到的更为高深。我们在同一时间看到了幻象,不过当时都没有告诉对方。我看到的是一个野蛮人趴在神像脚下,而鲁塞尔看到的是一个灵魂飘在半空中,围绕着一个巨大的神祇飞舞。有一次鲁塞尔受到巨大的诱惑,即将没入无尽哀伤之中,我把他拉了回来。当时他正在描画科里庄园一景:茂林深处一潭凝滞不动的死水。他渐渐变得愁眉苦脸,沮丧忧郁。对于鲁塞尔这样的人来说,任何事物都具有魔法,都有可能让他入魔。我发觉有什么地方不大对劲,可我又不敢使用秘符找出答案,于是我便建议他改画暖阳下的花园。他听从了我的建议,渐渐打起了精神。后来他对我说他在那口深潭中看到鬼影,那些鬼影承诺赋予他全部的智慧,前提是他要跳进潭中溺死。他说诱惑最为强烈之时并不是站在潭边的时候,而是晚上。到了晚上他看到那些鬼影一直环绕在他床边。

四十三

在那段时间里,我不时与茉德会面。有一次她前往贝尔法斯特处理某些政治事宜,我跑去那里看她。有时我们在巴黎会面,不过最常见面的地点还是在都柏林。我害怕此类会面会对她有所妨害,每次和她见面都要选择不同的旅馆或饭店。为此茉德还嘲笑我太过多虑了。有一次她抱怨说我们见面的次数太多了,她说:"我拿不准这群人是否真的爱戴我,不过我敢说他们对任何爱上我的人都恨之入骨。"话虽如此,我还是能接到她的来信,告诉我会面的地点。有一次我在鲁特兰广场附近的一家旅店落脚。某天凌晨我醒来的时候看到茉德的脸浮现在我眼前。这张脸渐渐消散,可我很清楚她刚刚亲吻了我。次日清晨我来到纳苏街旅店和她共进早餐。我们决定一起消磨这一整天的时光,下午的时候我们还计划去拜访芬尼亚派的老领导人詹姆士·史蒂芬斯。茉德突然问我:"昨晚上你有没有做什么奇怪的梦?"我回答说:"今天凌晨时分,我头一次梦到你吻我。"听了这话茉德沉默良久。到了晚上,我们吃过晚餐,我准备告辞离开。茉德说:"我还是告诉你吧。昨天晚上我看到一个巨大的精灵站在我的床边,它把我带到一群精灵之中,我看到你也在那儿。我的手被放入你的掌心,它们宣布我们俩结为夫妇。不过后来的事我却记不清了。"之后她当真亲吻了我,这还是头一次。

第二天我看到茉德神情沮丧地坐在壁炉边。她对我说:"我不应该把自己的梦境告诉你,我不可能真正成为你的妻子。"我问道:"那是因为你还爱着别人吗?"她矢口否认,可后来又说的确有这么一个人,还说如果她嫁给我的话,从道义上说她就成了两个人的妻子。她一点一滴地讲述自己的故事。之前我也听过类似的流言蜚语,不过我一直认为这些流言歪曲事实,是恶毒的攻击,并将其抛诸脑后。

茉德说她十九岁那年去到法国南部,在一个亲戚家小住,在那段时间里她遇见了布朗热派的下院议员吕西安·米尔瓦耶[①]。米尔瓦耶并没有主动追求茉德,可她对他却是一见钟情。后来她回到都柏林,当时她的父亲在都柏林任军职。一天晚上茉德坐在炉火边,思考自己的未来。她希望能掌控自己的人生。她无意间在父亲的藏书中发现一本关于魔法的书籍,看了这本书后她深信如

---

① 吕西安·米尔瓦耶(1850—1918):法国政治评论家、右翼政治家。

果自己向魔鬼祈祷求助,或许魔鬼会帮她一把。茉德在很小的时候就曾有过进修道院的打算,因此对她来说魔鬼是真实存在之物。她向魔鬼祈求,说她愿以灵魂为代价,只求能掌控自己的人生。此时房间里的钟突然敲响了十二点,她感到魔鬼已经听到了她的祈求并做出了回应。在不到半个月的时间里,她的父亲突然离世,为此茉德感到无比懊悔。

父亲死后,茉德可以真正地掌控自己的人生了。等到她岁数足够大的时候,她跑到巴黎定居。几个月后,她成了米尔瓦耶的情妇。不久之后茉德对男女之事心生厌恶,她曾多次离开那个男人,可她内心深处还是深深地爱着他。但是那个人却以种种方式辜负了她……当我问及一些问题的时候,茉德绞着双手,她的叙述变得断断续续,还说自己不应该提起这些陈年旧事。从茉德的叙述中我发现米尔瓦耶为了实现自己的政治野心,曾怂恿她去做另一个人的情妇,可是她拒绝了。不久之后一个孩子诞生了——此前她曾告诉我她领养了一个孩子,实际上那就是她的私生子。茉德认为只有生个孩子才能为男女之间的私情洗刷罪名。如果那孩子还活着的话,她肯定会跟米尔瓦耶断绝关系,回到爱尔兰定居。那孩子不幸夭折后,她曾离开米尔瓦耶,与某人订婚,可是一周之后又取消了婚约。我觉得她既然要与人订婚,为什么不选择我呢?哪怕是作为对我的回报都好啊!她认为早夭的孩子可能转世,再次降生到这个世上,于是她又回到米尔瓦耶身边。她一直生活在对那个早夭孩子的思念中。不久之后一个女婴诞生了,现在已经两岁了。我从茉德支离破碎的言语中推断出,那个女婴诞生之后她已经和米尔瓦耶分手了。

可是茉德以为米尔瓦耶需要她,离不开她。她觉得自己对米尔瓦耶还具有某种影响力,一旦这种影响消失之后,他会变成什么样呢?现在当我把这一切诉诸笔端,如果我没有理解错的话,我认为茉德一直预感到米尔瓦耶在攀爬政治理想高峰的过程中会失足堕落。我认为她为此感到良心不安，她之所以尽职尽责地做着每一件小事是想借此抚慰自己的良知。后来格雷高利夫人也证实了这一点。在那之后，我和她相处时总是小心翼翼，就像对待一个姐妹一样。我知道，即使她决定和我在一起，那也并非源于一时迸发的激情，而是良知使然。在那以后的多个晚上，我清醒地躺在床上，我指责自己之所以如此行事并非源于谨小慎微，而是害怕背负道义上的责任。我的思绪如同一团乱麻，挥之不去。某些念头会浮现在我的脑海中，给我带来极度的哀伤和苦痛，可最终还是了无头绪。

不知过了多少天之后，某一天我和茉德坐在一起，她突然说："我听到一个声音，说我们即将看到一个幻象。"我们相对无言地坐着，不久之后我们两人都看到了幻象，在幻象结束前我们一直保持沉默。后来茉德说她看到自己化身为一尊巨大的石像，穿过熊熊烈火。而我则感觉自己化身为越舞越高的火焰。我感觉自己进入一尊雅典娜石像中，透过她的双眼向外张望。这一切是我们的梦境，还是隐藏在人类生活舞台之后的精灵想把我们拉到一起，让我们结合？现在茉德变得柔情似水，经常给我温柔的一吻。在茉德离开的前一天晚上，我向她求婚，可是她却说："不，这是绝无可能的。"接着她绞紧自己的双手，解释说："我现在对肉体之爱充满了恐惧。"

当时格雷高利夫人正在威尼斯，我给她写了一封前言不搭后语的信。收到信之后格雷高利夫人马上跑回爱尔兰，她让我赶紧去追茉德，还说她愿意为我提供旅费。她说我应该一直缠着茉德，直到她答应嫁给我才罢休。我回答说："我已经精疲力竭，无法再坚持下去了。"